京津冀协同发展报告

中央区域协调发展领导小组办公室
国家发展和改革委员会 ◎ 编

中国市场出版社
China Market Press
·北 京·

《京津冀协同发展报告》
编委会

主　编：郑栅洁

副主编：郭兰峰

编　委：肖渭明　吴树林　曹元猛　蔡　平

　　　　刘伯正　白向东　杨永君　李迎九

　　　　苏蕴山　吴春耕　谢　敏　张　清

　　　　马树卿　齐贵新　田福元　常海莉

　　　　董万成　黄祥云　刘　涵　刘　丽

　　　　苗　泽　彭立峰　宋　微　王国伟

　　　　王　江　王梦熊　王　敏　吴家喜

　　　　张华平　张庆华　张世伟　张志刚

　　　　赵　阳　朱永峰

序言

PREFACE

推动京津冀协同发展，是以习近平同志为核心的党中央在新的历史条件下作出的重大决策部署，是习近平总书记亲自谋划、亲自决策、亲自推动的重大国家战略。习近平总书记多次赴京津冀三省市调研视察，多次主持召开重要会议，多次作出重要指示批示，在京津冀协同发展的每一个重要阶段和关键环节都掌舵定向，为推进京津冀协同发展工作指明了前进方向，提供了根本遵循。

在以习近平同志为核心的党中央坚强领导下，在中央区域协调发展领导小组统筹指导下，中央区域协调发展领导小组办公室、国家发展改革委会同京津冀三省市、有关部门和单位，凝心聚力、攻坚克难、狠抓落实，推动京津冀协同发展规划政策框架搭建形成，标志性疏解项目在雄安新区加快落地建设，疏解政策体系持续完善，雄安新区雏形显现，北京城市副中心高质量发展步伐加快，重点区域和重点领域协同发展水平不断提升，京津冀协同发展取得新进展新成效。

当前，京津冀协同发展已进入全方位、高质量深入推进的阶段。中央区域协调发展领导小组办公室、国家发展改革委将会同京津冀三省市、有关部门和单位，深入贯彻落实习近平总书记关于京津冀协同发展的重要讲话和指示批示精神，按照党中央决策部署，在中央区域协调发展领导小组的统筹指导下，紧紧抓住北京非首都功能疏解这个"牛鼻子"，加快推进疏解项目落地建设和疏解政策细化落实，高标准高质量推进雄安新区建设，支持重点区域发挥比较优势加快高质量发展，持续加大重点领域改革创新突破力度，在形成更紧密协同推进格局和高质量发展上取得新成效，推动京津冀协同发展不断迈上新台阶。

本报告由中央区域协调发展领导小组办公室、国家发展改革委组织京津冀三省市、有关部门和单位共同编写，共分为综合篇、部门篇、地方篇三个篇章。希望通过本报告，更好地帮助社会各界深入学习领会以习近平同志为核心的党中央关于京津冀协同发展战略的决策部署，全面了解十年来各有关方面推动京津冀协同发展取得的进展和成效，凝聚共识，齐心协力推动京津冀协同发展不断取得新的更大成效。

编委会

2024 年 5 月

目录
CONTENTS

综合篇

部门篇

地 方 篇

综合篇

京 津 冀 协 同 发 展 报 告

中央区域办、国家发展改革委联合北京市、天津市、河北省召开京津冀协同发展专题新闻发布会

国务院新闻办公室于2024年2月27日(星期二)上午10时举行新闻发布会，请国家发展改革委党组成员郭兰峰，北京市委常委、常务副市长夏林茂，天津市委常委、常务副市长刘桂平，河北省委常委、常务副省长张成中介绍京津冀协同发展十年来有关情况，并答记者问。

介绍京津冀协同发展十年来有关情况

京津冀协同发展是习近平总书记亲自谋划、亲自部署、亲自推动的区域重大战略，是党的十八大以来的第一个重大区域发展战略。这几年，习近平总书记多次到京津冀三地视察，多次召开重要会议，多次作出重要指示批示，在京津冀协同发展的每一个关键环节、重要阶段，习近平总书记都亲自定向把脉，为我们提供根本遵循。

京津冀协同发展十年来，在中央区域协调发展领导小组的指导下，中央区域办会同北京、天津、河北三省市，与中央有关部门一起，攻坚克难、狠抓落实，推动各项工作取得了显著成就。具体包括以下几个方面：

第一，规划政策框架搭建形成。2015年6月，中央出台《京津冀协同发展规划纲要》，以此为蓝图，中央区域办先后制定了"十三五""十四五"规划方案，将这些重点任务分解细化，而且每年都通过年度重点工作安排对这些任务进行清单化闭环式落实，同时相关部门也相继出台了产业、教育等专项规

划和配套政策，形成了目标一致、层次明确、相互衔接的规划政策体系。

第二，北京非首都功能疏解取得突破性进展。京津冀协同发展"牛鼻子"是疏解北京非首都功能。着眼于解决北京"大城市病"问题，我们构建形成了疏解的方案和政策体系，推动首批高校、医院、央企总部在雄安新区落地建设，同时也出台了关于户籍、投资，以及疏解到雄安的职工或者企业的工资收入等政策。北京首都功能的布局不断在优化，北京成为全国首个减量发展的超大城市。

第三，雄安新区进入大规模建设和承接北京非首都功能疏解并重的阶段。雄安是千年大计、国家大事，习近平总书记要求把每一寸土地都规划好以后才开始建设。当前，雄安新区城市的框架已经基本显现，对外骨干路网全面建成，白洋淀水质基本保持在Ⅲ类，新区也有了自己的行政区划代码、车牌等。

第四，北京城市副中心功能日趋完善。北京市四套班子以及 70 多个市级部门、3 万多工作人员已经迁至副中心办公，环球影城成为旅游地标，北京艺术中心、城市图书馆、大运河博物馆等文化建筑已经建成亮相，副中心的生活品质正在不断提升。

第五，重点区域高质量发展成效明显。北京和河北联合成立了通州区与北三县一体化高质量发展示范区理事会、执委会，十多家北京医院与北三县医疗机构开展合作。天津滨海新区改革开放取得实效，2023 年天津港集装箱吞吐量突破了 2200 万标箱，比 2014 年增长 58%。张家口首都水源涵养功能区和生态环境支撑区加快建设，成为区域空气质量最优城市。唐山提前完成了单位 GDP 能耗下降"十四五"目标任务。

第六，重点领域协同发展水平持续提升。重点领域大家一般讲的是交通、生态、产业，这是在京津冀协同发展规划纲要中提出的三个率先突破的重点领域。目前，交通一体化网络加快构建，主要城市 1~1.5 小时交通圈基本形成。生态协同治理成效明显，2023 年区域 $PM_{2.5}$ 比 2014 年下降了近六成，去年 $PM_{2.5}$ 是 38 微克/立方米，北京市低一点，是 32 微克/立方米，"北京蓝"成为一个常态。产业链上下游协作持续强化，中关村企业在天津、河北设立分支机构已经达到 1 万多家，北京流向天津、河北的技术合同成交额超过 2800 亿元。同时，公共服务共建共享加快推进，9900 余家医疗机构实现跨省异地就医门诊费直接结算。

第七，体制机制改革创新深入推进。各种显性隐性壁垒正在破除，京津冀推出了第一批 165 项资质资格相互认证，230 余项高频特色便民服务实现了"自助办"，自贸试验区 51 项制度创新成果向全国复制推广。

总的来看，过去的十年，京津冀协同发展主要是夯基垒台、落子布局，重在调整优化经济结构和空间结构。当前，京津冀协同发展已进入全方位、高质量深入推进的阶段。我们将深入贯彻落实党中央决策部署，与有关部门和地方一道，牢记京津冀协同发展的初心使命，加快打造引领全国高质量发展的动力源，推动京津冀协同发展不断迈上新台阶。

问题 1：刚才提到了，疏解北京非首都功能是京津冀协同发展的"牛鼻子"，大家对此也非常关心。我们注意到，部分在京部委所属高校、医院、央企总部已经分批前往雄安新区疏解，请问推动北京非首都功能疏解取得了哪些进展？

答：京津冀协同发展的出发点、落脚点是疏解北京非首都功能，主要目的是解决北京的"大城市病"问题。大家都知道，"大城市病"主要包括以下几个方面：

一是人口过度增长。2004 年，北京城市规划时就说 2020 年人口控制在 1800 万，实际到了 2009 年就突破了，这几年基本固定在 2100 多万，已经得到有效控制。二是交通拥堵。最早北京上班通勤平均要 90 多分钟，现在有了明显的改善。三是生态环境压力比较大。2014 年北京 $PM_{2.5}$ 达到了 85.9 微克 / 立方米，2023 年降为 32 微克 / 立方米。四是住房价格居高不下。五是社会管理难度较大。

要解决这个"大城市病"问题，就要减少非首都功能，跳出北京看北京，从更大的区域范围内化解北京的问题，通过京津冀协同发展既解决北京"大城市病"问题，又带动天津和河北发展。

战略实施以来，中央区域办会同有关方面坚持控增量、疏存量相结合，从激励和约束两方面加快构建疏解政策体系，分批分期推动相关功能疏解，取得了突破性进展。一方面，从源头上严控增量，严格审批在北京落户的一般性制造业等项目，一批原来准备在北京落户的非首都功能设在京外。同时我们绝对不搞"一刀切"，对于符合"四个中心"功能定位、保障和改善民生的项目，比如社区的一些"菜篮子"工程，这些便民的服务设施，我们积极予以保障。另一方面，有序推动存量向外疏解。我们坚持集中疏解和分散疏解相结合，政府引导和市场机制相结合，稳妥有序推进疏解工作。这里有两个重要的方面，一个是推动一批区域性批发市场、一般制造业向京外有条件的地区转移。2014年，从战略实施以来，北京市疏解了一般制造业有 3000 家，疏解提升区域性专业市场和物流中心近 1000 家。二是推动中央单位所属非首都功能疏解。目前，北京交通大学、北京科技大学、北京林业大学、中国地质大学（北京）这 4 所高校的雄安校区，北京大学人民医院的雄安院区都已经开工建设，中国星网、中国中化、中国华能、中国矿产等央企雄安总部正在加快建设，中国三峡、中国船舶、中国电子总部也分别从北京迁移到武汉、上海、深圳，这也有利于全国的经济布局。

为了保障疏解单位和人员的切身利益，我们和有关部门针对疏解单位、人员关心的焦点问题，陆续制定实施了一批政策，特别是去年出台了雄安新区 28 条政策，保证疏解到雄安的人员有"三个不低于"，一个是创业条件，二是居住条件，三是工资收入，总体不低于在北京时的水平。同时，我们也积极鼓励疏解单位以此为契机，从架构和业务等方面大胆探索创新，实现效能提升和结构优化。

我相信，经过一段时间的努力，北京"大城市病"问题将进一步缓解，北京首都功能将更加充分彰显，疏解单位和人员也都会得到更好的发展。

问题 2：我们想了解一下京津冀协同发展以来，北京城市副中心的建设都取得了哪些进展？通州区与北三县一体化高质量发展目前进展如何？以及下一步对于副中心的高质量发展以及通州区与北三县一体化高质量发展还会有哪些行动？

答：大家也都非常关注副中心的发展，规划建设北京城市副中心，河北雄安新区成为北京新的"两翼"，是以习近平同志为核心的党中央作出的重大决策部署，是千年大计、国家大事。北京在这方面，首先是全面落实党中央、国务院批复的城市副中心控规，国务院同时也出台了支持城市副中心高质量发展的意见，这两年城市副中心的变化还是非常大的，有一段时间没有去副中心的同志、朋友，去了以后都发出感慨，应该说城市框架正在有序拉开、基本成型。我们每年保持千亿级的投资强度来保障副中心的快速发展，一批标志性重大工程拔地而起，首先是行政办公区一二期已经全部建成投用，城市绿心森林公园开园迎客，现在成为市民群众休闲锻炼的一个非常好的场所。环球主题公园成为北京文旅的新地标，今年春节期间，接待游客人数屡创新高。特别是大家也注意到，春节以前三大文化建筑精彩亮相，成为打卡新地标。大运河京冀段全线 62 公里旅游通航，副中心站综合交通枢纽、东六环入地改造全面提速，城市副中心对非首都功能的承载力稳步增强。优质资源要素不断集聚，北京学校、友谊医院通州院区等学校、医院相继招生、开诊，61 家市属国企及下属企业落户。运河商务区注册企业超 2 万家，北京绿色交易所启动全国温室气体自愿减排交易市场，城市副中心呈现出生机勃勃的良好发展态势。

我们携手河北，认真落实国务院批复的通州区和北三县一体化高质量发展总体方案，坚持统一规划、统一政策、统一标准、统一管控，成立一体化高质量发展示范区理事会、执委会并实体化运行，实现了政务服务跨域通办。目前，通州与北三县跨界道路已经有 10 条，厂通路 2024 年年底也将建成通车，轨道交通平谷线全面建设、在三河市设了 5 座车站。北京实验学校和北三县一起合作办学，朝阳医院对口支持燕达医院成为三甲综合医院。我们也连续五届举办项目推介洽谈会，累计签约项目 210 余个，意向投资额超 1500 亿元。

下一步，我们将继续高质量建设城市副中心，重点处理好与雄安新区、中心城区、周边地区的关系，持续完善城市框架，实现以副辅主、主副共兴，继续保持每年千亿级投资强度，对于大家关注的轨道交通 101 线，六环路的高线公园等重点项目，我们加力推进。围绕行政办公、商务服务、文化旅游、科技创新"3+1"主导功能，与雄安新区错位承接产业资源，加快培育产业发展新动能，抓好国家绿色发展示范区、通州区与北三县一体化高质量发展示范区建设，持续提升同城化效应。

问题 3：雄安新区是千年大计、国家大事，各方对此高度关注。2017 年设立以来，雄安新区发生了哪些变化，能否介绍一下雄安新区的建设进展？

答：党中央设立雄安新区主要的初心使命是打造疏解北京非首都功能集中承载地。前几年，我们做的主要工作是绘蓝图、编规划、出政策，目前这些管长远的重大的基础工作基本完成，现在已经进入大规模建设和承接非首都功能并重的阶段。主要工作有以下几项：

第一，规划政策体系不断完善。党中央批复雄安新区规划纲要、出台支持雄安新区改革开放的文件，这两个是基本性的文件，也就是顶层设计。接下来，雄安新区四个基础性规划出台，交通等 20 多个专项规划以及财税等 20 多个配套政策也都印发实施。在规划编制过程中，我们紧紧围绕党中央提出来的"世界眼光、国际标准、中国特色、高点定位"这四句话来编制规划，从全球 213 家水平比较高的设计团队中遴选了 12 家顶级团队来对雄安新区城市进行设计，并将这些最优的方案充实完善到规划中。

第二，城市框架基本拉开、雏形显现。聚焦率先启动建设区域，加快推进城市基础设施、生态工程、公共服务这些重大项目的建设。目前，"四纵三横"的高速公路和对外骨干网络已经全面建成，启动区重点市政基础设施基本建成。京雄城际开通后北京西站到新区的通勤时间在 50 分钟左右，从大兴机场到雄安新区 19 分钟就可以到达。

第三，白洋淀治理成效持续巩固。白洋淀被誉为"华北之肾"，不仅影响河北的生态环境，也影响整个华北。党中央、国务院高度重视，中央区域办也制定了白洋淀治理规划，而且我们推动河北和北京、天津，以及中央有关部门压实这方面责任。通过几年的治理，目前白洋淀水质总体保持在Ⅲ类，生态优、环境美加快实现，"华北之肾"重放异彩。

第四，优质公共服务供给不断增加。北京援建的雄安北海幼儿园、雄安史家胡同小学、北京四中雄安校区已开始招生，雄安宣武医院开始接诊，北京与雄安新区第一批 33 项公共服务同城化事项已经发布，实现"北京的事雄安能办、雄安的事北京能办"。京雄社保卡居民服务"一卡通"实现公共交通、就医购药等多个应用场景两地互通。

总的来讲，在各方面的努力下，雄安新区正在不断从蓝图变成实景，不断以新的形象展现在大家的面前。在这个过程中，我们始终牢记雄安新区作为北京非首都功能疏解集中承载地这个初心使命，扎实推进各项工作。我相信，经过持续不断的努力和奋斗，未来之城大有可期，必将给大家带来更多惊喜。欢迎大家到雄安去看一看。

问题4：北京、天津两地资源丰富，共同唱好京津"双城记"，是推动京津冀协同发展的重要篇章。请介绍一下在这方面有哪些进展？新时代新征程上如何进一步拓展京津"双城"联动的广度和深度？

答：首先我要向社会各界和新闻媒体朋友们长期以来对天津的关心支持和大力帮助表示衷心感谢。党的十八大以来，习近平总书记多次就唱好京津"双城记"提出重要要求。2月1日、2日，习近平总书记到天津视察并发表重要讲话，再次对天津唱好京津"双城记"提出了明确要求。京津两地资源十分丰富，功能定位互补，我们牢固树立"一盘棋"思想，天津加强与北京对接联动，市场化承接北京非首都功能疏解，全力支持北京"新两翼"建设。在全面提升区域发展能级中，体现天津的担当和天津的作为。我们具体在这几个方面作了一些探索：

一是在交通一体化方面，我们加快打造"轨道上的京津冀"。着力拓展"半小时通勤圈""一小时交通圈"，去年年底天津城区到大兴机场的津兴城际高铁建成运营，天津市区到北京大兴机场只需要40分钟。同时，我们也开通了天津武清区到北京的客运"定制快巴"，使两地通勤效率大幅提升。

二是充分发挥天津港优势，促进区域资源共享共用。天津港不仅是天津的天津港，也是北京的天津港，是京津冀的天津港，同时也是三北地区的天津港。天津港是衡量北京营商环境的一个重要指标，一直以来我们坚持"天津港就是北京的港口"的理念，先后开通了天津港到北京平谷、大红门的货运班列，我们还在北京CBD专门设立了京津协同港口服务中心。同时，我们在能源保供方面为北京燃气集团的LNG，以及煤电、航油等能源提供协作。

三是在科技创新合作方面，持续增强协同发展内生动力。天津天开高教科创园与北京创新资源互动日益加强，同时我们用好中关村资源，中关村硬创空间在天津城区设立了两个实体服务板块，一个是中关村中试实验室，另一个是中关村检测认证实验室，两个实体服务板块业务量逐年提升。这块主要是为北京研发、天津制造成果的转化提供七个方面全生命周期的科技服务。去年北京流向天津的技术合同达 2324 项，成交额同比增长 85%。

四是在产业协作方面，推动两地区域产业链成龙配套。充分发挥北京研发优势和天津先进制造研发优势，特别是推动新能源汽车和智能网联汽车等优势产业协同联动，天津为北京奔驰汽车、理想汽车和小米汽车提供零部件配套的企业超过 120 家，并将继续提供更多的上下游服务。去年两地共同组织了 2 场"京津产业握手链接洽谈会"，主要是政府搭台、企业唱戏，企业热情参与，现场气氛热烈，活动成效明显。

下一步，我们将深入贯彻落实总书记关于唱好京津"双城记"的重要要求，持续拓展合作的广度和深度，共同续写京津"双城记"新篇章。主要在以下几方面持续深化。

一是继续唱好科技协同创新的"双城记"。将北京科技创新优势和天津先进制造研发优势有机结合，持续深化天津天开高教科创园与北京科教资源全面合作，共同建设好、打造好京津冀国家技术创新中心。推动京津冀国家技术创新中心天津中心实体化运行，按照习近平总书记重要讲话要求，合力打造我国自主创新的重要源头和原始创新的主要策源地。

二是继续唱好产业体系融合的"双城记"。强化重点园区、重点项目合作共建，建设好滨海－中关村科技园、宝坻中关村科技城和武清京津产业新城等承载平台。共同抓好 6 条产业链落地落实。同时，继续办好"京津产业握手链接洽谈会"，持续提高影响力，满足两地经营主体需要，共建世界级先进制造业集群。

三是继续唱好体制机制创新的"双城记"。深入推进京津同城化发展、实现区域一体化，持续探索完善合作共赢机制，加强天津港与北京空港、陆港运输衔接，持续推动京津两地"双城"国际消费中心城市联动发展，同标打造优质营商环境，为经营主体创建更好的发展环境。

四是继续唱好重点领域协同的"双城记"。在基础设施、公共服务、社会治理、生态环保等领域深化合作，构建双方更加紧密的融合发展格局。

问题5：雄安新区作为北京非首都功能的疏解集中承载地，请问河北是如何落实这一功能定位，并做好疏解相关服务保障工作的？刚才提到了白洋淀素来被誉为"华北明珠"，请问河北是如何修复好、保护好白洋淀的？

答：大家都知道，设立雄安新区是以习近平同志为核心的党中央作出的重大历史性战略选择，习近平总书记三次视察雄安新区，总书记强调，"雄安新区不同于一般意义上的新区，它的定位首先是疏解北京非首都功能集中承载地"。河北坚决贯彻落实总书记的重要指示精神，坚持市场机制和政府引导相结合，项目和政策两手抓，承接疏解有序推进。雄安新区"拔节生长"，从"一块地"到"一张图"，再到"一座城"，发生了历史性的变革。

一是打造具有吸引力的疏解政策环境。用好中央一揽子支持政策，出台住房、户籍、教育、医疗等10个配套方案，新区医保待遇水平不低于北京，公积金缴存标准实现了与北京同步。加强政策宣传解读，建立政策直达机制，开辟疏解服务绿色通道，提供注册、供地、审批、建设"一站式"综合服务，让疏解对象来得了、留得住、发展好。

二是打造高品质的生产生活环境。新区的启动区、起步区加快建设，首批疏解标志性项目有序落地。刚才郭兰峰主任作了比较全面的介绍。统筹"职住平衡"，雄安商服中心等一批高品质的商业办公住宅配套设施投入使用，北京援建的"三校一院"已经开学开诊，优化交通不堵车、小型足球场等雄安场景，把"妙不可言"融入了生活，让"心向往之"成为现实。

三是打造充满活力的创新创业环境。建立高水平的科技创新政策体系，推动筹建空天信息和卫星互联网创新联盟，启动雄安未来之城场景汇，吸引最新科技成果到雄安孵化、转化和产业化，雄安的创新氛围越来越浓。发布了"雄安16条"，16条政策对人才非常有吸引力，举办了百校百所千企、万名首都大学生"雄安行"，雄安的人气越来越旺。

习近平总书记殷殷嘱托，"建设雄安新区，一定要把白洋淀修复好、保护好"。

刚才郭兰峰主任作了非常形象的介绍。我们出台《白洋淀生态环境治理和保护条例》等地方性法规，压实全流域38个县（市、区）责任，一体推进补水、治污、防洪，统筹实施清淤疏浚、百淀连通、河道治理、生态修复等工程，有效治理淀中村、淀边村生活污水，建立常态化补水机制，加强生物多样性保护，白洋淀的生态环境发生了根本性变化。淀区水质持续保持在Ⅲ类水平，野生鸟类达到了276种，比新区设立前增加了70种。据统计，全世界只有1000多只的"鸟中大熊猫"青头潜鸭在淀区安家，它对环境极其敏感，它安家了，说明白洋淀的生态环境是非常优良的。白洋淀再现"荷塘苇海、鸟类天堂"的胜景。

问题6：我们留意到，天津正在推动实施高质量发展"十项行动"，其中将推动京津冀协同发展走深走实行动作为第一行动，统领各项行动往深里走、往实里做。请介绍天津实施推动京津冀协同发展走深走实的主要做法和成效有哪些？

答：京津冀协同发展是习近平总书记亲自谋划、亲自部署、亲自推动的重大国家战略，深入推进京津冀协同发展是天津的重要政治责任和重大战略机遇。在京津冀协同发展重大国家战略实施十周年的重要时刻，2月1日、2日，习近平总书记亲临天津视察指导，慰问基层群众，发表了重要讲话，从战略和全局高度为天津未来的发展，特别是京津冀协同发展指航定向，也为我们在新征程上深入推进京津冀协同发展工作提供根本遵循和行动指南。天津市委、市政府始终坚持以习近平总书记重要讲话精神为指引，从全局谋划一域、以一域服务全局，我们去年推进实施的"十项行动"就是党的二十大精神具体化的落实举措，得到了习近平总书记的肯定，鼓励我们把这项工作持续抓好。京津冀协同发展走深走实是"十项行动"的第一行动，统领其他九项行动，目的就是扎实推进重大国家战略在津沽大地落地落实、见行见效。下面，我用"六个一"来给大家做一个简要介绍。

一是下好高质量疏解发展"一盘棋"。疏解北京非首都功能是京津冀协同发展的"牛鼻子"，对天津来讲，我们与雄安新区是错位联动承接疏解，主要坚持互惠互利、合作共赢市场化方式来承接北京的非首都功能疏解。中海油、中石化、中铁建、中交建、通用技术、联想、360 科技、京东等一批央企和民企以及高科技企业都在津布局,国家会展中心、空客二线等一批高质量项目落户天津。天津滨海－中关村科技园、宝坻京津中关村科技城揭牌以来,累计注册企业分别超过 4900 家和 1500 家。

二是舞动创新链产业链供应链资金链人才链深度融合"一条龙"。天津天开高教科创园积极融入京津冀协同创新体系,京津冀国家技术创新中心跟南开大学、天津大学、天津理工大学等共同打造 7 个技术创新平台。与北京、河北联合绘制 6 条产业链图谱,包括新能源和智能网联汽车、生物医药、氢能、网络安全和工业互联网、高端工业母机、机器人等 6 条产业链,天津纳入产业链上下游企业 705 家,京津产业握手链接洽谈会、京津冀产业链供应链大会等系列产业对接活动去年也成功举办。

三是推进公共服务共建共享"一卡通"。共建京津冀高校教育联盟,全面实现京津冀区域异地就医住院、普通门诊和门诊慢特病医疗费用直接结算"免备案",协和医学院天津医院一期去年已正式投入使用。社保卡"一卡通"服务加快推进,三地旅游也实现了"一码通行"。

四是构建区域互联互通"一张网"。京津、京沪、京滨、津兴 4 条高铁联通京津双城,天津港集装箱年吞吐量超过了 2200 万标箱,在全球港口集装箱吞吐量里面排在第 8 位。北京燃气 LNG 应急储备项目一期建成投产。

五是筑牢生态环境联建联防联治"一道屏"。全市 $PM_{2.5}$ 平均浓度比 2013 年下降 57%,地表水国控断面优良水质比例达到 58.3%,引滦入津上下游横向生态保护补偿协议有效实施,12 条入海河流稳定消劣。在此,我们感谢北京和河北上游地区的联动支持,使得我们天津大小河流的水质大幅度提升。

六是拧成协调发展、共同发展"一股绳"。三地联合印发京津冀区域市场一体化建设 21 条落实举措,是全国区域性范围内出台的第一个市场化一体化建设举措,得到了国家发展改革委的高度认可。京津冀跨境贸易便利化专项行动扎实推进。编制完成新一轮对口帮扶河北省承德市相关地区工作规划。

新时代、新征程,我们将持续深入学习贯彻习近平总书记视察天津系列重要讲话精神，特别是今年春节前视察天津的重要讲话，按照习近平总书记明确提出的一个总体要求和四个"善作善成"重要要求，牢记总书记殷殷嘱托，聚焦经济建设这一中心工作和高质量发展这一首要任务，以推进京津冀协同发展为战略牵引，深入实施"十项行动"，在使京津冀成为中国式现代化建设先行区、示范区中勇担使命、开拓进取，奋力谱写中国式现代化天津篇章。

问题 7：我们了解到北京是全国第一个减量发展的超大城市，请问在疏解北京非首都功能的过程中，北京是如何推动高质量发展的？

答：党的十八大以来，习近平总书记 11 次视察北京，21 次对北京发表重要讲话，深刻阐述了"建设一个什么样的首都，怎样建设首都"这个重大时代课题，明确了北京四个中心的首都城市战略定位，要求以疏解非首都功能作为"牛鼻子"来推动京津冀协同发展，为做好新时代首都工作提供了根本遵循。十年来，北京市深入贯彻总书记重要讲话精神，全面实施新版城市总体规划，严格控增量、疏存量。持续开展疏解整治促提升专项行动，实现城六区常住人口比 2014 年下降 15% 的目标，城乡建设用地减量 130 平方公里。首都功能持续优化提升。

我们用减量来倒逼城市发展方式的转变，推动城市深刻转型，实现了减量背景下的高质量发展。重点有几方面工作：一是科技创新。大家也都知道，北京的科技创新力量是很强的，我们坚持创新驱动发展，大力发展高精尖产业、数字经济，超前布局未来产业，培育了新一代信息技术和科技服务两个万亿级产业集群，还有一批千亿级的产业集群，比如医药健康、人工智能、集成电路等。同时，提升金融等现代服务业发展能级，在全国率先形成了服务业占 GDP 比重在 80% 以上、现代服务业占服务业比重在 80% 以上的"双 80%"服务经济发展格局。二是腾笼换鸟。疏解腾退空间在优先保障中央政务功能、补齐便民服务短板的同时，也为高精尖产业、现代服务业发展提供了更多更大的承载空间。比如，大家都很熟悉的动物园批发市场，从北方地区最大的服装批发集散地，到现在变成了金融科技与专业服务创新示范区核心区，利用原有的空间，累计引进 160 余家金融科技的服务企业，这个例子生动体现了在腾笼换鸟方面取得的成绩。三是改革开放。我们一年一版本迭代升级营商环境改革举措，着力营造市场化、法治化、便利化、国际化一流营商环境，对标国际先进规则和最佳实践，推进国家服务业扩大开放综合示范区和自由贸易试验区"两区"建设，稳步扩大制度型开放先行先试，持续激发市场活力和社会创造力。2023年，全市新设企业增长20.3%，总数突破211万户、创历史新高。

十年间，北京经济总量先后跨越3万亿、4万亿两个大台阶，人均GDP、劳动生产率、万元GDP能耗水耗等多项指标在全国省级地区一直处于最优水平，走出了一条减量刚性约束下的高质量发展之路。

问题8：刚刚介绍的十年来京津冀协同发展从擘画蓝图到深入实施取得的巨大成果，大家听了以后备受鼓舞。能不能详细介绍一下接下来推动京津冀协同发展有哪些安排，准备开展哪些具体工作？

答：这段时间在总结十年成就的同时，我们也在深入思考下一个十年应该做些什么，也在征求各方面、各部门，特别是社会各界的意见建议。如果各位媒体记者对京津冀协同发展有什么好的建议，也希望和我们及时沟通，我们共同把京津冀协同发展这篇大文章、这个大的区域战略做好做实。

下一步，中央区域办将继续深入学习贯彻习近平总书记关于京津冀协同发展的重要讲话、重要指示、重要批示精神，按照中央区域协调发展领导小组要求，会同有关部门和三省市一起久久为功、善作善成，推动京津冀协同发展迈上新台阶。具体工作有几个方面：

第一，围绕解决北京"大城市病"的问题，抓住疏解这项工作不放松。当前，疏解的第一批项目正在加快建设，将实施新一批具备条件的疏解项目。同时我们更加注重在疏解过程中提升，疏解不是简单的搬迁到雄安或者搬迁到哪个地方，比如央企疏解，就应该在企业的体制机制、业务范围、科技创新等方面有所提升。只有这样，才能够通过疏解带动天津、河北的发展，也才能实现协同发展。

第二，高标准高质量建设好北京"新两翼"，培育区域的增长极。北京市"新两翼"就是雄安新区和北京城市副中心，对雄安新区来讲，它是一张白纸，经过几年建设有了雏形，但是应该做的工作还有很多，一个城市的建设不可能三五年就建成。即使高楼大厦都起来了，但还有一些软的体制机制需要建立完善，中央提出"世界眼光、国际标准、中国特色、高点定位"有深刻含义。当然，对于一些重大的基础设施项目，我们还会继续推进，目标是要打造全国高质量发展的样板。对于北京城市副中心，已有很好的基础，像科技创新、行政办公、商务服务、文化旅游等功能还是要加强，推动绿色发展，增强北京发展的动力和活力。

第三，促进重点区域高质量发展，以点带面助力建设以首都为核心的世界级城市群。我们要制定出台支持天津滨海新区高质量发展的政策措施，继续做好通州与北三县一体化高质量发展工作，持续推进张家口首都水源涵养功能区和生态环境支撑区建设，抓好唐山高质量发展方案落实。我们还要发挥好京津冀对山东、内蒙古、山西等周边地区的辐射带动作用。

第四，创新协同发展体制机制，推动重点领域协同向规则协同并重转变。一是产业链供应链协同融合，推动更多的科研成果在这个区域内落地。二是推动自贸区等开放平台加强制度创新合作，共同对接国际高标准经贸规则。三是深化市场一体化改革，前一段时间，党中央出台了建立全国统一大市场的文件，京津冀协同发展要在这方面走出一步，加快破除限制生产要素自由流动和优化配置的障碍。

第五，坚持以人民为中心推动协同发展，不断增强区域内老百姓获得感、幸福感、安全感。推动北京、天津和河北教育资源的共享，推动京津冀医联体建设，强化社保、养老等公共服务的政策协同。比如像北京的养老问题，就可以在北京周边地区来解决。同时，我们也持续推进三北防护林这些重大的生态工程建设，让京津冀的天更蓝、水更清。

问题9：我的问题提给河北省领导，河北省精心打造的文旅品牌"这么近，那么美，周末到河北"，不仅吸引着京津的游客打卡到河北，也吸引着全国更多游客到河北"走一走、转一转"。请问河北是怎么做的？取得了什么成效？

答："这么近，那么美，周末到河北"，已经成为我们河北的文旅品牌，产生了广泛的影响，这句话已经成为很多人的口头禅，也是京津冀协同发展的一个重要成果。河北山川秀美、历史文化底蕴深厚，是文化和旅游资源大省，拥有 5A 级景区 12 家，世界文化遗产 4 项，全国重点文物保护单位、国家级非遗数量均居全国前列。随着京津冀协同发展纵深推进，三地基本形成了"一小时交通圈"，交通旅行越来越方便。我们依托丰厚的文旅资源，聚焦京津及周边省份重点客源市场，发挥"近"的优势，做足"美"的文章，推出一系列政策措施，努力让河北文旅出圈又出彩。实施"旅游包车"周末和节假日免费通行河北高速、"乐游京津冀一码通"、建设河北旅游名片、培育"十佳博物馆"等举措，推动文旅市场持续向好；深入挖掘资源，深化文旅融合，推出世界遗产、古城古韵、赶考之路等旅游线路，一批重点文旅项目相继建成；加强与京津资源共享，携手建设京张体育文化旅游带、长城文化旅游带、大运河文化旅游带，用好冬奥遗产，培育冰雪、康养、研学等旅游新产品、新业态、新场景；加强与央媒、京津主流媒体和新媒体等媒体合作，创新宣传推广方式，不断开拓京津以及周边省份、长三角、珠三角等客源市场。2023 年，全省接待游客达到 8.4 亿人次，其中京津游客达到 1.2 亿人次，占比持续提升。

今年春节假期，全省接待游客人次、旅游收入分别比 2019 年同期日均增长 38.6%、53.5%，正定古城成为全国五大热门景点之一，正定古城的灯会吸引力非常强。希望大家对河北多关注、多宣传，"这么近，那么美，周末到河北"。

勇担先行区示范区重任 谱写高质量发展新篇章
——京津冀协同发展十年观察

一座山，三个村，分属京津冀三地。

60 多年前，三村是一村，名叫大岭后。后来，行政区划调整，一村变三村，分别划归北京平谷区、天津蓟州区、河北三河市。

现如今，三个村再次"合体"。所属乡镇政府签下合作协议，支持三个村共同开发文旅项目，打造京津冀协同发展示范点。

大岭后是一个缩影。

京津冀是引领全国高质量发展的三大重要动力源之一。作为新时代里谋篇落子的第一个区域协调发展的国家战略，京津冀协同发展走过十年，蝶变的触角已延伸至京津冀的山山水水。

习近平总书记强调："推动京津冀协同发展不断迈上新台阶，努力使京津冀成为中国式现代化建设的先行区、示范区。"

这片 21.6 万平方公里的土地，习近平总书记倾注了大量心血。自十年前的 2 月 26 日算起，习近平总书记先后主持召开三场以京津冀协同发展为主题的座谈会，多次深入考察调研，指明前进方向、提供根本遵循。从"谋思路、打基础、寻突破"，到"滚石上山、爬坡过坎、攻坚克难"，再到"坚定信心，保持定力"，京津冀大地，协同发展静水深流，又触手可及。

"虹吸效应"弱了，"辐射带动力"强了。交通、环境、产业、公共服务等领域的协同发展数据持续更新。十年来，京津冀经济总量连跨 5 个万亿元台阶、达到 10.4 万亿元，区域整体实力持续提升，现代化首都都市圈加快构建。

新春伊始，到工厂、到农村、到社区、到学校，所见所感，温热而鲜活。京津冀协同发展的无数生动故事，印证着习近平总书记的深刻判断："实践证明，党中央关于京津冀等重大区域发展战略是符合我国新时代高质量发展需要的，是推进中国式现代化建设的有效途径。"

引领

规划科学，谋定而后动

这些天，北京市规划展览馆，参观者络绎不绝。展馆负责人介绍，常设展中的"北京城市总体规划"和"京津冀协同发展"两个展区，最为热门。时光回溯到十年前的春天，习近平总书记考察北京的第一站正是这里。

"考察一个城市首先看规划，规划科学是最大的效益，规划失误是最大的浪费，规划折腾是最大的忌讳。"京津冀协同发展这十年，规划先行引领，成为一个鲜明特点。

从京津冀协同发展的大逻辑，到每个关键点位的落子布局，习近平总书记都亲自谋划、亲自推动，反复强调要高起点规划，高标准高质量建设，"一张蓝图绘到底"。

回望走过的路，更能感悟饱含其中的战略定力和历史耐心。

雄安，"千年大计"的历史时刻之后，国内外翘首以待：她将以怎样的"中国速度"成长？

答案，出乎意料，又充满惊喜。

雄安新区规划展示中心，色彩斑斓的城市规划图上，功能不一的地块相互交织。"有很长一段时间，雄安几乎未动一砖一瓦，就是为了把每一寸土地都规划得清清楚楚。白洋淀畔，要打造的是一个没有'城市病'的未来之城，这是留给子孙后代的历史遗产。"雄安新区自然资源和规划局局长王志刚说。

60 多位院士、200 多个国内外团队、3500 多名专家和技术人员参与规划体系编制，形成了以《河北雄安新区规划纲要》为统领的 4 个基础性规划和

20 多个专项规划。

规划科学，谋定而后动。得益于此，雄安新区一转入建设发展阶段，便全面提速，一天一个样。

相当于 40 个标准足球场的巨大基坑内，50 多台套大型机械交错排列，传来阵阵轰鸣声。正在建设中的雄安新区国贸中心片区，未来将成为"城市会客厅"。"规划、设计用了将近 3 年，2023 年底开始大规模建设。"雄安集团雄商置业公司项目负责人王诺，亲历从沉寂到热气腾腾的变迁。

实施重点项目 292 个，开发面积覆盖 184 平方公里，总建筑面积达 4370 万平方米，新建道路 712 公里……雄安新区从无到有、从蓝图到实景，一座高水平社会主义现代化城市正在拔地而起，堪称奇迹。

规划编制之初，京津冀三地有各自的发展思路。打破自家的"一亩三分地"，首先靠的是对这个问题的认识"要上升到国家战略层面"。

夯基垒台，慢工细活。《京津冀协同发展规划纲要》，先后 7 轮征求各方意见，最终确定了"功能互补、区域联动、轴向集聚、节点支撑"的布局思路。《北京城市总体规划（2016 年—2035 年）》，在草案公告期内征集到 1.15 万条意见，意见采纳率约达 88%……

蓝图叠加施工图，慢规划换来快发展。

2 月 19 日上午，雄安新区一季度共 56 个项目集中开工建设，总投资 391 亿元，预计今年新区建设项目完成投资 2000 亿元以上。如今的雄安新区，启动区重点市政基础设施基本建成，"三横四纵"骨干路网具备通车条件，已进入大规模建设与承接北京非首都功能疏解并重阶段。北京城市副中心，100 项重点任务细化为 278 项具体任务和 503 项重点工程项目，坚持一年一个节点、每年都有新变化。

时间是最客观的见证者。京津冀协同发展十年来，"一核"（北京）辐射、"两翼"（雄安新区和北京城市副中心）齐飞、"双城"（北京天津）联动、三地（北京天津河北）协同的空间布局正在加快构建。

重构

放眼全局谋一域，立足一域谋全局

疏解北京非首都功能，是京津冀协同发展的核心问题。习近平总书记形容，就像是"动一动外科手术"。

十年前的北京，繁华背后正经历"成长的烦恼"。几十年"摊大饼"式的快速发展，一些深层次矛盾和问题逐步显现，人口过多、交通拥堵、大气污染等"大城市病"凸显，"眼看北京市的人口总量将在一两年内达到城市承载能力的'天花板'"。

站在全局的角度看一域，用战略思维破解发展难题。以疏解北京非首都功能为"牛鼻子"，一场由点到面、由外及内的"重构"，在京津冀拉开帷幕。

思维层面，"打破在自家一亩三分地上转圈圈的思维定式"；空间格局，"建设北京城市副中心和雄安新区两个新城，形成北京新的'两翼'"；产业结构，"推进产业对接协作，理顺三地产业发展链条，形成区域间产业合理分布和上下游联动机制"；发展方式，"走出一条内涵集约发展的新路子，探索出一种人口经济密集地区优化开发的模式，促进区域协调发展，形成新的增长极"。

北京西城，二环路边曾经喧嚣熙攘了30年的"动批"（北京动物园服装批发市场）撤了，原有空间"蝶变"为新动力金融科技中心。牵手金融街和中关村，"金科新区"累计新引入重点金融科技企业和专业服务机构166家，注册资本金超过1100亿元，2022年实现税费收入超过30亿元。

"动批"向南，北京大红门，45家区域性批发市场完成迁移，其中2栋楼宇"还"给自然，建起森林湿地公园，专为市民营造蓝绿空间。

这是北京经济结构和空间结构调整的一个侧面。十年来，北京退出一般制造业企业超3000家，疏解升级区域性专业市场和物流中心近1000个，利用拆违腾退空间实施绿化超过9200公顷，城乡建设用地减量130平方公里。从聚集资源求增长转向疏解非首都功能谋发展，从城市管理转向超大城市治理，北京成为全国第一个减量发展的超大城市。

十年来，发展的每一步，都在思考"舍"与"得"。以疏为进、以舍谋得，北京从"大而全"转向"高精尖"，津冀两地则不能"捡到筐里都是菜"。疏解不是简单搬家，而要以此为契机转型升级、更新换代。

河北保定，轨道交通产业园借势而起。龙头企业河北京车2018年由北京疏解而来，建起2.5公里长的试车线。"这在北京难以想象。"该产业园总经理钱兆勇感叹，"北京设计研发，河北专注生产，已有8家上下游配套企业计划在当地扎根，与我们抱团发展。"

天津宝坻，京津中关村科技城初具规模。几年前从北京迁过来的天泽电力（天津）有限公司，产值比在北京时增长了1.5倍。该公司总经理张承辉介绍，轨道钻孔机、电缆放送机等"拳头产品"设计研发还在北京，生产环节在天津。

大战略，需要大格局、大思路。

打开地图，雄安新区与北京、天津构成一个等边三角形，距离北京、天津、石家庄、保定分别约105公里、105公里、155公里、30公里。

用更宏阔的视野观察，落子雄安新区，是思想的伟力、时代的选择。

"疏解是双向发力。"对"疏解"，习近平总书记看得透彻，讲得深刻，"雄安新区是外向发力；北京是内向调整，优化核心功能，把'白菜心'做好。"

向东看，北京城市副中心每年保持千亿元级投资强度，城市框架有序拉开。北京艺术中心、北京城市图书馆、北京大运河博物馆"三大文化建筑"投运，副中心站综合交通枢纽、东六环路入地改造等重点工程加快推进，运河商务区吸引注册企业超2万家……

西南望，雄安新区完成投资6500多亿元，4000多栋楼宇拔地而起。中国星网总部加快内部装修，中国华能总部主体结构封顶，中国中化总部加快建设，中国矿产总部完成土地出让，4所疏解高校和北大人民医院开工建设，北京援建的"三校一院"顺利开学开诊，雄安商务服务中心等一批配套设施相继投用，中央企业在新区设立各类机构200多家……

严控增量和疏解存量相结合，内部功能重组和向外疏解转移双向发力。辗转腾挪间，京津冀协同发展的棋局满盘皆活。

离开北京，做了21年服装批发生意的张新环落脚河北永清县的云裳小镇。这里聚集的3600多家商户，80%来自北京。"环境好、店面大、成本低，生意也不错。"张新环打定了主意，"就留在这里，哪也不去。"

突破

苟日新，日日新，又日新

合则两利，知易行难。

减量与转型，疏解与承接，哪一点不关涉既得利益？从算小账到算大账，从看眼前到谋长远，转变谈何容易？

从 2014 年那场座谈会开始，"破除障碍"就一直是习近平总书记重要讲话中的关键词。"要破除制约协同发展的行政壁垒和体制机制障碍，构建促进协同发展、高质量发展的制度保障。"这条主线，贯穿始终。

破除障碍、协同发展，求取的是最大公约数，要着眼长远，协调好短期和长期利益。

"既要有引的激励优惠政策，又要有逼的一些限制性措施。要从'引'和'逼'两个方面着手，尽快拿出一批看得见、摸得着、有干货的政策，特别是要研究建立一个兼顾各方利益的内生动力机制，让北京愿意放，河北、天津等地方也愿意接。"习近平总书记思虑周全。

向改革要动力，向创新要活力。

十年来，京津冀三地着力提升产业协同水平，发挥北京创新资源辐射带动作用，区域配套更加紧密，新质生产力加快成长。

协同创新驱动持续发力。数据显示：2022 年三地研发投入强度为 4.28%，比 2013 年提高 0.85 个百分点，持续高于全国。2022 年区域劳动生产率达到 18.5 万元 / 人，较 2013 年基本实现翻倍。

北京通州、天津武清、河北廊坊，简称"通武廊"。三地签署人才合作框架协议，推出人才绿卡、鼓励企事业单位间科研人员双向兼职等十多项先行先试政策。

雄安新区，白洋淀旁，长出 150 米高的"金芦苇"，这里将是中国中化集团未来的总部大厦。项目建设负责人张吉烁说："项目开工前，采用'一会三函'审批模式,审批事项由数十个缩减到 4 个,时间节省了 3 个月。"

"企业在河北、监管属北京",跨区域监管机制,让河北沧州市成为北京生物医药产业外迁的重要承接地。北京·沧州渤海新区生物医药产业园已落地 60 多家医药企业,其中来自北京的医药企业已有 37 家。

京津中关村科技城,原本是一片"阡陌村庄",如今累计注册企业超 1400 家。"通过创新制度架构,京津两地建立起互利双赢的利益共享机制。"宝坻区副区长、京津中关村科技城党工委书记王浩介绍,北京企业入驻后,"京津两地都有收益,还能继续为北京链主企业做配套。"

北京有推力,津冀有拉力,才能形成协同发展的合力。

十年间,京津冀三地推进协同发展的自觉性、主动性、创造性明显增强,制度体系渐趋完善:落实京津冀营商环境"1+5"合作框架协议,第一批 165 项资质资格互认,自贸试验区 203 项政务服务事项"同事同标",区域一体化建设 21 条举措加快推进,520 家产业链供应链重点企业实现三地海关互认……

京津冀三地市场一体化进程加快,各种要素按照市场规律在区域内自由流动、优化配置。

北京流向津冀两地的技术合同成交额由 2013 年的 71.2 亿元增长至 2023 年的 748.7 亿元,年均增长率 26.5%。中关村企业在津冀两地设立分支机构超 1 万家,"北京研发、津冀制造"协同模式加速形成。北京企业对津冀两地企业投资 4.9 万次,投资总额 2.3 万亿元。京津冀生命健康产业集群、电力装备产业集群获批国家级重点产业集群,产值规模占全国 20% 以上。

算小账,三地发展也各有千秋、各有所得。

北京在减量发展的同时质量更优,天津在唱好京津"双城记"上呈现新气象,河北在对接京津、服务京津中加快发展自己。2023 年,北京、天津、河北经济总量分别为 43760.7 亿元、16737.3 亿元和 43944.1 亿元,按不变价格计算分别比上年增长 5.2%、4.3% 和 5.5%。

正如习近平总书记所指出的,"京津冀一体化相得益彰,最后说谁也没有吃亏,谁都得到自己想要的好东西"。

融合

乘众人之智，用众人之力

联合主办产业协同大会，联合发布跨区域产业链图谱，联合面向国内外开展招商……岁末年初，京津冀三地频频出招。

经过十年的磨合，抱团发展、相互融合，已成共识。京津冀三地衔接更加紧密、联动更加高效、推进更加有力。

情相牵，人相亲，离不开路相通。

过去，京津冀三地互联互通水平低，省域交界处"断头路"众多，人员往来不便。相邻的两个区域，直线距离近，但走起来七拐八绕、耗时费力。

协同发展，交通先行。

北京轨道交通22号线（平谷线），原规划只是北京市域内的一条线路。在京津冀协同发展的大背景下，北京市调整线路规划，延伸至河北三河市境内设置5个车站。建成投运后，从平谷站到北京城区的东大桥站，最快只需55分钟。在北京工作的数十万燕郊居民，日常通勤难题将得到极大缓解。

潮白河上，一座长1.63公里的"厂通桥"正在加紧建设。桥这头，是北京市通州区；桥那头，是河北大厂回族自治县。大桥建成通车后，从大厂县城到北京城市副中心核心区的通行时间，将缩短近半个小时。

十年间，"轨道上的京津冀"加速形成，高速路网越织越密，跨省界的"断头路""瓶颈路"陆续打通拓宽。京津冀铁路营业里程、高速公路里程均达1.1万公里，京津雄半小时通达、京津冀主要城市1~1.5小时交通圈基本形成。

干事业，谋发展，着眼京津冀一盘棋。

北京把支持雄安新区建设当作分内事，坚持雄安新区需要什么就主动支持什么，助力提升综合承载能力。以"交钥匙"方式全额投资在雄安新区建设3所学校、1所综合医院，建成后由北海幼儿园、史家小学、北京四中、宣武医院提供办学办医支持；40余所学校、5所医疗卫生机构对接支持雄安新区相关学校和医疗卫生机构。

京津冀三地共同完成氢能、生物医药、高端工业母机等6条产业链图谱绘制，梳理出 229 个技术"卡点"、174 个产业链"堵点"，向国内外提供投资京津冀的"指南针""导航图"。常态化举办"京津产业握手链接洽谈会"，2023 年累计签约和落地合作项目 44 个，意向投资额 274 亿元。成功举办首届京津冀产业链供应链大会等一系列产业对接活动。

"不打造区域产业竞争力，就无法实现更好的发展。"京津冀协同发展联合办公室副主任白向东愈发感觉到，从各搞各的到常态化协同对接，"京津冀三地对市场规律的认识越来越深刻，融合度也越来越高。"

北京携手张家口成功举办冬奥盛会，"通武廊"设立协同发展办公室，通州区与北三县一体化高质量发展示范区执委会挂牌运行，北京大兴国际机场临空经济区实现京冀两地共同编制城市规划和产业规划、共同完成全国目前唯一跨省级行政区划综保区封关验收……三地政策发布、产业互动、经济要素流动，进入融合快车道。

从"相容"到"融合"，一场波澜壮阔的改革，人是关键。如今，京津冀三地党政代表团定期互访，签署三轮战略合作协议，建立三地党政主要领导协商机制，三地人大、政协强化协同立法、跨区域协商。

北京通州区运河东大街 55 号，京津冀协同发展联合办公室里忙而有序。这个去年新成立的机构，由北京市牵头，三地调精干力量共同组成，构建了"要事有统筹、任务有督办、落实有专班"的工作体系。"联合办公室的成立，是三地落实总书记讲话精神的具体举措。"北京市发展改革委主任、京津冀协同发展联合办公室主任杨秀玲说，这不仅是工作地点上的改变，更是工作机制上的完善与升级，"从原来的协同协作提升到联合融合，三地间的联系将更紧密、合作也会更顺畅。"

今年 1 月，北京市级机关第二批集中搬迁工作顺利收官，35 个部门万余名干部职工迁入北京城市副中心。"城市副中心与主城区'以副辅主、主副共兴'的发展格局正有序形成，非首都功能承载力持续强化。"北京市发展改革委党组成员周浩感慨。

"京津冀如同一朵花上的花瓣，瓣瓣不同，却瓣瓣同心。"从城市到乡村，京津冀协同发展的理念深植京畿大地。

共享

治国有常，而利民为本

"人民"二字，重千钧。

"推进京津冀协同发展，最终要体现到增进人民福祉、促进共同富裕上。"习近平总书记始终将老百姓的获得感放在心上。

京津冀三地的公共服务水平，一度存在较大差距。尤其是教育、医疗，关乎群众切身利益，也是热点难点问题。

京津两地与河北基础教育交流项目超过 500 个，1000 多名河北中小学骨干校长教师赴京挂职学习。京冀两地探索开展中职阶段在河北培养、高职阶段在北京培养的"3+2"模式。京津冀三地成立 15 个跨区域特色职教集团（联盟），组建 22 个高校发展联盟。

医疗资源共享，深度和广度更是前所未有。

京津冀三地全面取消异地就医备案，50 项临床检验结果在京津冀 685 家医疗机构实现互认，京津冀 5600 余家定点医疗机构实现跨省异地就医住院费用直接结算、9300 余家定点医疗机构实现门诊费用直接结算，区域内异地就医实现"同城化"。

燕达金色年华健康养护中心位于三河市燕郊镇，83 岁的北京市民饶校村晚饭后正在挥毫泼墨。"刚来的时候出去遛弯儿一路上得歇三四回，这里照顾得好，身体比以前强多了。旁边就是医院，能用北京的医保，还有北京的专家坐诊，方便着呢。"近年来，在与北京城市副中心一体化发展政策推动下，三河市康养产业蓬勃发展，创建了"医养康相结合"养老服务体系。

一张图，折射京津冀协同发展破题的足迹。

2024 年元旦刚过，北京市生态环境局公布了一张北京 $PM_{2.5}$ 级别日历图，时间的跨度是 2013 年至今。图上，依时间顺序，代表严重污染、重度污染的红色越来越少，绿色越来越多。细数起来，2023 年北京空气质量优良天数占比达九成，空气质量连续优良天数最长达到了 192 天。

大气治理，北京难以独善其身。回想 2014 年，公布的中国空气最差 10 个城市，京津冀区域占 8 个。

民有所呼，政有所应。在京津冀协同发展上升为国家战略之初，就将生态作为京津冀协同发展三个率先突破的重点领域之一。

联防联控，携手行动。2020 年 1 月，北京市第十五届人民代表大会第三次会议审议通过《北京市机动车和非道路移动机械排放污染防治条例》；河北、天津也相继通过本地条例，并于 2020 年 5 月 1 日起同步实施。"一把尺子量到底"，让京津冀地区真正实现蓝天常在。

山青、水绿、天蓝。河北省生态环境厅副厅长吴跃介绍，2023 年，京津冀三地 $PM_{2.5}$ 平均浓度分别为 32 微克 / 立方米、41 微克 / 立方米、38.6 微克 / 立方米，较 2014 年分别下降 62.7%、50.6%、57.6%；地表水国考断面全面消除劣 V 类，永定河等五大主干河流全部重现"流动的河"并贯通入海。

良好生态环境，是最普惠的民生福祉。变化就在身边：京冀签署密云水库、官厅水库上游流域水源涵养区横向生态保护补偿协议，协同推进密云水库水源保护和官厅水库生态修复；白洋淀水质从劣 V 类提升并保持在 III 类标准，青头潜鸭等珍稀鸟类开始在此繁殖育雏；北京支持河北张家口、承德坝上地区植树造林 100 万亩，京津风沙源治理二期完成营造林 200 多万亩……

枝叶关情，民生萦怀。从 2015 年取消手机长途漫游费，到开展跨区域医联体建设，再到手持一张社保卡即可坐公交地铁、游览景区，京津冀三地坚持以人民为中心，深度促进基本公共服务共建共享。这片土地上的民生底色，正越擦越亮。

燕山莽莽，太行巍巍，海河汤汤。

砥砺十年，从打造新的经济增长极、形成新的经济发展方式，到发挥引领高质量发展的重要动力源作用，再到努力使京津冀成为中国式现代化建设的先行区、示范区，党中央不断赋予京津冀重要使命和责任。

循着春意，一个发展更协调、动力更澎湃、民心更凝聚的京津冀正在拔节生长。

（摘自 2024 年 2 月 26 日《人民日报》第 1 版）

勇担先行示范的重任
——京津冀十年协同发展谱新篇

2024 年是京津冀协同发展上升为国家战略十周年。十年来，习近平总书记亲自谋划、亲自部署、亲自推动京津冀协同发展，指明前进方向、提供根本遵循，推动这一国家战略不断向纵深推进。

"京津冀如同一朵花上的花瓣，瓣瓣不同，却瓣瓣同心。"落实习近平总书记重大决策部署，京津冀探索人口经济密集地区优化开发的新模式，谋求区域发展的新路子，打造经济社会发展新的增长极。从谋篇布局的"大写意"到精耕细作的"工笔画"，京畿大地发生着深刻变化。

以资源优化配置重构区域发展新格局

春节假期后，位于北京地铁动物园站南侧的新动力金融科技中心极具现代感的大厅内，服务团队正在为新一批入驻企业对接最新落地的相关政策。经过疏解腾退，曾经的动物园批发市场（"动批"），当前已成为金融科技企业的集聚地。

十年前，动物园批发市场面积最大的世纪天乐大厦，曾聚集近 3000 家商铺。如今大厦通过改造，最大限度保留建筑结构，内部则是另一番景象：5A 甲级写字楼，设有城市会客厅、文化艺术空间等商务服务及社交空间。

与此同时，一批批市场商户向河北廊坊、保定白沟、沧州黄骅等地疏解，助力河北打造全国现代商贸物流基地。

"动批"蝶变是首都转变发展模式、推进区域协调发展的生动样本。

2014年2月26日，习近平总书记主持召开座谈会听取京津冀协同发展专题汇报，明确提出实现京津冀协同发展是一个重大国家战略。

宏图既定，规划先行。2015年6月9日，中共中央、国务院印发《京津冀协同发展规划纲要》。一张图规划、一盘棋建设、一体化发展，京津冀协同发展不断取得新成效。

2024年2月6日，建设中的中国卫星网络集团有限公司雄安新区总部（无人机照片）。新华社记者 牟宇 摄

今年春节，来自湖北襄阳的电焊工董天会是在北大人民医院雄安院区项目工地上度过的。这是他从业十几年来，第一次没有回家过年。他说，在建设未来之城中度过一个有意义的春节非常难忘。

吊臂升降，机器轰鸣，钢筋敲击声不绝于耳……在雄安新区，还有国贸片区、大河片区安置房等多个项目现场，春节不停工，寒风中的建设"热度"不减。记者获悉，雄安新区已有4家央企总部落户，央企已设立子公司及各类分支机构200多家；在京部委所属的4所高校雄安校区和1家医院雄安院区项目已开工……

在北京另一翼，城市副中心一批交通、水利、能源等重大基础设施和生态环境综合治理项目逐步建成，锚定数字经济、现代金融、先进制造、商务服务等六大产业，连续保持每年千亿级投资强度。

2024年2月2日，北京城市副中心站综合交通枢纽工程建设现场。新华社记者 李木子 摄

在通州，焕新的不只是城市面貌，更在于发展理念和管理机制的提升。

根据相关政策，符合北京城市副中心发展定位的北京市属国有企事业单位，在疏解至北京城市副中心时，允许其新建或购买办公场所；符合划拨条件的，可以以划拨方式供应土地。这一政策赋予北京城市副中心更大发展自主权。

2024年1月底，北京市级机关两批集中搬迁工作顺利收官，城市副中心与主城区"以副辅主、主副共兴"的发展格局正有序形成。第七次全国人口普查结果显示，通州区常住人口约184万人，比第六次全国人口普查时增长65万余人。

十年间，北京市"瘦身提质"效果超出预期，退出一般制造业企业超3000家，疏解提升区域性专业市场和物流中心近1000家，城乡建设用地减量130平方公里。北京中心城区功能布局不断优化，实现城六区常住人口比 2014 年下降 15% 的目标，高精尖产业新设经营主体占比由 40.7% 上升至 66.1%，精准补建便民商业网点 7700 余个。

随着区域合作日益加强，资源合理流动和配置，天津和河北发展更有活力。河北省十年累计承接京津转入基本单位 4.3 万余家；天津市滨海－中关村科技园、京津中关村科技城等重点平台，注册科技创新企业约 6500 家。

以协同创新促进区域产业协作

对京津冀协同发展而言，京津两个直辖市是重要的支点。结合北京科技创新优势和天津先进制造研发优势，贯彻落实习近平总书记重要指示，"谱写新时期社会主义现代化的京津'双城记'"成为这两座城市发展的新方向。

不久前，一款用于清洁太阳能光伏板的新材料产品在天津滨海－中关村科技园发布。"以全国太阳能装机量约 400GW 为例，每年可减少约 420 亿元的经济损失，为清洁能源行业带来广阔的盈利空间。"研发企业京中（天津）纳

2024 年 2 月 3 日，天津滨海－中关村科技园一景（无人机照片）。新华社记者 赵子硕 摄

米科技有限公司负责人那明扬说。

这是京津冀协同创新在天津市诞生的新成果。京津携手在天津市滨海新区、宝坻区分别建立滨海－中关村科技园、京津中关村科技城，推动创新成果落地开花。截至 2023 年底，两处新平台累计注册企业突破 6500 家，大多数是科技型创新企业。

跟随公司落户天津宝坻京津中关村科技城，张建辉和李丽花这对"80 后"夫妻结束了长达 9 年的"北漂"生活。李丽花说，之前一直在北京的博宇半导体工艺器皿技术有限公司工作，孩子长期在老家。2020 年，张建辉夫妇顺利落户天津，把孩子从山东老家接来身边上学，心里踏实多了。

在雄安新区中关村科技园一期 B2 栋的二楼，有一间咖啡厅颇为热闹。有时咖啡厅被改成一间会议室，长长的桌子尽头，是一个可移动的大屏。随着不同的会议主题，大屏上播放着不同内容的 PPT 文件。主讲人有时坐在沙发上向长桌四周的人讲解，有时候起身快步走到大屏前，进行问答和互动。

河北雄安罗数科技有限公司总经理李亚洲表示，从办公室移步二楼咖啡厅，创业者们可不仅仅是为了一杯饮品。在一间间充满咖啡香的共享空间里，有创新创造的热情、有思想碰撞的火花，也隐藏着数不清的机遇。

雄安新区中关村科技园自去年 8 月 30 日揭牌，一期工程入驻率达到了90%。这些企业以高新技术、专精特新"小巨人"为主，主营业务多为人工智能、

2024 年 1 月 31 日，在雄安新区中关村科技园集成服务中心，工作人员在为商户办理业务。
新华社记者 牟宇 摄

智能硬件、生物医药等。

一个中关村，花开京津冀。十年来，中关村企业在津冀两地累计设立分支机构已超过 1 万家。

以协同创新推动产业协作，是京津冀协同发展不断突破的根本动力。北京市发展改革委主任杨秀玲表示，京津冀正联合编制氢能、生物医药等六大跨区域产业链图谱，实施产业链"织网工程"，为延链、补链、强链、优链提供"导航图"。

据统计，北京流向津冀技术合同成交额由 2013 年的 71.2 亿元增长至 2023 年的 748.7 亿元，累计超 2800 亿元。近日由北京大学首都发展研究院发布的《京津冀协同创新指数 2023》显示，2013 年至 2022 年，京津冀协同创新指数从 100 增长到 297.6，年均增速为 12.9%。

以共建共享推动公共服务"跨省过河"

习近平总书记指出，推进京津冀协同发展，最终要体现到增进人民福祉、促进共同富裕上。

总面积 21.6 万平方公里、拥有 1 亿多人口的京津冀地区，地缘相接、人缘相亲、文化一脉，具备公共服务资源共建共享的天然基础。坚持鲜明的人民立场，让京津冀这片古老又现代的土地幸福底色更浓、成色更足。

记者在北京儿童医院保定医院见到钟女士时，她正在为身患白血病的 9 岁孩子办理出院手续。新的治疗阶段已经完成，她计划带孩子回老家看爷爷奶奶。

去年 5 月，为给孩子看病，钟女士本打算挂北京儿童医院血液一科的专家号，带着孩子去北京看病。后来才知道，这位专家每周来保定儿童医院坐诊。2015 年，保定市儿童医院接受北京儿童医院托管，开创了公立医疗机构跨省托管的先河。如今，北京儿童医院将造血干细胞移植专业科室及人员"整体下沉"到保定，合作步步加深。

作为落地城市副中心的三甲综合医院，北京友谊医院通州院区开诊 5 年来，医疗服务总量逐年递增，门急诊总量超 458.9 万人次，其中外埠患者比例

2024 年 2 月 13 日，在北京儿童医院保定医院，北京儿童医院干细胞移植科副主任秦茂权在查房。新华社记者 王晓 摄

超 40%，主要来自廊坊北三县和通州周边地区。

肝硬化患者刘磊是这间医院受益者之一。经过肝移植手术，刘磊的肝功能逐步恢复正常，这意味着一台创造了"活体辅助肝移植最小移植物"纪录的顶尖手术最终成功。通州蜕变为城市副中心过程中快速提升的医疗能力给予了更多像刘磊一样的患者坚强保障。

户籍改革、医疗改革、公共服务改革……一项项利民之策在京畿大地落地开花。

寒假期间，雄安新区以财政补贴方式，组织 28 所中小学开展免费托管服务。记者采访时，在雄安史家胡同小学的塑胶跑道上，体育教师带着孩子们正在进行多形式跑跳训练。

2017 年 8 月，京冀两省市政府签署协议，北京市以"交钥匙"方式支持雄安新区建设幼儿园、小学、完全中学、综合医院各一所，雄安史家胡同小学是其中之一。

"我们学校的学生都是雄安建设者子女，寒假托管为他们解除了后顾之忧，让他们能安心工作。"雄安史家胡同小学副校长王映说。

十年来，京津冀协同发展彰显鲜明的人民立场，通过创新体制机制和政策，促进公共服务"跨省过河"、全面融合，让群众增强获得感、幸福感。京津冀已有 4900 余家定点医疗机构实现跨省异地就医住院费用直接结算，200 余所

2024 年 2 月 6 日，北京四中雄安校区和雄安史家胡
同小学（无人机照片）。新华社记者 牟宇 摄

京津中小学幼儿园在河北开展跨区域合作办学。

京畿大地激荡人心的发展故事还在继续书写。面向未来，习近平总书记的指引清晰而坚定："努力使京津冀成为中国式现代化建设的先行区、示范区。"

（摘编自 2024 年 2 月 25 日新华网《勇担先行示范的重任——京津冀十年协同发展谱新篇》）

雄安新区拔节生长向未来

在京津冀协同发展战略实施十周年之际，踏上雄安新区这片热土，眼前一片生机勃勃的发展图景，随处可见日新月异的创新创造。一座高水平现代化的千年之城，正拔节生长。

2023 年 5 月 10 日，习近平总书记在主持召开高标准高质量推进雄安新区建设座谈会时强调，"雄安新区已进入大规模建设与承接北京非首都功能疏解并重阶段，工作重心已转向高质量建设、高水平管理、高质量疏解发展并举。要坚定信心，保持定力，稳扎稳打，善作善成，推动各项工作不断取得新进展"。

牢牢牵住承接北京非首都功能疏解这一"牛鼻子"，河北省和雄安新区正奋力谱写"高质量建设、高水平管理、高质量疏解发展"的新篇章。

高质量建设，保持"千年大计"的定力

2 月 19 日，雄安新区 56 个项目集中开工，新一年建设扎实推进。

雄安新区起步区东西轴线项目建设现场，塔吊升降、机器轰鸣、工程车穿梭。不远处，"金芦苇"造型的中国中化大厦已建至 27 层，即将迎来封顶。中国中化大厦是中国中化未来的总部基地，建成后将推动各类资源要素向新区聚集。

"春节假期错峰休息不停工，每 7 天大楼'长高'一层。"中建二局三公司中国中化大厦项目经理刘琛介绍，项目运用智慧建造管理理念，应用多项创新技术，确保高质量建设。

建设雄安新区是千年大计、国家大事，河北省和雄安新区始终把高标准高

质量贯穿各环节，统筹抓好重点片区开发和重点项目建设。

自成立以来，雄安新区累计实施重点项目 292 个，完成投资 6500 多亿元，4000 多栋楼宇拔地而起；新建道路 712 公里，新建地下管廊 141 公里，新建水利工程堤坝 315 公里。

习近平总书记强调，要贯彻绿水青山就是金山银山的理念，坚持绿色化、低碳化发展，把雄安新区建设成为绿色发展城市典范。

冬去春来，白洋淀冰消雪融。芦苇荡深处，水鸟嬉戏，激起阵阵波光。

河北省统筹全流域"一盘棋"治理思路，按照"补水、治污、防洪"一体化推进、系统性治理白洋淀生态环境。淀区水质从 2017 年的劣Ⅴ类逐步提升，已连续三年稳定保持在Ⅲ类。

"这几年栖息白洋淀的野生鸟类越来越多，极危物种青头潜鸭从候鸟变成留鸟。"安新县爱鸟志愿者齐明，常年在白洋淀观测拍摄鸟类。目前，白洋淀生物多样性水平进一步提高。野生鸟类有 276 种，较新区设立前增加 70 种；野生鱼类有 48 种，较新区设立前增加 21 种。

涵养绿色之城，雄安新区累计造林 47.5 万亩，郊野公园、悦容公园等一批高品质休闲设施投用，森林覆盖率由 11% 提高到 34.7%，"一淀、三带、九片、多廊"生态空间格局初具雏形。

高水平管理，构筑新时代宜业宜居的"人民之城"

在悦容公园一角，一座建筑外立面呈拱形，与湖景水面中的光影共同构成眼睛的造型。这里是雄安城市计算中心，是建设数字城市、打造"云上雄安"的中枢。

中心控制室内，工作人员操控着键盘输入指令，巨幅环形大屏上出现一棵生机勃勃的"智慧生态树"。这棵"树"由新区的各个数字化平台构成，各项数据、图表滚动，实时展现着新区各类智能化应用场景。

"假设某户居民是独居老人，并且数据显示其长时间没有用水记录，平台将自动触发预警，提醒社区人员上门了解情况。"雄安集团数字城市科技有限公司相关负责人介绍。

这样的智能监测与关怀，正是雄安新区推动智慧管理的缩影。

围绕雄安城市计算中心，新区构建了块数据平台、城市信息模型平台、物联网平台和视频一张网平台。"一中心四平台"汇聚超过 280 亿条城市运行数据，实现全域实体城市与数字孪生城市的深度融合，让每栋建筑、每条道路、每个社区的管理更加"耳聪目明"，城市管理更加精细化、智能化。

习近平总书记强调，要坚持人民城市人民建、人民城市为人民，解决好雄安新区干部群众关心的切身利益问题，让人民群众从新区建设发展中感受到实实在在的获得感、幸福感。

在容东片区南文社区养老驿站，眼瞅着快到中午，几位老人结伴走进社区食堂。选餐、交费，简单操作，就吃上了可口的饭菜。

"60 周岁以上的老人在这吃饭能打折。"李敬和说，从家里出发，甭管是商店、饭店还是学校，步行 15 分钟就能找到。

雄安新区下好"绣花"功夫，积极推进基本公共服务均等化，实施就业、创业、产业、物业"四业并举"，着力解决好群众就业、教育、医疗、养老等问题。

作为新建片区，容东片区探索党建引领下的"一呼联应"工作机制：建立管委会领导、机关干部分包社区责任制，促使政府社会管理和公共服务职能下沉；依托"社区－楼院－楼门"三级网格化治理体系，推进社区治理向楼院治理、楼门治理延伸。

"每个楼门建立微信群，社区工作者、楼门长、物业管家共同入群管理，建立群众问题需求清单，逐一销项解决。"南文营社区负责人说。

2023 年以来，容东片区通过这一新机制协调解决居民需求、诉求 400 多件。

高质量疏解发展，紧锣密鼓，初见成效

习近平总书记强调，雄安新区功能定位，首先是疏解北京非首都功能的集中承载地，这是建设雄安新区的初心和使命。

"不跑腿、不见面，在网上就能办理各项手续，还有工作人员提供一对一

指导帮办，太方便了。"近日，落户雄安新区的中矿金石实业有限公司负责人介绍。

雄安新区推出"一企一策一团队"服务，帮助企业线上预审申请材料，免除企业奔波往返；推出住房、社保、医疗卫生、教育等 10 项政策，完善承接疏解配套政策，助力北京疏解单位高效落户新区。

雄安事，网上办，方便办。"新区重塑 17 个部门 813 项事项的网上办理流程，实现了政务服务'一网通办'。"雄安新区公共服务局行政审批改革组负责人介绍，目前政务服务网办率、招投标全流程电子化率、不见面开标率均达 100%。

时尚亮丽的酒店式公寓、管家式服务环境……在容东片区，有一个大型建筑群，汇集商务办公、会展中心、精品公寓等六大业态。它就是雄安新区首个承接北京非首都功能疏解的城市功能区——雄安商务服务中心。这里，可为疏解单位提供定制化办公空间，还依托企业服务超市提供政务审批、税务、社保等服务，满足疏解单位落地的全流程需要。

高质量疏解发展，紧锣密鼓，初见成效。中国中化总部、中国华能总部加快建设，北京援建的"三校一院"已于 2023 年秋季开学开诊，北京交通大学、北京科技大学、北京林业大学、中国地质大学（北京）4 所高校的雄安校区于 2023 年 11 月正式开工建设……目前，首批疏解央企总部、高校、医院和一批市场化疏解项目等陆续落地建设，中央企业在新区设立各类机构 200 多家。

首批 4 所疏解高校成立雄安高校协同创新联盟，邀请河北工业大学等 9 家省属高校、河北钢铁集团等 12 家企业、中国电子科技集团第十三研究所等 9 家科研院所加入，一起成长。

新春伊始，第二批疏解央企总部及二、三级子公司、高校、科研院所、医院等陆续进入实质性操作阶段……

白洋淀畔春潮涌动，雄安新区拔节生长，继续书写着未来之城的精彩故事。

（摘自 2024 年 2 月 27 日《人民日报》第 1 版）

北京城市副中心 千年古都新名片

规划建设北京城市副中心，与河北雄安新区形成北京新的"两翼"，是以习近平同志为核心的党中央作出的重大决策部署。在新的历史阶段，集中建设这两个新城，形成北京发展新的骨架，是千年大计、国家大事。

北京市始终牢记嘱托，落实"世界眼光、国际标准、中国特色、高点定位"要求，坚持一年一个节点，每年都有新变化。

如今，城市框架有序拉开，绿色发展特色凸显，高质量发展步伐加快，承载力、吸引力和辐射带动力持续增强，北京城市副中心生机勃发，成为千年古都又一张靓丽的城市名片。

坚持绿色发展，擦亮高质量发展底色

曾经的东方化工厂，变身城市绿心森林公园；工业重镇张家湾，变为潮流时尚的设计小镇……探访北京城市副中心，处处是风景，满眼皆"绿意"。

地下30米，抬头见蓝天。透过巨大的"京帆"屋盖，阳光直洒北京城市副中心站综合交通枢纽施工现场。项目负责人介绍，"这样的设计，不仅能节省照明费用，还可以通过遮阳板控制透光率，平衡室内温度"。

目前，这座建筑面积约128万平方米的"地下城"，主体工程结构施工已完成85%，计划今年年底主体结构完工。建成后，它将成为亚洲最大地下综合交通枢纽。

北京东六环入地改造工程，同样"绿意"盎然。原有的主路未来将建成"高线公园"，将增加约 50 公顷绿化面积，每年可吸收约 23 万吨二氧化碳。

从规划到建设，绿色始终是北京城市副中心最鲜明的底色。

北京城市副中心先后实施 102 项重点绿化工程，新增绿化建设 25.1 万亩。东郊森林公园、运河生态公园、张家湾公园等一批精品绿化工程竣工，成为市民的休闲游憩之所。

卫星图上的北京城市副中心，400 余公里绿道纵贯南北，8 个万亩森林组团串联东西。通州区园林绿化局副局长高琼介绍，市民出门"300 米见绿、500 米见园"，北京城市副中心"两带、一环、一心"绿色空间格局基本形成。

天更蓝、水更清、地更绿。数据显示：2023 年，北京城市副中心空气优良天数 267 天，较 2013 年增长近 1 倍；北运河、运潮减河等上榜"北京市优美河湖"，地表水考核断面水质达标率达到 100%；通州区森林总面积达 45.79 万亩，公园绿地 500 米服务半径覆盖率 91.24%，城区绿化覆盖率 50.95%。

以绿为底，北京城市副中心发展注入新动能。

如今，北京绿色交易所正式落户北京城市副中心运河商务区。在这里，蓬勃发展的绿色金融产业，正成为高质量发展的强劲动力和重要引擎。

全国温室气体自愿减排交易市场正式启动，中美绿色基金、北创低碳基金等机构入驻……通州区发展改革委副主任李虹林介绍，2014 年至 2023 年，北京城市副中心金融业增加值从 35.8 亿元增长到 156.1 亿元，年均增长 15.8%。

坚持辐射带动，一体化程度持续提升

早春时节，潮白河上，1.63 公里的厂通路潮白河大桥正在加紧建设。今年 9 月建成后，人们从河北大厂回族自治县县城到北京城市副中心核心区的通行时间，将缩短近半个小时。

处理好与河北省廊坊市北三县的关系，是北京城市副中心高质量发展的应有之义。统一规划、统一政策、统一标准、统一管控，通州区与北三县持续夯实"四统一"机制，一体化发展不断取得新突破。

看交通，道路体系不断完善，建成跨界道路 10 条、跨潮白河桥梁 5 座，

20 余条跨区域公交线路常态化运营，通州区"十一横九纵"、北三县"五纵八横"路网格局加速形成。

看产业，通州区与北三县连续 5 年举办项目推介洽谈会，累计签约项目211 个，实现投资额超 1500 亿元。2023 年，通州区与北三县地区生产总值合计突破 2000 亿元，是 2013 年的 2.1 倍。

看服务，通州区与北三县签订《政务服务"区域通办"联动机制的框架协议》。北京城市副中心政务服务中心一体化办事大厅在河北大厂县、天津武清区揭牌运行，实现政务服务跨域通办，服务事项达 3600 余项。

促进基本公共服务共建共享，推动教育、医疗等资源向北三县延伸。通州区 33 所学校与北三县 51 所学校建立"手拉手"合作关系，推动教育交流深度融合发展；通州区妇幼保健院托管大厂县妇幼保健中心，潞河医院与三河市人民医院、三河市中医医院、大厂县人民医院、大厂县中医医院签订医联体合作协议……北三县居民享受到越来越多协同发展带来的红利。

一盘棋、一体化，协同发展向更深层次迈进。2023 年 12 月，通州区与北三县一体化高质量发展示范区执行委员会举行第一次全体会议。两地一体化高质量发展进入体制机制更加完备、工作体系更加健全、行权管理更加一体化的新阶段。

北京城市副中心党工委常务副书记、通州区委书记孟景伟表示，"要发扬'功成不必在我'的奉献精神，破除'一亩三分地'思维，全面推进示范区工作迈上新台阶、取得新成效、实现新突破，共同打造中国式现代化建设的先行区、示范区"。

坚持以人为本，群众获得感不断增强

35 个部门万余名干部职工搬进了北京城市副中心，今年 1 月底，北京市级机关第二批集中搬迁工作顺利完成。与 2019 年第一批入驻城市副中心的 35 个部门一样，这次搬迁也安排在晚上，为的就是"不扰民"。

推进京津冀协同发展，最终要体现到增进人民福祉、促进共同富裕上。以

人民为中心的理念，深深融入北京城市副中心的每一寸土地。

把最宝贵的空间留给人民。在北京城市副中心 155 平方公里核心区的最中央，没有行政商业，而是大片的绿色。城市绿心森林公园，经过几年的生态修复，已成为 50 多种野生动物栖息的生态乐园，也成为群众休闲运动的场所。城市绿心森林公园一角，北京艺术中心、北京城市图书馆、北京大运河博物馆三大文化建筑，在万亩林海中拔地而起。自去年 12 月 27 日正式开门迎客后，这里就成为北京城市副中心的文化新地标。北京城市副中心管委会副主任胡九龙说："将这样宝贵的区域留给广大市民，建设'城市中的森林、森林中的建筑'，充分彰显了让人民群众共享城市建设发展丰硕成果的初心。"

引进人大附中、景山学校等 17 所市级优质名校；北京中医药大学东直门医院通州院区、北京友谊医院通州院区、北大人民医院通州院区等相继开诊……围绕教育、医疗、养老、社保等公共服务的共建共享成果，让群众的获得感不断增强。

春回大地，万物生长。北京城市副中心走过"打基础、补短板，有序拉开城市框架"的开创阶段，迈入"立长远、强功能，全面上台阶"新阶段，成为新时代首都发展的生动写照。

（摘自 2024 年 2 月 28 日《人民日报》第 2 版）

天津滨海新区 协同发展走深走实

面朝渤海湾，背倚京津冀，天津滨海新区的区位优势，可谓得天独厚。

《京津冀协同发展规划纲要》确定了天津"一基地三区"定位，滨海新区是重要承载地。抢抓北京非首都功能疏解窗口期，滨海新区持续提升载体功能，加强现代服务业、金融、社会事业等重点项目导入，着力打造标志性承接集聚区，协同打造自主创新的重要源头和原始创新的主要策源地。

十年来，这片 2270 平方公里的热土上，一幅高质量发展的生动画卷渐次铺展。

营造良好创新创业生态

北京中关村东南方向 100 多公里之外，有另一个"中关村"——2016 年 11 月，作为京津两地推动京津冀协同发展的重要抓手，天津滨海－中关村科技园正式揭牌。

"我们 2017 年就来这里打造研发中心和供应链管理中心，综合成本大幅下降，业绩大幅增长。"天津威努特信息技术有限公司研发总监王方立介绍，威努特创立于北京，先后入选国家高新技术企业和首批国家级专精特新"小巨人"企业，"我们主要服务生产制造型企业，滨海新区有雄厚的先进制造业基础，潜在客户多，政策也有吸引力。"

自主创新是推动高质量发展、动能转换的迫切要求和重要支撑，滨海新区着力创造条件、营造氛围，调动各方面创新积极性，让有创新梦想的人专注创新，创新活力充分迸发。

中关村的人才、创新优势与滨海新区先进制造业、港口、土地空间等优势同频共振，构筑产业链与创新链"双链"有机融合的创新高地：连续出台关于加快和推动天津滨海－中关村科技园高质量发展的若干措施，着力打造智能科技、生命大健康、新能源新材料、科技服务业"3+1"产业体系……

眼下，位于园区黄金地段的北塘湾数字经济产业园正在加紧施工——这是天津首个成规模新型产业用地项目。"可以满足创新主体在园区内研发、小试、中试全链条的孵化转化需要。"天津经济技术开发区管委会副主任徐斐表示，力争打造"北京研发、天津转化"的最佳承载平台，形成具备京津冀协同特色的"类中关村创新创业生态"。

目前，天津滨海－中关村科技园注册企业超过 5000 家，累计为 1000 余家北京科技企业提供科技创新和应用场景支持。其中，国家高新技术企业累计入库 193 家，4 年复合增长率 100%；国家科技型中小企业 259 家，4 年复合增长率 91%。

打造京津冀最便捷出海口

春节前夕，河北雄安百荟供应链管理有限公司发货量增加了 30%。"我们主营家具跨境电商业务，在雄安新区的天津港服务中心就能办好手续，再通过天津港出海，快捷高效。"公司总经理李福金说。

2019 年，天津港成立雄安新区服务中心，开设港口业务服务窗口、船公司、报关行等。"相当于把港口搬到了雄安新区。"天津港内陆服务营销网络河北区域总部总经理高远介绍，服务中心已累计操作集装箱超 4 万标箱，今年 1 月又入驻了雄安综合保税区。

京津冀协同发展，离不开交通互联、要素互通。滨海新区在对接、融入、服务上升级加力，充分发挥天津港作为京津冀海上门户、雄安新区主要出海口的"中场"枢纽优势，高标准打造京津冀最便捷出海口。

天津港集团年集装箱吞吐量由 2013 年的 1300 多万标箱增至 2023 年的

2200 多万标箱，稳居全球集装箱港口前十；70% 左右的货物吞吐量来自京津冀及内陆腹地，持续推动京津冀对外开放水平迈上新台阶。

1 月 16 日深夜，在跨越 2 万公里后，装载 2500 余吨智利车厘子的大型集装箱班轮"BACH"号缓缓驶进天津港。

"以往，京津冀地区销售的车厘子主要从广州、上海等地港口接卸后再经陆路运输。"天津东疆综合保税区商务局副局长赵诣介绍，这批车厘子直接运抵天津东疆综合保税区，实现了从智利果园到京津冀市场的一站式快捷冷链运输，"运输时间、物流成本明显降低，品质更有保障。"

这折射出天津口岸在通关环境、码头基础设施和物流配套服务方面的持续优化：天津港全方位提升各环节物流速度，单箱车厘子码头作业时间压缩至 20 分钟以内；天津海事部门全面升级船舶"零待时"举措，以远程预审方式开辟绿色通道助力船舶直进直靠，整个进港流程节省 2 个小时；东疆海关依托口岸智慧管控系统，实现放行直提、入场堆存和查验货物的自动分流，从卸船到装车、出闸仅需 45 分钟。

共享协同发展丰硕成果

2 月 17 日凌晨，中国石化天然气分公司天津 LNG（液化天然气）接收站，来自卡塔尔的"乌图里亚"号液化天然气运输船正进行接卸作业。投产至今，接收站已累计接卸进口液化天然气 3300 万吨，折合天然气约 460 亿立方米。按户均月用气 15 立方米计算，可满足 2.5 亿户家庭一年的用气需求。

2023 年 9 月，拥有国内首座"双泊位"LNG 码头的中国石化天然气分公司天津 LNG 接收站二期项目完工，比邻而居的北京燃气天津南港液化天然气应急储备项目一期工程投产。由此，滨海新区南港工业区形成了"一港两企三泊位"的 LNG 接卸格局。

"LNG 被认为是减轻环境污染比较理想的替代燃料，特别是在供暖季替代燃煤作为供暖能源，可以有效助力京津冀打好蓝天保卫战。"南港工业区产业促进办公室主任王义珠表示。

在滨海新区，更多的京津冀协同发展成果正不断转化为民生红利。

前不久，"跨关区保税展示交易"模式在京津两地海关紧密协同配合下落地，首批香化、护肤等品类 832 件保税展示商品运至天津空港经济区门店。消费者可以在店里体验后通过手机下单，京津冀地区实现次日送达。

一年前，京津冀三地海关联合三地政府共同签署《推进京津冀营商环境一体化发展合作框架协议》，着力破解制约经营主体发展的关键掣肘和体制机制障碍，推动降低制度性交易成本。2023 年，滨海新区累计向北京和河北自贸试验区推送 172 项改革试点经验和案例。京津冀三地自贸试验区政务服务建立通办联动机制，共同推出 179 项"同事同标"事项，162 项高频事项三地跨省通办。

滨海新区还制定出台户籍制度实施细则，便利京冀企业人员在新区购房、落户落地办理；与北京市朝阳区签订战略合作框架协议，在科技、人才、金融等领域开展全方位合作，推动京津冀协同发展走深走实。

"未来，滨海新区要以推进京津冀协同发展为战略牵引，加强科技创新协同和产业体系融合，牢牢牵住疏解北京非首都功能这个'牛鼻子'，突出二三产业联动，谋划推进一批重大产业协作项目，推动协同发展往深处拓展、在实处见效。"滨海新区区委书记连茂君表示。

（摘自 2024 年 2 月 29 日《人民日报》第 3 版）

十年治理，"看见"美丽宜居京津冀
——京津冀推进全面绿色转型调查

雾霾少了，蓝天成为"常客"；水变清了，干涸的河道"活"了起来；绿色多了，珍稀动物频频亮相……经过十年环境治理和绿色转型，曾饱受污染之痛的京津冀地区正在经历生态蜕变。

天蓝了，呼吸更畅快

十余列火车穿梭在物流港内，电动牵引车、氢能车往来奔忙，密布厂区的监测站将数据实时传送到环保智能中枢、实现"一屏观全厂"……走进河北鑫达钢铁集团有限公司，环境干净整洁，现代化气息扑面而来。

2024 年 2 月 4 日，一列火车缓缓驶入河北鑫达集团天道仓储物流港。受访单位供图

"十年前的钢厂和现在不可同日而语。"河北鑫达集团生产运营中心副总经理贾占军说，当时到处是黑色粉末，周边建筑物和车辆灰头土脸，雾霾严重时厂区上空仿佛罩了一个"黑锅盖"。

从 2013 年起，京津冀逐步探索大气治理联防联控机制，在重点领域攻坚、规划法规制定、环境执法检查等方面协同推进。

压减重点行业过剩产能、实施农村清洁取暖、推动货物运输"公转铁"……聚焦产业、能源、交通等"硬骨头"，京津冀协同破解制约环境改善的结构性问题。河北炼钢产能峰值曾达 3.2 亿吨，约占全国 1/4，目前已减至 2 亿吨以内。天津平原地区散煤基本清零，天津港全面停止接收柴油货车运输煤炭。

"减量发展"的同时，京津冀全面推进经济社会绿色低碳转型。河北启动七个重点行业创 A 行动，2023 年新增环保绩效 A 级企业 45 家，总数达 81 家。天津在全国首创"环保科技产业创新共同体"，科技赋能 12 条重点产业链绿色发展。

十年不懈治理，京津冀"气质"蝶变。2023 年，北京全年 $PM_{2.5}$ 优良天数占比达九成，$PM_{2.5}$ 最长连续优良天数为 192 天；天津 2023 年 $PM_{2.5}$ 浓度比 2013 年下降 57.3%；河北重污染天数由 2013 年的 73 天降至 2023 年的 11 天。

水清了，河流更健康

飞鸟掠过水面，残雪覆盖山坡……在燕山脚下的于桥水库，天津市生态环境监测中心水环境监测研究室主任梅鹏蔚和同事一边提取水样，一边欣赏着春日美景。

作为天津人的"大水缸"，于桥水库是梅鹏蔚多年来关注的重点，"七八年前，水库曾发生藻类水华，水面仿佛覆着一层绿漆，威胁到天津饮用水安全"。

2016 年，天津、河北实施引滦入津上下游横向生态补偿，中央及津冀两地共同安排资金解决水环境问题。河北启动潘家口水库、大黑汀水库网箱养鱼清理；天津实施"南迁北管"，于桥水库南岸 44 个村集体搬迁，北岸农村实施污水治理……在上下游共同努力下，于桥水库水质由Ⅳ类恢复到Ⅲ类。

位于天津市蓟州区的于桥水库入库河口湿地一景（资料照片）。*新华社记者 李然 摄*

这是京津冀协同治水的一个缩影。近年来，三地加快建立重点流域横向生态补偿机制，在资金拨付、联防联控、流域保护等领域持续发力，目前已实现京津水源上游流域生态补偿全覆盖。

三地共同实施生态补水，连续第三年实现永定河和大运河全线通水，7 个重点河湖生态水位全部达标。目前，河北国考劣 V 类水体断面全部消除，天津 12 条入海河流消除劣 V 类，近岸海域水质优良比例大幅提升。

地绿了，生物更多样

2017 年以来，规模空前的"871"重大生态建设工程在津沽大地推进——875 平方公里湿地自然保护区升级保护、736 平方公里绿色屏障规划建设、153 公里海岸线严格保护。

其中，位于天津中心城区和滨海新区之间的 736 平方公里生态屏障，起着贯通天津南北生态廊道并接入区域生态涵养区的作用，去年开展各项生态工程

73 项，蓝绿空间占比达 65.6%，逐步显现"水丰、绿茂、成林、成片"的生态场景。

在河北，多年来持续实施燕山太行山绿化等重点生态工程，全省确定各类自然保护地 278 处、总面积达 142.22 万公顷，为野生动物提供了良好的繁衍栖息地。北京通过两轮百万亩造林绿化工程等方式，持续夯实绿色底蕴。截至去年年底，北京森林覆盖率达 44.9%，城市绿化覆盖率达 49.8%。

2024 年 2 月 4 日，在河北省黄金海岸保护区拍摄的国家二级保护动物灰鹤。受访单位供图

生态环境的蝶变，吸引众多珍稀动物到京津冀"打卡"，多年不见的动植物频频亮相。

青头潜鸭是列入《世界自然保护联盟濒危物种红色名录》的极危物种。2018 年，白洋淀首次观测到青头潜鸭踪迹，2022 年 7 月，首次观测到青头潜鸭育雏，证实这里已成为青头潜鸭繁殖地。

记者从雄安新区自然资源和规划局了解到，目前，白洋淀已观测到野生鸟类 276 种，较雄安新区设立之前增加了 70 种。野生鱼类恢复至 48 种，较新区设立前增加 21 种，淀区生物多样性显著提升。

近几年，天津市鸟类观测记录种类从 416 种增加到 452 种，每年有超百万只候鸟迁徙过境。东方白鹳单日单次最大观测量从 2018 年前的 1300 多只增加到 2021 年的 5000 多只。

（摘编自 2024 年 2 月 29 日新华网《十年治理，"看见"美丽宜居京津冀——京津冀推进全面绿色转型调查》）

部门篇

京 津 冀 协 同 发 展 报 告

中央组织部推进京津冀协同发展战略工作进展和下一步工作考虑

中央组织部高度重视推进京津冀协同发展战略，坚决贯彻落实党中央重大决策部署和习近平总书记有关重要指示批示精神，推动部机关将推进京津冀协同发展战略有关工作落到实处。

一、十年来的工作进展和取得的成效

（一）加快推进北京高水平人才高地建设

贯彻落实中央人才工作会议精神，中央组织部指导督促北京研究制定人才高地建设有关方案，支持北京立足首都"四个中心"功能定位，发挥国家战略科技力量集中和人才密度大、层次高、门类全优势，加快集聚重点领域高端人才和关键核心技术攻关人才。指导北京通过"以赛引才"方式吸引全球创业人才，每年举办"HICOOL全球创业者峰会暨创业大赛"，2019年以来共吸引全球133个国家和地区的2.2万名创业人才、1.7万个创业项目，诞生了11家独角兽企业、73家"专精特新"企业，参赛项目赛后新融资额近300亿元。

（二）加快打造雄安新区创新高地和创业热土

中央组织部推动北京将雄安新区纳入北京人才高地建设，在平台共建、资源共享、环境共创等方面加大支持力度。平台共建方面，支持建立央企、高校协同创新平台，加快推进雄安中关村科技园挂牌，支持人才跨省市联合申报国家重点项目、联合开展技术攻关、联合攻克关键核心技术。资源共享方面，2017年以来，从全国范围选派4批干部到雄安新区建设一线挂职；支持河北研究解决雄安新区管委会干部选调、人员管理等问题；发挥中关村人才特区先行先试优势，在技术移民、外籍人才入境和停居留等方面探索共同开展人才政策创新。环境共创方面，支持雄安新区建设高品质人才社区，加大"三校一院"（北京四中雄安校区、雄安史家胡同小学、雄安北海幼儿园、雄安宣武医院）办学办医支持力度，为人才提供子女教育、医疗等保障。

（三）建立健全京津冀人才一体化工作机制

2017年，中央组织部转发《京津冀人才一体化发展规划（2017—2030年）》，针对京津冀人才一体化发展在人才结构、国际化水平、体制机制、公共服务等方面存在的突出问题，提出5大重点任务，13项重点工程，推动构建具有全球竞争优势的区域人才一体化发展政策体系。指导推动三地建立京津冀人才一体化发展联席会议制度，成立部际协调小组，制定工作机制，每年召开小组会议，总结谋划相关工作，联合印发年度工作要点和总结。部际协调小组成立以来，京津冀人才一体化稳步推进，签署多项框架协议，打造了"通武廊""通宝唐""平蓟三兴"等一批区域人才一体化发展品牌，在打破人才市场分割，推动人才政策衔接，促进人才资源共享等方面进行了有益探索，积累了宝贵经验。

（四）加快创新区域人才发展体制机制

2017年以来，中央组织部指导三地坚持问题导向，深化人才发展体制机制改革，推动形成有利于人才在更大范围、更广空间发挥作用的制度机制。比如，推动三地签署《京津冀卫生健康人才交流合作框架协议》，组织医疗卫生领域专家人才进驻雄安新区开展医疗帮扶，对支援河北雄安的医疗卫生人才，在职称晋升中视同完成服务基层工作任务；放宽京冀执业医生护士来津注册并简化注册手续，加快京津冀三地医师、护士人员合理流动。深化联动融合，依托京津冀优势主导产业，加快推进区域人才结构优化调整，促进区域内人才资源随产业升级转移有序流动。比如，推动加强科技教育合作，支持京津冀共建研发平台，推动数字经济等领域的31个科技项目联合攻关；实现京津冀政务服务事项一网通办、异地可办，已首批上线公积金、社保个人权益记录查询等20个高频事项。

（五）加快提升京津冀人才国际化发展水平

近年来，中央组织部指导三地联合发布"联系京津冀"人才合作项目，进一步整合三地人才政策资源和项目渠道，联合开展招才引智活动，提升区域人才整体知名度和影响力。支持建立京津冀外籍人才服务联合体，建设北京城市副中心与津冀地区人才"区域通办"服务平台及联动机制。指导北京会同教育部留学服务中心、北京海外学人中心，聚焦新一代信息技术、现代生命科学等重点领域，依托"春晖杯"中国留学人员创新创业大赛，组织入围项目赴雄安新区考察对接，吸引人才到雄安新区创新创业。支持三地共同举办"京津冀外籍人才招聘洽谈会"等活动，累计邀请1850余位来自全球50多个国家（地区）的海外高端人才，达成聘用意向490余个。

（六）推动加强党的组织制度建设等工作

十年来，中央组织部指导三地贯彻落实地方党委工作条例等党内法规，督促各级党委（党组）领导班子开好年度民主生活会，推动严密党的组织体系；落实好基层组织选举工作条例，按期、规范、严谨开展选举工作，不断提高基层党组织选举质量；注重从产业工人、青年农民、高知识群体和在非公有制经济组织、社会组织中发展党员，提高发展党员质量、优化党员队伍结构；严格落实"三会一课"、主题党日、组织生活会、民主评议党员等制度，加强和改进党员特别是流动党员教育管理，严肃稳妥处置不合格党员，保持党员队伍先进性和纯洁性；选树宣传在京津冀高质量发展中涌现出的先进典型，向符合条件的老党员颁发"光荣在党50年"纪念章。

二、下一步工作安排

我们将全面贯彻党的二十大精神，贯彻落实习近平总书记关于京津冀协同发展的重要讲话和重要指示批示精神，推动京津冀高质量协同发展。一是加快推进北京高水平人才高地建设，全力打造雄安新区新时代创新高地和创业热土。二是深化京津冀人才一体化体制机制改革和政策联合创新，充分发挥北京科技和人才优势、天津区位和产业优势、河北资源和空间优势，最大限度激发人才创新创造活力。三是推动京津冀充分利用现有对外开放基础，共同打造国际组织、跨国公司、国际科研机构、国际性智库聚集区，引领区域人才国际化发展。四是指导京津冀用好人才一体化发展部际协调机制，及时协调解决重点难点问题，共同推动重大任务落地。

（中央组织部）

讲好协同发展故事 营造良好舆论环境

京津冀协同发展战略是以习近平同志为核心的党中央在新的时代条件下作出的重大决策部署，是促进区域协调发展、形成新增长极的重大国家战略。中宣部高度重视开展京津冀协同发展宣传引导，持续做好习近平总书记系列重要讲话精神宣传阐释和重要活动宣传报道，加强政策宣传解读，做好亮点成就报道，助力京津冀协同发展不断向纵深推进。

一、持续做好习近平总书记系列重要讲话精神宣传阐释和重要活动报道

党的十八大以来，习近平总书记先后多次在京津冀地区考察调研，主持召开系列相关会议并发表重要讲话，为京津冀协同发展指明前进方向、提供根本遵循。中宣部组织中央主要媒体推出《一项历史性工程——习近平总书记调研京津冀协同发展并主持召开座谈会纪实》《习近平总书记引领推动京津冀协同发展纪事》《奋力谱写中国式现代化建设河北篇章——习近平总书记在河北雄安新区沧州、石家庄考察回访》《千年大计、国家大事——以习近平同志为核心的党中央决策河北雄安新区规划建设纪实》《推动京津冀协同发展的战略思维》等一批优秀新闻作品，深入阐释习近平总书记系列重要讲话精神和中央关于京津冀协同发展的部署安排，全方位、多角度宣传京津冀地区贯彻落实的有力举措成效，进一步凝聚推进战略实施的思想共识。

二、深入做好重要政策宣传报道

紧紧围绕京津冀协同发展规划纲要、京津冀"十三五"规划、北京城市总体规划、河北雄安新区总体规划、北京城市副中心控制性详细规划等重磅政策文件，中宣部组织中央主要媒体推出《京津冀协同发展规划明晰 三省市明确功能定位》《促进京津冀协同发展 打造世界级城市群》《〈京津冀协同发展规划纲要〉：打造以北京为核心世界级城市群的战略重点》《规划纲要落地"满月" 京津冀协同发展向纵深推进》等稿件，做好政策宣传解读，及时报道各有关部门和地方落实中央决策部署，谋划京津冀协同发展的积极行动，推动中央决策部署落到实处、见到实效。

三、扎实做好发展亮点成就报道

中宣部组织中央主要媒体坚持策划先行，宏观和微观视角统筹兼顾，多渠道、融媒体协同发力，精心做好京津冀协同发展亮点成就宣传，讲好新时代京津冀协同发展精彩故事。

在习近平总书记发表京津冀协同发展"2·26"重要讲话的各周年节点，组织媒体推出《"瓣瓣同心"向阳开——习近平总书记谋划推动京津冀协同发展谱写新篇章》《牢牢把握北京非首都功能疏解"牛鼻子" 努力推动京津冀协同发展迈上新台阶取得新成效》等专题报道，立体反映京津冀协同发展按照中央部署扎实推进的亮点成就。

在雄安新区的设立各周年节点，组织媒体刊播重点评论、调研报道、理论文章和专家访谈等，做好雄安新区规划建设理念与成效宣传，充分展示启动区、起步区等重点区域建设积极进展，反映人民群众的获得感幸福感安全感。《未来之城 阔步走来》《"未来之城"雄姿初显》等新闻作品，充分报道了一个拔地而起、日新月异的未来之城。

2023 年，在"高质量发展调研行"主题采访活动中，中宣部组织媒体深入京津冀地区开展调研采访，推出《创新协同 京津冀发展共谋新篇章》《推动京津冀协同发展不断迈上新台阶》《雄安新区奋力打造新时代的创新高地和创业热土》《建好北京"新两翼"助推京津冀协同发展》《企业转型升级助力京津冀协同发展》等一批见人见事、鲜活生动的新闻作品，深入挖掘报道京津冀协同发展战略实施促进相关地区高质量发展的典型案例、经验做法，多角度挖掘呈现京津冀协同发展的新进展新成效、新思路新作为。

（中央宣传部）

扎实开展京津冀协同发展网上宣传

一、工作进展及成效

一是协同推动全国一体化大数据中心协同创新体系算力网络京津冀枢纽节点建设。会同国家发展改革委等部门，印发实施《关于加快构建全国一体化大数据中心协同创新体系的指导意见》《全国一体化大数据中心协同创新体系算力枢纽实施方案》等文件，指导京津冀地区统筹数据中心布局，优化供给结构，满足京津冀协同发展战略实施需要。

二是深入宣传习近平总书记关于京津冀协同发展的重要讲话和指示批示精神，聚焦总书记发表重要讲话九周年、在河北雄安新区考察并主持召开高标准高质量推进雄安新区建设座谈会、在河北考察并主持召开深入推进京津冀协同发展座谈会等重要时点重要活动，及时做好网上宣传报道，展现总书记对推进京津冀协同发展的高度重视和殷殷关切，为雄安新区规划建设领航指路、把脉定向的高瞻远瞩和长远擘画。

三是结合雄安新区设立六周年宣传节点做好京津冀协同发展成效宣传。指导网络媒体围绕京津冀协同发展、雄安新区规划建设加强选题策划，大力宣传京津冀地区重大工程项目建设进展、重要改革举措经验做法、重点推进事项积极成效，多维立体展现京津冀协同发展亮点成效，进一步提振信心、凝聚共识。

四是2017年以来，中央网信办每年编制《中国互联网发展报告》并在世界互联网大会上发布。其中，对包括京津冀在内的全国31个省（自治区、直辖市）的互联网发展情况进行了评估，为京津冀三地加快属地互联网发展提供参考（京津冀三地互联网发展指数综合排名见附件 1）。2023 年，中央网信办主办的《中国网信》杂志推出《2023 年网安周专刊》，对京津冀高校网络安全技能大赛有关情况进行了介绍，强化京津冀三地网络安全工作的宣传，助力营造全民提升网络安全技能与意识的良好氛围（京津冀高校网络安全技能大赛有关情况见附件 2）。

二、下一步工作安排

一是加快推进京津冀数字基础设施建设应用。持续推进京津冀地区 IPv6 部署和应用，加快向下一代互联网演进升级，增强 IPv6 网络承载能力和终端支持能力，积极拓展行业融合应用，高质量完成 IPv6 技术创新和融合应用试点示范，加强发展成效和先进经验宣传推广。会同国家发展改革委、工业和信息化部等部门，深入推进京津冀地区 5G、数据中心、物联网等数字基础设施建设和创新融合应用。

二是做好京津冀协同发展网上宣传引导。持续加强京津冀协同发展网上正面宣传，指导网络媒体生动展示京津冀协同发展各领域工作进展成效，为深入推进京津冀协同发展营造良好网上舆论氛围。

附件：

1. 历年《中国互联网发展报告》中京津冀地区互联网发展指数综合排名
2. 《中国网信》杂志《2023 年网安周专刊》节选

（中央网信办）

附件 1

历年《中国互联网发展报告》中京津冀地区
互联网发展指数综合排名

2017—2023 年京津冀三地互联网发展指数综合排名

年份	北京	天津	河北
2017	2	9	19
2018	2	—	—
2019	1	7	—
2020	1	9	11
2021	1	9	—
2022	2	7	—
2023	2	9	—

注："—"表示当年公开的蓝皮书中，排名未进前 10 且未公开。

附件 2

《中国网信》杂志《2023 年网安周专刊》节选

创新举办京津冀高校网络安全技能大赛。北京、天津、河北三省（市）党委网信办、教委（教育厅）联合组织开展，吸引清华大学、北京大学、北京航空航天大学、天津大学、河北科技大学等京津冀三地 139 家高校认证，624 支战队、1798 名选手报名参赛，聚焦工业互联网、区块链、量子加密等各类前沿技术，通过 CTF 夺旗形式，深入挖掘网络安全细分领域实战型顶尖技术人才，促进人才交流互动，立足北京服务京津冀网络安全协同发展。同时，创新融合网络安全人才招聘，根据大赛决赛名次为获奖选手提供头部网络安全企业、互联网平台企业岗位招聘直通卡奖励，并于决赛成绩出炉后现场举行获奖选手选岗仪式，精准高效对接网络安全专业人才就业和企业用人双向需求。

京津冀高校网络安全技能大赛及赛后选岗仪式。北京市委网信办供图

共享优质资源 深化教育合作
推动京津冀教育高质量协同发展

教育协同发展是京津冀协同发展的重要内容。2014 年以来，教育部、京津冀三省市各级教育部门、各级各类学校深入学习贯彻习近平总书记关于京津冀协同发展的重要讲话和指示精神，全面落实《京津冀协同发展规划纲要》，将党中央、国务院精神和决策部署落实到京津冀教育协同发展工作中，加强优质资源共享，深化教育项目合作。疏解教育领域非首都功能"一核"辐射带动作用持续增强，河北雄安新区和北京城市副中心建设"两翼"齐飞新格局更加明显，京津冀三地联动区域教育总体布局不断优化，教育领域高质量协同发展取得新成效。

一、完善协同工作机制，工作合力不断增强

为深入贯彻落实党中央、国务院印发的《京津冀协同发展规划纲要》，教育部加强统筹，组织专门力量，研究制定京津冀协同发展教育专项规划，为区域教育协同发展做好顶层设计，深入三省市加强调查研究，推动各项工作落实。三省市教育部门强化多层次、常态化协调沟通，研究制定了《"十三五"时期京津冀教育协同发展专项计划》《"十四五"时期京津冀教育协同发展总体框架协议》，共同发布了《京津冀教育协同发展行动计划（2018 年—2020 年）》《京津冀教育协同发展行动计划（2023 年—2025 年）》，涵盖了基础教育、职业教育、高等教育、教师培养等方面，为推动京津冀教育协同发展提供了基本依据。三

地教育部门定期组织召开由主要负责同志参加的工作推进会，研究推进教育协同发展的工作思路，调度重点任务落实情况，协调工作过程中遇到的重大事项。建立三地对接、统筹协调、工作督促、工作通报、信息报送、工作调研等机制，进一步加大了统筹协同力度。各级各类学校在教育部和三地教育部门的带领下，积极主动参与各项协同工作，通过合作共建、结对帮扶、联合培养、师生交流、开办分校等形式促进京津冀三地教育协同发展，形成了目标同向、政策协调、优势互补、合作共赢的工作格局。

2023 年京津冀教育协同发展工作会议在京召开

二、有序推进疏解工作，空间布局不断优化

（一）首批部委所属高校疏解项目取得实质进展

持续稳步推进北京交通大学、北京科技大学、北京林业大学、中国地质大学（北京）等首批四所疏解高校雄安校区建设各项工作。2023 年 11 月 28 日，首批疏解高校雄安校区集中开工动员会在雄安新区召开，标志着首批疏解高校雄安校区全部开工建设。组织高校结合雄安校区总体规划和联合研究生院建设，在雄安新区加快布局建设科研设施及平台，积极服务地方经济社会发展。目前，四所高校雄安校区的建设工作正在稳步实施。疏解高校扎根雄安，将为雄安新

区高标准高质量建设发展提供高水平教育科技人才支撑。

（二）在京高校疏解项目持续稳步推进

统筹推进沙河高教园区和良乡大学城建设。沙河高教园区共8所高校已有45个学院整建制搬迁落地；良乡大学城5所高校已入驻学生约4.8万人。大学城交通市政基础设施基本形成，教育、医疗、住房、商业等公共服务配套设施日趋完善，办学氛围逐步形成。有序推进北京建筑大学、北京工商大学、北京城市学院、北京电影学院、北京信息科技大学、首都体育学院等北京市属高校向京郊疏解，"十三五"以来共有16所北京市所属高校向外疏解转移学生10.6万人。积极推进中国医学科学院北京协和医学院天津校区建设，目前项目已开工建设。

（三）雄安新区教育得到优先发展

北京市以"建三援四"为重点，全力推动北海幼儿园、史家小学、北京四中三所"交钥匙"援建学校开工建设，于2023年9月开始办学。安排北京市第八十中学、中关村三小、朝阳区实验小学和六一幼儿院对口帮扶雄安新区四

北京援助四所学校中的中关村第三
小学雄安校区举办毕业典礼

所学校，并提供专项经费支持，确保受援学校办学水平全面提升，为当地居民提供了"家门口的北京名校"。天津市教委与雄安新区管委会签订职业教育战略合作协议，双方开展了终身职业技能培训、职业学校校际合作等多方面深度合作。

（四）北京副中心教育品质显著提升

北京市编制并实施副中心教育设施规划，积极落实基础教育用地，规划学校 246 所，其中新增学校 133 所。实施基础教育质量提升计划和教师素质提升支持计划，支持副中心在育人方式、办学模式、管理机制、保障机制等方面先行先试。北京市统筹全市 63 所优质学校"一对一"支持通州区学校，实施教师素质提升支持项目 20 项，统筹全市教师培训资源支持通州区教师培训校长、园长 400 余人，培训教师 8000 余人。

三、开展高等教育协同，创新发展不断提升

（一）协同创新体系不断完善

京津冀高校组建"京津冀协同创新联盟""京津冀经济学学科协同创新联盟""京津冀建筑类高校本科人才培养联盟"等 16 个创新发展联盟，在学科建设、科研攻关、联合培养、人才交流、智库建设、产学研合作等多个方面开展深层次交流合作。

（二）校际合作项目不断丰富

北京市推动北京农学院与天津农学院，北京印刷学院与天津科技大学、天津师范大学等高校为试点，稳步开展本科生、研究生联合培养工作。天津市推动天津师范大学与北京师范大学签署战略合作协议，强化学科协作、深化人才交流；推动天津师范大学与中国科学院、北京师范大学、天津大学等高校和科研院所共同创办京津冀生态文明发展研究院，建设天津师范大学京津冀教育协同发展实训基地，并成功挂牌为天津市京津冀教育协同发展实训基地。

（三）社会服务水平不断提升

北京市支持市属高校面向津冀地区开展技术转移转化，北京工业大学、北

河北工业大学与北京工业大学、天津工业
大学校共同成立高校联盟

京工商大学等主动对接天津滨海新区、曹妃甸京冀合作示范区等重点区域及石家庄、衡水、承德等地科技园和开发区开展合作；支持在河北张家口、廊坊、秦皇岛等环京地区布局北京市属高校，强化区域高等教育联动发展。天津市联合北京大学制定《北京大学 天津市教育系统干部人才培训方案》，举办北京大学、天津市协同推进教育强国建设专题培训班；推动南开大学成立京津冀协同发展战略智库，自 2014 年起连续发布《京津冀经济社会发展报告》《京津冀协同发展报告》蓝皮书；推动南开大学、天津大学与雄安新区宣传网信局、公共服务管理局、科学园管委会、雄安国创中心等单位联合开展合作项目。2022年至今，天津高校累计承担京冀企事业单位项目 2725 项，吸纳金额 28.15 亿元。

四、开展职业教育协同，融合发展逐步深化

（一）"一体两翼"模式建设取得新进展

认真贯彻落实《关于深化现代职业教育体系建设改革的意见》文件精神，

以省域现代职业教育体系建设新模式为"一体"，以市域产教联合体和行业产教融合共同体为"两翼"，引领京津冀地区职业教育提质升级。2023 年 5 月，教育部、天津市印发《关于探索现代职业教育体系建设改革新模式实施方案的通知》，通过部省协同推进省域现代职业教育体系建设改革新模式。2023 年 9 月，教育部印发《关于公布第一批市域产教联合体名单的通知》，其中北京集成电路产教联合体、天津滨海高新技术产业开发区信创产教联合体、天津经济技术开发区生物医药产教联合体、唐山高新技术产业开发区产教联合体等 4 家入选首批国家市域产教联合体。联合中国中车集团成立首个国家重大行业产教融合共同体——国家轨道交通装备行业产教融合共同体，吸纳包括石家庄铁道大学、中车唐山机车车辆有限公司等京津冀区域内相关企业和高校共同参与。

（二）高技能人才培养工作取得新成效

对接京津冀地区现代产业体系和行业发展需求，推进专业升级与数字化改造，扩大专业技术技能人才培养规模。支持北京市开设公共管理与服务、公安与司法等专业大类相关中职专业 108 个，高职专业 129 个；支持天津市开设电子与信息、装备制造、财经商贸等专业大类相关中职专业 45 个，高职专业 123 个；支持河北省开设财经商贸、交通运输、能源动力与材料、资源环境与安全等专业大类相关中职专业 122 个，高职专业 217 个。教育部会同工业和信息化部等五部门联合启动职业教育现场工程师专项培养计划，在京津冀地区遴选 48 家先进制造企业，围绕一线人才紧缺技术岗位需求，校企联合培养具备工匠精神的现场工程师。北京市各级教育部门和职业院校与津冀两地共签署合作协议 41 项，成立跨区域特色职教集团（联盟）15 个。十年来，天津市职业院校为河北省培养中职学生 3.2 万人，高职学生 5.5 万人，为河北省职业院校累计开展师资培训 100 余场，培训河北省职业院校干部教师累计 2.5 万余人次。河北省协调京津教育行政部门组织 9 所高职院校在河北开展跨省单独招生试点，累计招生 9884 人。

（三）职业教育教学质量实现新提升

十年来，京津冀地区获得职业教育国家级教学成果奖累计达 131 项，其中 2023 年天津市申报的《模式创立、标准研制、资源开发、师资培养——鲁班工坊的创新实践》获得国家级教学成果特等奖。京津冀地区职业院校主编教材有448部入选首批"十四五"职业教育国家规划教材，有421部入选"十三五"职业教育国家规划教材。持续推动20余所职业院校实施京津冀职业教育和继续教育对口帮扶等专项行动，开展多形式合作办学，提供多轮次教师轮训。

五、开展基础教育协同，优质发展扎实推进

（一）推动基础教育高标准高质量建设

教育部研究制定《教育部加快推进京津冀基础教育协同发展工作方案》，举办"基础教育雄安高端讲堂"，筹备"基础教育雄安研究中心"，建设"京津冀教研共同体"，召开"京津冀教研共同体"建设工作交流会，搭建"国家中小学智慧教育平台线上名师工作室"，推动京津冀基础教育协同发展。北京市与天津、河北两地政府及教育部门签署基础教育合作协议13项，选定北京30余所中小学"手拉手"对接帮扶河北省23个教育贫困县。北京景山学校、北京五中分校、八一学校、北京八中等北京优质学校在河北多地市建设分校。

（二）推动学前教育普及普惠安全发展

教育部实施学前教育提升行动计划，着力补齐普惠资源短板，大力发展公办园，积极扶持民办园提供普惠性服务，完善普惠保障机制，提高学前教育普及普惠水平。不断加大财政支持力度，十年来中央财政持续向京津冀下达支持学前教育发展资金，重点向农村地区和欠发达地区倾斜，引导和支持京津冀地区多渠道扩大普惠性学前教育资源。推动树立科学保教理念，以评促建提高保教质量，深入开展"小学化"专项治理，积极推进"幼小衔接攻坚行动"，切实保障京津冀地区广大适龄幼儿接受公平而有质量的学前教育。

（三）探索高中与高校跨省市人才培养机制

教育部印发《关于扩大京津冀普通高中与高校跨省市协作实施创新人才早期培养试点的工作方案》，扩大京津冀普通高中与高校跨省市协作实施创新人才早期培养试点，将北京、天津已有创新人才早期培养成熟经验推广到京津冀地区。结合高考综合改革和普通高中新课程实施，探索构建普通高中与高校跨

省市协作育人机制，推动三地高校和普通高中在普通高中选修课程建设、综合素质评价实施、学生发展指导等方面开展交流合作。

六、加大师资培养力度，提升教师队伍水平

（一）提升各层次师资水平

十年来，中央财政专项资金支持河北开展"国培计划"中小学幼儿园教师和校园长培训。教育部实施新时代中小学名师名校长培养计划（简称"双名计划"），推动京津冀地区骨干师资队伍发挥示范引领作用。北京师范大学、天津师范大学、河北师范大学等开展师范教育协同提质计划，帮扶邢台学院、唐山师范学院发展建设。

（二）推进教育数字化转型

开展人工智能助推教师队伍建设行动试点工作，支持京津冀地区 5 个区县、9 所高校利用人工智能、大数据、5G 等新一代信息技术的优势，探索人工智能助推教师管理与评价改革、教师教育改革、教育教学创新、乡村学校与薄弱学校教师发展。

下一步，教育部将按照中央区域协调发展领导小组办公室的部署要求和新时期确定的重点工作安排，进一步完善协同机制，有序推进疏解工作，推动高等教育创新发展、职业教育融合发展、基础教育优质发展，发挥优势、共享资源、深化合作，持续大力推动京津冀教育协同朝着更高水平和更高质量发展，为加快建设教育强国、服务中国式现代化作出积极贡献。

（教育部）

科技创新引领区域协调发展

2014年2月，以习近平同志为核心的党中央提出实施京津冀协同发展重大国家战略。十年来，科技部认真贯彻落实习近平总书记关于京津冀协同发展系列重要指示精神，以京津冀协同创新共同体建设为重点，强化区域创新要素联动、深化科技体制改革，加快构建以北京为核心，天津、河北为两翼的科技创新体系，创新驱动发展取得了明显成效，区域整体实力迈上新台阶。

一、十年耕耘显成效，京津冀协同发展硕果累累

科技部基于北京、天津、河北的创新资源禀赋基础和未来发展需求，在建立完善区域协同创新机制、优化科技创新平台布局、促进重点领域技术协同攻关、推动创新成果转化共享等方面加大工作力度，目前各项重点任务取得积极进展。

（一）北京国际科技创新中心辐射带动作用日益强化

科学谋划国际科技创新中心建设蓝图。立足于"北京当好建设世界科技强国的排头兵、代表国家参与全球科技与经济竞争"这一定位，出台了一系列重大政策，编制实施《"十四五"北京国际科技创新中心建设战略行动计划》《北京市"十四五"时期国际科技创新中心建设规划》《"十四五"时期中关村国家自主创新示范区发展建设规划》《深入贯彻落实习近平总书记重要批示精神加快推动北京国际科技创新中心建设的工作方案》，更好发挥北京国际科技创新中心对京津冀的引领带动作用。

强化战略科技力量布局。发挥好北京国际科技创新中心示范引领作用，推动在京国家实验室高质量入轨运行。聚焦世界科技前沿领域，布局建设量子信息科学研究院、脑科学与类脑研究中心、智源人工智能研究院等世界一流新型研发机构，不断深化创新模式与运行机制探索，涌现出长寿命超导量子比特芯片、高精度脑功能核磁观测与电磁干预技术、超大规模智能模型"悟道2.0"等世界领先的科技成果。发挥在京高校和科研院所集聚优势，合作建立了4个国家技术创新中心、78个国家工程研究中心，形成不同主体相互协同的创新联合体，有力推动了科技与产业紧密结合。

（二）重大科技创新平台载体加快布局

持续推动京津冀国家技术创新中心建设。2020年，京津冀国家技术创新中心揭牌成立，先后设立天津、河北、通州、燕郊、雄安等多个分中心。天津依托京津冀国家技术创新中心，成功吸引8家技术创新平台落地，征集5项优秀科技项目加速产业化，挖掘40余项颠覆性技术项目开展项目论证，导入5项北京科技成果，吸引投资1000万元。京津冀国家技术创新中心燕郊中心重点承接创新成果的试验、放大和试产，成功引进联泰集群等一批创新型企业。京津冀国家技术创新中心河北中心已承担省级研发转化项目5项，与35家企业合作共建研发平台和孵化基地12个，持续加速原创技术成果转化和产业化。

高水平创新平台和科研设施不断完善。天津先后与中国医学科学院、中国科学院、中国工程院等签署战略合作协议，明确共建中国医学科技创新体系核心基地天津基地、中国工程科技发展战略天津研究院等一批国家重大创新平台，目前已落地建设新一代超级计算机、大型地震工程模拟研究设施等10余个重大科技基础设施和创新平台。同时，天津持续深化与京津冀科研型高校合作，吸引北大、清华等高校，中国环科院、一重集团等央院央企在天津设立11家产业技术研究院。河北积极引进京津"双一流"建设高校和大院大所，建设雄安创新研究院、北京大学邯郸创新研究院等8家科技平台示范基地。

（三）重点领域技术协同攻关取得新进展

京津冀基础研究合作不断深化。十年间，京津冀三地先后签署三期《关于共同推进京津冀基础研究合作协议》，就前沿基础研究问题加大资金支持力

京津冀国家技术创新中心燕郊中心

天津市科技创新发展中心（京津冀
国家技术创新中心天津中心）外景

天津市与中国科学院共建国家合成
生物技术创新中心

北京大学（天津滨海）新一代信息
技术研究院

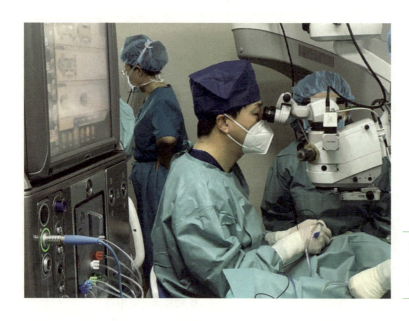

京津冀协同开展遗传性视网膜变性基因诊断和基因治疗研究

度，合作开展科研攻关。2014 年以来，围绕京津冀一体化交通、智能制造、精准医学等领域，资助合作项目 177 项，累计投入 8600 余万元，发表科研论文 1000 余篇，申请发明专利与软件著作权 100 余项，获得省部级以上科技奖励 20 余项。

关键核心技术协同攻关成果丰硕。依托"京津冀协同创新共同体建设专项""京津冀科技创新协同专项""雄安新区科技创新专项"等项目支持，京津冀联合开展技术攻关并取得多项技术突破。如天津围绕智能科技、低碳科技、生命科技等重点领域，与京冀两地相关创新主体合作突破了集成电路 CMP（抛光）设备、液冷存储服务器系统、废弃物资源化高效利用、水道航运污染综合治理等关键核心技术与核心装备；河北近 5 年累计投入财政科技经费超 5000万元，支持科技项目 59 项，带动社会投入 1.5 亿元。

（四）区域产业协同发展格局日趋完善

中关村园区多点布局，辐射带动京津冀重点产业协同发展。十年来，京津冀三地先后打造滨海 - 中关村科技园、京津中关村科技城、雄安新区中关村科技园、中关村·鹿泉协同发展中心、保定·中关村创新中心等多个合作园区，积极推动衡水、邯郸、唐山相继与中关村签署科技园区合作协议，共同建设中关村创新中心。天津滨海 - 中关村科技园已吸引注册企业 4900 家（1009 家来自北京），注册资本超过 2000 亿元，国家高新技术企业入库 193 家，四年复合增长率 100%。雄安中关村科技园已引进 11 家中关村集成服务机构入驻，30余家企业完成工商注册登记，意向入住率超过 80%。保定中关村中心自 2015年成立运营以来，已吸引 362 家企业和机构注册办公，累计培育国家、省级科技型中小企业 260 余家，国家级高新技术企业 72 家。

保定·中关村创新中心外景

积极引导优势技术成果服务雄安新区建设。科技部设立实施"雄安新区科技创新专项"，组织实施 43 项科研任务，财政支持资金超过 1.9 亿元，有力促进空天信息、智能网联车、清洁能源、区块链、太赫兹、医疗器械、生物医学前沿等领域科研攻关和成果应用。北京高标准开展雄安新区应用场景示范建设，累计投入近 1500 万元科研经费，引导社会投入 4000 万元，支持北京市成熟科技创新成果在雄安新区转化落地，建成雄安高铁站片区能源优化运行平台等一批优秀协同创新成果。天津组织市地质调查中心参与雄安新区工程地质三维地层结构模型搭建，为雄安新区打造海绵城市样板、构建地下透明雄安提供技术支撑。

组建京津冀产业创新联合体，深入推动产学研合作。天津制定了《天津市创新联合体建设工作方案（试行）》，围绕新能源汽车、细胞和基因治疗等领域，支持优势产业龙头企业牵头组建体系化、任务型跨区域创新联合体，目前已成功组建 16 家京津冀产业创新联合体，组织开展关键核心技术联合攻关，达成技术合作 27 项，完成技术合同交易额 5.7 亿元。张家口牵头成立氢能产业创新联合体，围绕氢制备、储运、供能、动力、原料五大方向，聚焦 10 项集成系统，研发 33 类核心装备，突破百项关键技术，持续推动氢能产学研用一体化发展。

（五）区域技术市场融通合作不断强化

"北京研发，津冀转化"模式向纵深推进。三地科技部门制定《促进科技成果转化 协同推动京津冀高精尖重点产业发展工作方案（2023）》，强化京津冀三地成果转化服务体系协同联动。北京自 2015 年起设立"京津冀科技创新协同专项"，截至 2023 年底，累计投入近 2.2 亿元科研经费，立项支持 86 项课题，引导社会投入 5 亿元，推动一批北京科技成果在津冀地区转移转化。河北 2022 年启动实施中科院重大科技成果转化合作专项，每年安排专项资金 1000 万元，吸引 10 项中科院优秀创新成果到河北转化落地。十年来，北京输出津冀技术合同由 2013 年的 3176 项增长至 2023 年的 6758 项，成交额达 748.7 亿元，增长 109.8%。

京津冀技术交易市场互联互通水平不断提升。京津冀技术交易平台建设不断完善，先后建成中国技术交易所（北京知识产权交易中心）、天津科技成果展示交易中心、河北省科技成果展示交易中心等高水平技术市场公共服务平台。三地共同签署了《关于开展京津冀三地间技术交易数据共享的合作协议》《京津冀知识产权和科技成果产权交易信息联合发布与交易服务合作协议》等合作协议，构建起科技成果转化部门对接交流及数据共享工作机制，推动京津冀三地技术成果信息融通汇聚，实现近 9000 项技术成果面向京津冀技术市场开放共享。

常态化开展产业技术交流对接活动。京津冀三地常态化举办"中关村'火花'""'科创中国'京津冀科技成果对接会""京津冀科技成果路演推介对接会""科技成果俏津门"等系列活动 40 余场。共同打造"千企雄安行"产业交流平台,累计开展 20 余场产业交流活动,吸引北京企业 1189 家、对接企业超过 2000 家。天津联合河北共同举办"天津科技河北行"系列活动,与邯郸、承德等地开展产业技术对接。河北持续做强"科技成果直通车"品牌,每年开展活动百余场,组织开展"中科院专家河北行""京津冀科技招商项目对接会""国际技术转移京津冀创新资源对接会"等系列科技合作对接活动,促进京津冀技术、资本、项目等优势资源与需求广泛对接。

(六)京津冀协同创新生态持续优化

京津冀协同创新工作机制不断完善。2015 年以来,科技部会同三地科技厅(局)建立工作协调机制,联合雄安新区组建"支持雄安科技创新协调工作专班",定期召开工作会议,统筹调动央地资源,协调重点事项,推进年度重点任务落实落地。会同北京成立北京推进科技创新中心建设办公室,实行科技部、北京市政府主要负责人"双主任制",已召开 7 次办公室会议。与天津、河北开展部市会商,并签订部市、部省合作协议,围绕平台共建、资源共享等多个方面开展深度合作,保障京津冀协同创新重点任务落地见效。

科技创新资源开放共享机制不断健全。2018 年,京津冀科技、财政主管部门签署《京津冀科技创新券合作协议》,实现三地科技创新券互认互通。津冀地区搭建大型科研仪器开放共享平台,汇集大型仪器达到 11000 余台(套),实现京津冀仪器资源互联互通。2023 年,京津冀三地联合发布京津冀科技创新券服务提供机构(开放实验室)目录,京津冀创新券互认机构达到 1155 家(其中北京 508 家,天津 414 家,河北 233 家),三地科技型中小企业和创新创业团队凭借创新券即可跨区域获取科技资源,解决创新创业需求。

京津冀成果转化创业投资基金规模不断增长。京津冀三地共同出资设立"国投京津冀协同创新科技成果转化创业投资基金",完成 23 个投资项目,投资额 9.43 亿元,撬动投融资 6.37 亿元。天津成立京津冀科技成果转化基金,下设 7 支子基金,撬动社会资本总规模达 42 亿元,已支持京津冀地区 16 家科技企业发展,投资金额近 5 亿元。河北省科技引导基金与国新思创投资基金管理(北京)有限公司合作设立总规模 5 亿元的产业数字化子基金,助力河北省钢铁产业数字化转型升级。

二、踔厉奋发新征程，推动京津冀协同发展迈上新台阶

科技部将深入贯彻党的二十大精神，贯彻落实党中央决策部署，促进京津冀创新链和产业链精准对接，推动区域协同创新发展迈上新台阶。

（一）进一步强化北京国际科技创新中心引领作用

以北京国际科技创新中心为核心和引领，统筹天津和河北的优势力量集中打好关键核心技术攻坚战，促进京津冀科技创新能力体系化发展，促进京津冀三省市的科技创新能力形成体系化布局。发挥北京教育、科技、人才优势，支持京津冀开展基础研究专项工作，结合津冀应用场景和资源优势，支持开展共性关键科学问题研究和实质性合作，推动基础研究领域政策、资源等协同。

（二）进一步加强京津冀关键共性技术协同攻关

围绕生命、信息、新型能源等基础前沿、重大战略领域和关键核心技术，鼓励京津冀科研院校、企业开展跨学科、全链条创新攻关，突破一批关键核心技术。鼓励三地联合制定关键共性技术联合攻关行动计划，明确技术攻关方向，发布联合攻关重点任务榜单，持续推进重点领域关键技术突破。加强京津冀国家技术创新中心建设，加快河北、雄安分中心建设，支持三地在产业共性技术研发和成果应用方面进行深度合作，形成紧密协作、高效协同的区域技术创新网络。

（三）进一步深化京津冀产业链创新链融合对接

发挥好河北特色产业优势，聚焦钢铁、高端装备、生物医药、汽车制造等重点领域，发挥京津技术和人才优势，联合共建高水平中试基地和科技园区，形成"京津研发＋河北转化"协同创新体系。推进京津冀技术交易市场一体化建设，完善三地技术交易数据信息共享机制。支持三地搭建京津冀科技成果共享网上平台，绘制京津冀概念验证平台等网络地图，开展京津冀成果区域内转化专题研究及数据统计，组织供需对接、培训等活动。鼓励组织开展科技成果直通车、创新创业大赛、创新挑战赛等各类活动，促进一批高水平科技成果落户津冀。

（四）进一步优化京津冀协同创新生态

支持京津冀地区在创新要素跨区域流动方面开展试点，推动中关村 24 项先行先试改革落地实施，及时总结经验成效向京津冀区域全面推广。支持京津冀积极参与"一带一路"科技创新行动计划，推动京津冀地区高校、研究机构和企业面向"一带一路"相关国家加强开放合作。办好"中关村论坛"，重点引入国际创新资源，为京津冀地区企业、研究机构和大学开展技术引进、联合研究和设立海外研发中心等工作提供信息和渠道的支持。

（科技部）

高质量推动京津冀产业协同发展
取得积极成效

十年来，工业和信息化部深入学习贯彻习近平总书记重要讲话和重要指示批示精神，全力落实京津冀协同发展战略，深化部省市战略合作，强化高水平载体建设，培育壮大优质企业群体，推进智改数转网联，加速绿色低碳转型，推进京津冀产业协同发展取得积极成效。

一、工作进展和取得的成效

（一）引导产业合理布局

一是强化顶层设计。制定印发《京津冀产业协同发展实施方案（2022—2025 年）》，明确京津冀产业协同的目标、重点任务、推进举措。二是加强产业科技创新载体建设。支持京津冀地区培育建设 7 个国家高新技术产业开发区，中关村国家自主创新示范区、天津国家自主创新示范区等 2 个自创区。成立京津冀国家高新区联盟，充分发挥北京科技研发、天津先进制造、河北转化应用的叠加优势，推动各高新区以联盟为纽带深化务实合作，构建资源优势互补、产业配套衔接的园区链。三是提升产业集群化水平。实施先进制造业集群发展专项行动，支持京津冀地区培育京津冀生命健康集群、保定电力及新能源高端装备等国家先进制造业集群，实施集群培育提升行动，向世界级集群迈进。支持京津冀三地创建 45 家国家新型工业化产业示范基地，涵盖生物医药、电子信息、工业互联网、装备制造、石化化工、钢铁、纺织、食品、高技术转化应用等产业领域，有力支撑京津冀三地重点产业高质量发展。四是推动产业转移对接合作。2016 年，联合京津冀三地政府印发《京津冀产业转移指南》，多次举办京津冀产业转移系列对接活动，引导北京产业有序疏解，推动津冀产业高质量承接。

（二）提升优势产业发展水平

一是打造新能源汽车产业发展样板。2018—2022 年，联合北京市连续举办 5 届世界智能网联汽车大会，搭建智能网联汽车国际交流合作平台。支持北京、唐山深入开展新能源汽车换电模式应用试点，截至 2023 年底，北京、唐山累计推广换电车 5.14 万辆，建设换电站 129 座。推动北京、石家庄、唐山公共领域车辆全面电动化先行区试点城市建设。支持京津冀（北京大兴区牵头）、河北城市群（石家庄牵头）开展燃料电池汽车示范，累计推广燃料电池汽车超过 4000 辆，建设加氢站 40 座。二是推动消费品工业提质升级。深入实施消费品"三品"行动，支持河北省石家庄、保定、唐山、邢台、廊坊、白沟新城、邢台市清河县、衡水市安平县、保定市满城区 9 个地级、县级城市入围消费品工业"三品"战略示范城市，引领带动京津冀地区消费品工业创新发展。三是支持安全应急产业发展。推动保定国家高新技术产业开发区、河北鹿泉经济开发区建设国家安全应急产业示范基地，引导企业集聚发展安全应急产业，优化安全应急产品生产布局，支撑应急物资保障体系建设。

（三）支持中小企业高质量发展

一是打造中小企业梯度培育体系。完善专精特新中小企业培育扶持措施，形成从创新型中小企业、专精特新中小企业到专精特新"小巨人"企业的优质中小企业梯度培育体系，截至 2023 年底，在京津冀地区培育 1423 家专精特新"小巨人"企业（北京市 796 家、天津市 244 家、河北省 383 家）。二是推动中小企业数字化发展。以城市为责任主体推进中小企业数字化转型，支持北京市昌平区、天津滨海新区、河北省石家庄市入选第一批中小企业数字化转型试点城市。三是优化中小企业培育生态。在京津冀地区培育 27 个中小企业特色产业集群，打造中小企业专精特新发展产业生态。创建 47 个国家小微企业创业创新示范基地，培育 94 家国家中小企业公共服务示范平台，为京津冀地区中小企业发展提供创新创业全链条服务。四是推动中小企业国际交流合作。支持河北省沧州市建设中国－中东欧（沧州）中小企业合作区，积极探索中国－中东欧中小企业产业合作新模式、新途径、新举措，连续召开五届中国－中东欧国家（沧州）中小企业合作论坛，推动与中东欧国家中小企业务实合作。

（四）推动产业数字化、绿色化转型升级

一是开展智改数转网联试点示范。推动京津冀工业互联网协同发展示范区、北京和天津（滨海新区）国家人工智能创新应用先导区建设，支持京津冀培育东方国信、航天云网、用友精智等跨行业跨领域工业互联网平台，累计259个项目入选工业互联网试点示范，树立了一批网络集成、平台创新、安全应用、园区改造等示范标杆。深入实施智能制造工程，支持京津冀地区39家企业入选智能制造示范工厂揭榜单位、161个项目获评优秀场景，推动京津冀地区建成200余家省级数字化车间和智能工厂。依托国家智能制造数据资源公共服务平台，为2000余家京津冀地区企业提供线上智能制造能力成熟度自评估服务。面向京津冀地区开展多场智能制造诊断专家行和"进园区"活动，为73家区域内企业提供政策宣贯、诊断评估、供需对接等公益专家服务。二是推动工业低碳绿色发展。在工业节能提效方面，实施《工业能效提升行动计划》，累计组织对京津冀地区1522家重点行业企业实施节能监察，为1786余家工业企业提供节能诊断服务，遴选发布10家能效"领跑者"企业、40家国家绿色数据中心。在工业节水减污方面，制定发布《京津冀工业节水行动计划》，支持京津冀创建节水型企业1100余家，培育22家环保装备制造业（污水治理）规范条件企业和4家节水与水处理解决方案供应商，推动17家企业和园区入选重点用水行业水效领跑者名单，7家企业和园区纳入工业废水循环利用试点。在工业资源综合利用方面，制定发布《京津冀及周边地区工业资源综合利用产业协同发展行动计划（2015—2017年）》《京津冀及周边地区工业资源综合利用产业协同转型提升计划（2020—2022年）》。在京津冀地区培育承德、曹妃甸等2家工业资源综合利用基地，引领带动区域大宗工业固废综合利用水平提升。在京津冀地区累计培育88家废钢铁、废旧轮胎、废塑料、废纸、新能源汽车废旧动力蓄电池综合利用行业规范条件企业，推动再生资源高效循环利

用。在绿色制造体系建设方面，打造绿色制造标杆，在京津冀地区累计培育国家级绿色工厂 510 家，绿色工业园区 23 家，绿色供应链管理企业 75 家，累计培育工业产品绿色设计示范企业 38 家，推行绿色设计，引导产品供给绿色化转型。

（五）加强基础设施共建共享

一是推动实现资费一体化。指导三家基础电信企业取消京津冀手机长途及漫游费，实现了京津冀资费一体化。二是加强信息通信基础设施建设。十年来支持基础电信企业在京津冀地区累计投资固定资产超 3.3 亿万元，支持北京、天津、张家口、雄安四个城市或地区建成千兆城市。截至 2023 年底，京津冀电话用户数超 1.6 亿户，物联网终端用户数超 2.6 亿户，移动电话基站数超 103.3 万个，互联网宽带接入端口超 9110 万个。持续夯实工业互联网新型基础设施，建设工业互联网标识解析北京顶级节点、30 个二级节点，服务企业超过 7 万家。建成国家工业互联网大数据中心，汇聚数据超过 9 亿条，覆盖 20 个行业。三是积极推动 5G 应用创新。鼓励京津冀地区积极探索应用创新，连续多年举办"绽放杯"5G 应用征集大赛，征集案例超 8500 项，共 21 个项目入围"5G+ 智慧教育"应用试点示范，169 个项目入围"5G+ 医疗健康"应用试点示范，三一重工、天津港、长城精工、龙星化工等 23 个 5G 工厂入选《2023 年 5G 工厂名录》，打造形成了一批车间级、产线级、工厂级 5G 工厂典型应用场景。

（六）深化京津冀产融合作

以融促产、以产助融，全面有力支撑京津冀协同发展。一是抓重点产业和重点企业。发挥国家产融合作平台作用，引导金融资源精准有效支持京津冀地区高质量发展。截至 2024 年 1 月 8 日，平台累计入库京津冀地区优质企业 21730 家，助力 3224 家企业融资 1317.7 亿元。二是抓重点产品和重点项目。深入实施"科技产业金融一体化"专项，推动在雄安设立京津冀科创板企业培育中心，在雄安新区举办"科技产业金融一体化"专项路演，58 个优选早期硬科技项目参加路演，55 个项目与投资机构或地方达成落地意向，意向融资总计 111.35 亿元。

二、下一步工作安排

（一）持续加强产业协同发展政策引导

做好《京津冀产业协同发展实施方案（2022—2025 年）》贯彻落实，制定京津冀产业协同发展工作要点，推动重点工作加快落地落实，取得一批标志性成果。加强部省市战略合作，引导三地完善产业协同发展合作机制，合力推进京津冀产业高质量发展。

（二）大力推动重点产业优化升级

积极推动京津冀三地高新区产业科技创新合作，支持津冀国家高新区复制推广一批中关村先行先试政策，充分发挥北京资源辐射效应，争取在津冀布局更多"产业合作飞地"，推动河北有条件的高新区建立北京研发中心、天津研发中心等"科创研发飞地"。

推动京津冀地区国家新型工业化产业示范基地提质升级，指导京津冀生命健康、保定电力及新能源高端装备等国家级集群实施培育提升行动。支持新能源汽车产业发展和推广应用，指导京津冀地区城市开展换电模式试点工作总结，深入开展公共领域车辆全面电动化先行区试点工作，持续举办 2024 世界智能网联汽车大会。指导京津冀地区高质量培育安全应急产业示范基地，引导基地差异化、特色化发展。

（三）培育壮大优质企业群体

支持京津冀地区完善优质中小企业梯度培育体系，支持京津冀创建国家小微企业创业创新示范基地、国家中小企业公共服务示范平台。加大中小企业特色产业集群培育力度，聚焦细分领域，培育和发展一批具有较强核心竞争力的国家级、省级中小企业特色产业集群，为京津冀中小企业专精特新发展营造良好环境。支持京津冀地区基础条件好的城市申报创建国家中小企业数字化转型试点城市，配套出台支持中小企业数字化转型有关措施，与国家政策形成合力，带动中小企业数字化转型。

（四）深入推动制造业"智改数转网联"

夯实三地信息通信基础设施，统筹 5G 网络和千兆光网部署，加快部署以 IPv6 技术为基础的下一代互联网。大力推进京津冀工业互联网一体化发展示范区、天津（西青）国家级车联网先导区、北京和天津（滨海新区）国家人工智能创新应用先导区建设。完善工业互联网标识解析国家顶级节点（北京）功能，面向更多地区和行业建设二级节点和公共服务平台，推动开展京津冀地区标识解析创新应用标杆培育和行业对接合作，深化标识在各行业的应用。深入实施智能制造工程，推动京津冀地区建成一批智能工厂和优秀场景。

（五）加速推进工业绿色低碳转型

着力支持京津冀协同构建绿色制造体系，开发一批绿色产品，建设一批绿色工厂，创建一批国家级绿色园区。加大力度推进京津冀地区节能降碳、节水环保、资源综合利用，实施工业领域碳达峰行动，大力推广应用绿色低碳技术装备，推动重点行业、重点生产企业实施能效"领跑者"制度，强化工业诊断和节能监察，持续提高工业领域能源资源利用效率。

（工业和信息化部）

做好新时代民政工作　服务京津冀协同发展

为深入学习贯彻习近平总书记关于京津冀协同发展重要指示批示精神，落实党中央、国务院关于京津冀协同发展重要决策部署，2017 年民政部建立了京津冀协同发展和支持雄安新区建设工作机制，部党组多次组织召开专题会议研究解决京津冀民政事业协同发展和支持雄安新区建设中的有关问题，明确工作规则，强化工作部署，持续推动京津冀民政事业协同发展。

一、工作进展和成效

（一）稳慎优化三省（市）内部行政区划设置

近年来，民政部审慎稳妥有序批准实施了一批行政区划调整事项，持续优化三省（市）内部行政区划设置，为京津冀协同发展提供更加科学合理的行政区划支撑。通过北京市政府驻地迁移，助力北京城市副中心建设。通过北京密云、延庆，天津宁河、静海、蓟县撤县设区，进一步优化了北京、天津市辖区规模和管理格局，提高中心城市综合承载和资源优化配置能力。通过调整河北石家庄、保定、秦皇岛、张家口、衡水、邯郸、邢台等城市行政区划，优化了河北区域中心城市和重要节点城市市辖区规模结构，助力北京非首都功能疏解。通过设立县级平泉市、滦州市，优化了区域城镇体系结构，为培育发展新生中小城市提供了载体。指导京津冀地区贯彻落实新修订的《地名管理条例》，强化地名工作统一监督管理，稳慎做好地名命名、更名工作，加强地名文化保护传承。指导河北省编制实施雄安新区地名方案，做好地名命名、使用等工作，服务促进京津冀协同发展。

（二）推动养老服务体系协同发展

一是打造养老服务助推器。2016 年，京津冀民政部门签订养老服务协同发展合作协议，出台养老服务协同发展试点方案。2017 年，三地共同发布《京津冀区域养老服务协同发展实施方案》，将养老服务协同发展区域拓展到了京津冀行政区全域及内蒙古自治区赤峰市、乌兰察布市。2023 年，发布《关于进一步深化京津冀养老服务协同发展的行动方案》，进一步完善工作机制，打造养老服务现代化建设区域协同的先行区、示范区。

二是探索异地养老新路子。北京会同津冀蒙三地民政部门，共同面向社会公开发布京津冀养老政策汇编、养老机构名录，联合发布 50 家京津冀蒙区域异地养老机构名单，加强区域优质养老机构宣传推介，为老年人跨区域异地养老提供指南。2023 年，河北省安排 1.5 亿元养老服务体系建设专项经费用于支持环京养老服务高质量发展示范项目。北京市加大对津冀地区接收京籍老年人养老机构的运营补贴支持力度，对自理、失能、失智老年人，每床每月分别给予 100 元、600 元和 700 元的基础运营补贴，对具备医养结合条件的机构，每人每月再增加 50 元。截至 2023 年底，累计向津冀地区养老机构拨付运营补贴4000 余万元。

三是构筑资源共享绿色通道。2023 年 4 月，京津冀全面实现区域内所有定点医药机构就医免备案和直接结算，方便三地老年人异地养老时就地就近就医。印发《关于推进京津冀蒙协同发展区域养老机构等级评定等相关标准互认工作的通知》，建立起京津冀蒙养老机构等级评定、诚信评价、老年人能力综合评估等标准互通互认机制，同步加强养老服务质量协同监管。京津冀三地加强沟通交流，已召开 6 次联席会议，并多次组织召开对话协商、高层论坛、行业交流等。北京市建立人才合作交流机制，推动三地养老服务人才队伍建设，依托专业资源，通过政府购买服务方式，为廊坊市北三县、天津市武清区等地培训养老服务人才近 3000 名。

二、下一步工作安排

一是推进京津冀地区进一步优化区划设置。深入贯彻落实党的二十大精神和习近平总书记关于区划地名工作系列重要指示精神，按照党中央、国务院关于京津冀协同发展的决策部署，指导京津冀三省（市）持续推进加强和改进行政区划工作，坚持行政区划保持总体稳定，加强战略性、系统性、前瞻性研究，发挥好行政区划推动区域协调发展的重要资源作用。持续指导京津冀地区健全完善地名管理法规制度和标准规范体系，指导加强地名命名更名和地名公共服务等各项工作。

二是推动京津冀养老服务一体化向纵深发展。在京津冀三地资源禀赋、发展阶段、面临难题各不相同的情况下，指导三地民政部门对接磨合养老服务合作机制，在多元利益诉求中找到最大公约数。推动京津冀优势养老资源跨区域整合，衔接共享养老服务支持政策、标准规范、数据信息等，加强养老产业规划协同和项目协调，实现要素在更大范围内自由流动，促进产业链上下游对接和功能互补，提升区域养老服务整体竞争力。指导京津冀三地聚焦一体化发展瓶颈难题，探索建立养老服务机构行政处罚和失信行为的定期通报机制。

（民政部）

坚决扛起政治责任 落实重大国家战略
扎实推进京津冀人社事业协同高质量发展

京津冀协同发展是习近平总书记亲自谋划、亲自部署、亲自推动的重大国家战略。十年来,人力资源社会保障部坚持以习近平新时代中国特色社会主义思想为指导,深入贯彻落实习近平总书记关于京津冀协同发展的重要讲话和重要指示批示精神,全面落实党中央、国务院决策部署,强化统筹协调,积极主动作为,推动京津冀人社事业协同发展取得明显成效。

一、十年来主要工作进展和成效

(一)坚持健全机制,着力加强系统协同联动

一是牵头建立京津冀人社事业协同发展部省(市)联席会议制度。2017年以来,已先后组织召开4次会议,2022年将雄安新区纳入联席会议制度,加强了部省(市)两级人社部门与雄安新区管委会的交流沟通和工作对接,研究制定一系列政策文件,推动解决一批制约三地人社事业协同发展的重点难点问题。二是指导京津冀人社部门联合印发相关文件,签署劳务协作、公共人才服务协同发展等合作协议,加强三地资源共享、工作互动,形成推动京津冀人社事业协同发展的更大合力。

(二)坚持就业优先,着力提升就业创业服务水平

一是落实就业优先政策。协调中央财政加大对区域就业补助资金支持力度,近十年中央财政就业补助资金共支持京津冀约375亿元开展稳就业相关政策落实。二是积极推进就业扶贫和劳务协作。推进京津冀人社部门建立定期会议交

流制度和劳务协作机制，指导北京、天津对河北开展劳务协作活动，助力河北农村劳动力就业增收。指导建立京津冀鲁苏劳务协作机制，联合中央广播电视总台组建"五省六方"劳务协作联盟，签署《京津冀鲁苏劳务协作协议》，形成常态化、制度化的区域劳务协作机制。三是加强区域就业创业服务。指导京津冀加大创业孵化基地等创业载体建设力度，向创业者提供低成本、全要素的创业孵化服务，在三地共认定全国创业孵化示范基地 12 家。四是加快建设区域就业公共服务平台。指导京津冀以信息化、数字化为牵引，按照"人社一体化"建设原则，加快建设全省集中的就业信息资源库、就业公共服务平台，对内实现业务统一办理、对外实现服务统一提供。五是大力提升劳动者就业创业能力。指导京津冀推行和健全终身职业技能培训制度，对城乡各类劳动者大力开展就业技能培训、岗位技能提升培训和创业培训。

（三）坚持以人为本，着力加强社会保障体系建设

一是完善养老保险关系转移接续政策。指导京津冀落实《关于城镇企业职工基本养老保险关系转移接续若干问题的通知》等文件要求，不断完善三地养老保险关系转移接续政策，更好保障三地流动人员养老保险权益。推动三地建立省级协调机制，签订异地领取养老保险待遇资格认证合作框架协议，实现三地异地居住人员领取社保待遇信息互通协同认证。二是提升失业保险政策协同水平。推动北京市与河北省建立失业保险金标准调整定期通报机制，北京市每次调整失业保险金标准时，及时向河北省通报相关情况。三是加强工伤保险工作协作。推动京津冀先后签署《京津冀工伤保险工作合作框架协议》《工伤认定委托调查核实工作协议》等，建立三地联席会议制度，明确工伤认定委托（受托）的范围、事项、工作流程、档案管理和组织管理等要求，持续深化工伤职工劳动能力初次鉴定相互委托等方面的合作。四是稳步提高城乡居民基本养老保险待遇水平。十年来，中央 5 次提高全国城乡基本居民养老保险基础养老金最低标准，京津冀落实中央提标要求，结合实际提高当地基础养老金，确保养老金按时足额发放，保障广大城乡老年居民基本生活。五是推进社保经办管理服务协同发展。推动京津冀签署《京津冀社会保险经办服务协同合作协议》，达成经办事项同事同标、待遇资格协同认证等 8 项合作事项。推动三地联合印

发《关于京津冀企业职工基本养老保险关系成建制转移协商方案》，明确三地企业成建制转移养老保险办理流程。六是积极推进社保卡居民服务"一卡通"。推动京津冀实现社保卡申领、启用、临时挂失、补换等服务事项"跨省通办"，三地签署《京津冀社会保障卡居民服务"一卡通"合作框架协议》，加快实现社保卡跨省通用、一卡多用、线上线下场景融合发展。

（四）坚持人才驱动，着力推动三地人才共引共育共享

一是推动人力资源服务业创新发展。支持京津冀积极发展管理咨询、猎头服务、人才测评、人力资源信息化服务等人力资源服务业高端业态，助力三地优化人才资源配置。二是发挥人力资源服务产业园集聚效应。部省（市）共建北京、天津、石家庄三家国家级人力资源服务产业园，指导河北省建设省级人力资源服务产业园，形成协同发展的产业园体系，积极引入知名人力资源服务机构，提升集聚发展效能。三是提升人力资源服务业开放水平。2022年3月，会同商务部评审认定北京市、天津市为首批国家人力资源服务出口基地，助力京津冀企业"走出去"以及人才国际化流动。四是加强技能人才队伍建设。推进落实与天津签署的共建技能强市协议、与河北签署的共建技能强省框架协议，推动技能人才改革先行先试和"技能中国行动"全面实施。深化京津冀技能培训区域合作与技能人才联合培养机制，在教学资源共享、课程开发等方面不断加强合作，培养了大批实用性技能人才。支持天津市举办中华人民共和国第二届职业技能大赛，大赛紧密结合天津市产业发展实际，为天津市进一步健全完善高技能人才培养体系提供了有力支撑。五是积极推进专技人才队伍建设。指导京津冀实行职称评审结果互认，在职称晋升、岗位聘用、人才引进等方面具有同等效力，有效促进人才合理流动。指导京津冀落实《深入推进京津冀专业技术人员继续教育区域合作的实施意见》，依托实施专业技术人才知识更新工程，支持三地举办高级研修项目，新设国家级专业技术人员继续教育基地。

（五）坚持一体推进，着力加强三地劳动关系工作协同

一是建立京津冀劳动关系工作沟通协调机制。2019年1月，会同京津冀签订劳动关系事业协同发展协议，在劳务派遣用工情况、最低工资标准和工资指导线调整、三方机制建设、和谐劳动关系创建活动等方面建立信息沟通机制。

二是加强区域劳动关系政策协同。指导京津冀在工资指导线、最低工资标准测算确定因素、发布时间以及高温津贴的享受时长等方面进行统一。2018年12月，指导京津冀联合制发《京津冀集体合同示范文本》《京津冀劳动合同参考文本》，供三地企业和劳动者参考使用。三是推动区域和谐劳动关系高质量发展。2023年5月，印发《区域和谐劳动关系高质量发展改革创新试点方案》，在京津冀等6大区域开展改革创新，建立完善区域劳动关系工作协同机制，探索新时代新征程构建中国特色和谐劳动关系的新路径新模式。四是加强调解仲裁协调联动。指导京津冀制定出台《关于京津冀劳动人事争议协同处理工作的意见》，进一步提高调解仲裁工作协作力度，优化配置资源，提高争议处理效能。五是完善跨地区劳动保障监察案件协查机制。制定实施《京津冀跨地区劳动保障监察案件协查办法》等文件，推动北京市、河北省两地人社部门签订《京冀劳动保障监察行政协助框架协议》，实现一地发生用工违法，三地协同监督管理，有效维护劳动者合法权益。

（六）坚持需求导向，着力支持雄安新区开发建设

一是支持雄安新区积极开展就业制度改革创新和政策先行先试。支持河北省在雄安新区启动以高质量就业公共服务支持雄安新区高标准建设试点，实现各项就业政策和就业服务在基层全面落地。支持雄安新区构建"公共服务局、片区管委会＋就业服务中心＋社区"三级服务体系，探索"政府主导＋市场化管理"零工服务模式，建设零工驿站、充分就业社区（村），保障回迁居民就业创业。指导河北省将外国人来华工作许可审批权限授权雄安新区，按照现行外国人来华工作法律法规和政策做好就业领域各项审批工作。二是支持雄安新区创新社会保险政策。指导河北省将失业保险金标准调整权限下放至雄安新区，新区失业保险金标准提高到每人每月1980元。推动签署《京冀雄协同做好北京非首都功能疏解单位社会保险经办服务合作协议》，加快推进京雄社保服务事项同城化办理。三是支持雄安新区提升人才流动服务水平。连续五年将编制《雄安新区急需紧缺人才目录》列入重点支持项目，面向新区重点企事业单位征集急需紧缺人才信息。支持举办五届雄安新区人才智力交流会，为雄安新区规划建设提供人才支撑。四是支持雄安新区加快人才集聚。加快推进雄安新区

与中央直属企事业单位专业技术人员职称互认，减少人才重复评价，便利人才向新区合理流动。指导雄安新区事业单位按规定设置特设岗位引进急需紧缺高层次人才，开辟人才引进绿色通道。

二、下一步工作安排

人力资源社会保障部将全面贯彻党的二十大精神，深入学习贯彻习近平总书记在高标准高质量推进雄安新区建设座谈会、深入推进京津冀协同发展座谈会和中央政治局会议上的重要讲话精神，坚决扛起党中央赋予人社部门的政治责任，为京津冀协同发展和高标准高质量建设雄安新区积极贡献人社力量。

（一）全力推动京津冀就业政策更加协同

推动京津冀就业创业服务区域协作，完善劳务协作机制，健全跨区域就业信息协同和发布制度，开展常态化劳务对接和联合招聘活动，持续提升劳务协作成效。紧盯高校毕业生、农民工等重点就业群体，千方百计拓宽高校毕业生就业渠道，延续实施脱贫人口就业帮扶政策，推动河北劳动力向京津两地有序输出，巩固脱贫攻坚成果。进一步加强就业形势分析研判，加强京津冀区域内信息协同互通，完善常态化统计监测制度，及时捕捉苗头隐患，加强风险预警防范。

（二）全力提高京津冀社会保障一体化水平

积极推进优化三地企业职工养老保险转移接续机制，确保养老保险关系转移顺畅无阻。加快推进《京津冀社会保险经办服务协同合作协议》明确的合作事项落实落地，推动实现三地具备条件事项"无差别受理、同标准办理"。加强京津冀人社领域社保信息系统顶层设计，推进数据交流共享、业务高效协同，实现三地一网通办、异地可办、就近能办的智能化便民服务新格局。推进京津冀社保卡立法协同，推动在政务服务、交通出行、文化旅游等更多领域应用，探索实现京津冀区域"一卡通"，提高便民服务水平。

（三）全力推动京津冀人才优化配置

加快三地高标准人力资源市场体系建设，进一步完善地方配套性政策法规。推动建立京津冀流动人员人事档案服务协商机制，积极拓展"跨省能办"高频服务事项范围，为各类人才在京津冀区域内顺畅有序流动提供优质服务。指导京津冀加强技工教育联盟建设，推动开展技能人才联合培养，持续提升技能人才培养质量。指导京津冀落实完善绩效工资分配政策，全面深化公立医院薪酬制度改革，保障义务教育教师工资待遇。

（四）全力支持京津冀和谐劳动关系高质量发展

进一步健全三地劳动关系领域信息资源共享机制，推动三地劳动关系风险监测预警、劳动关系公共服务等信息平台共建共享。进一步落实好《京津冀地区劳动保障监察案件协查办法》等文件，完善区域间举报投诉受理和案件查处合作机制，发挥三地劳动保障监察执法联动处置的合力。推动仲裁办案数据和资源共享，统一仲裁办案法律适用标准，加强跨区域案件处理。

（五）全力服务高标准高质量建设雄安新区

支持雄安新区创新就业创业模式机制，确保新区居民就业总体稳定。指导加快建设雄安人力资源服务产业园，发挥产业园人力资源服务机构集聚优势，提供精准高效的求职招聘、就业指导、政策咨询、职业培训等服务。继续指导编制《雄安新区急需紧缺人才目录》，依托目录举办雄安新区人才智力交流大会，搭建人才项目对接平台，积极引导人才向新区集聚。协调相关部门加大对雄安新区发展企业年金和个人养老金的政策支持力度，指导新区加快发展养老保险第二、第三支柱。推动《京冀雄协同做好北京非首都功能疏解单位社会保险经办服务合作协议》落地见效，积极协调北京社保经办业务系统终端和自助办理终端延伸至雄安新区，支持疏解单位和人员高频事项异地互办、个性事项异地受理。

（人力资源社会保障部）

统筹优化国土空间开发保护格局
有力支撑京津冀协同发展不断走深走实

自然资源部高度重视京津冀协同发展推进工作，自《京津冀协同发展规划纲要》（以下简称《协同发展纲要》）印发以来，深入学习和贯彻落实习近平总书记关于推进京津冀协同发展作出的重要指示批示精神，按照党中央、国务院统一部署，着力推动相关工作取得实效。

一、重要工作进展和成效

（一）区域发展的空间安全基础进一步巩固，京津冀国土空间布局持续优化

划定"三区三线"并严格管理。立足资源环境承载能力，统筹划定京津冀三省（市）耕地和永久基本农田、生态保护红线、城镇开发边界三条控制线。保障区域耕地保有量、永久基本农田保护面积、生态保护红线面积不低于国家下达任务，城镇开发边界面积控制在 2020 年现状城镇建设用地规模的 1.3 倍以内。目前，京津冀三省（市）均已启用"三区三线"划定成果作为报批建设项目用地用海依据。

建立健全"多规合一"的国土空间规划体系，优化京津冀地区空间开发保护格局。《全国国土空间规划纲要（2021—2035 年）》（以下简称《空间规划纲要》）于 2022 年 10 月经党中央、国务院印发实施。《空间规划纲要》提出以全国"三区三线"空间格局为基础，完善城市化地区格局，把京津冀、长三角、珠三角打造成为世界一流城市群，成为联结全球网络的门户枢纽，发挥

京津冀对我国北方地区经济社会发展的带动作用，支撑国家构建新发展格局。按照中央区域协调发展领导小组关于京津冀协同发展 2023 年重点工作安排，自然资源部对《京津冀国土空间规划（2021—2035 年）》（以下简称《京津冀规划》）进行了深化完善。指导京津冀三省（市）编制地方各级国土空间总体规划，进一步细化京津冀地区国土空间开发保护要求。北京市城市总体规划已于 2017 年由党中央、国务院批准实施，河北省国土空间规划于 2023 年 12 月经国务院批准实施，天津市国土空间总体规划正抓紧按程序报批，河北省、天津市地方各级国土空间总体规划均已编制完成。

（二）实施山水林田湖草系统治理和灾害综合防治，区域资源环境承载能力得到提升

支持区域协同发展在生态环境保护修复领域实现率先突破。自然资源部联合相关部门编制印发《全国重要生态系统保护和修复重大工程总体规划（2021—2035 年）》《北方防沙带生态保护和修复重大工程建设规划（2021—2035 年）》《海岸带生态保护和修复重大工程建设规划（2021—2035 年）》，布局京津冀协调发展生态保护和修复重点工程，并指导北京、天津、河北编制印发省级国土空间生态修复规划。印发《"十四五"海洋生态保护修复行动计划》，将天津市、河北省相关区域海洋生态保护修复工作纳入重点任务。指导天津市、河北省落实《渤海综合治理攻坚战行动计划》，超额完成生态修复目标任务。指导三省（市）落实《"十四五"历史遗留矿山生态修复行动计划》相关工作部署。

实施地面沉降与地下水超采综合治理。十年来，先后部署开展了"京津冀地区地面沉降地裂缝调查及地质环境监测""京津冀地区地质环境综合调查与监测""重点地区地面沉降地裂缝监测与风险评价"等项目。2020 年，联合有关部委印发《京津冀平原地面沉降综合防治总体规划（2019—2035 年）》。2020—2022 年，京津冀平原区域沉降量呈下降趋势，平均地下水位总体止跌回升。

（三）强化用地用海要素保障，有力支撑区域重大项目落地实施

有力保障了津石高速公路津冀界至保石界段（河北省保定、定州段）、新建雄安新区至忻州高速铁路（河北段）、河北省邯港高速公路衡水沧州界至国道 G205 段等重要项目建设，服务对接雄安新区城市建设用地需求。2023 年，报请国务院批准京津冀农用地转用和土地征收项目共 35 个，总面积 11495.8255 公顷。

加快推动海水淡化、海洋高端装备、海洋药物和生物制品等海洋战略性新兴产业发展，支持天津滨海新区、河北秦皇岛市开展海洋经济创新发展示范城市建设，保障国家重大项目用海。自然资源部成立以来，报请国务院批准京津冀地区重大建设项目用海共 19 个，批准用海面积 2831 公顷，保障了北京燃气天津南港 LNG 应急储备项目、唐山 LNG 项目等国家重大项目用海。指导督促河北、天津加快盘活利用历史遗留存量围填海。

二、下一步工作安排

随着京津冀协同发展战略深入实施，在取得上述工作成效的同时，还面临着新形势和新任务。下一步，自然资源部将深入贯彻落实习近平总书记 2023 年 5 月 11 日至 12 日在河北考察并主持召开深入推进京津冀协同发展座谈会时的重要讲话精神，立足自身工作职责，加快推进以下 4 个方面的工作。

（一）深化落实主体功能区战略，统筹优化京津冀国土空间开发保护格局

一是编制实施《全国重点主体功能区优化实施规划》，加强主体功能区战略与京津冀协同发展战略的深度融合协同，优化区域生态、农业、城镇空间结构和布局，明确京津冀地区近期重大产业、基础设施等领域重点任务。二是推进《京津冀规划》印发实施，以有序疏解北京非首都功能为"牛鼻子"，推动现代化首都都市圈建设，培育区域性中心城市和节点城市，县域统筹推动城乡融合，完善区域立体综合交通网络，畅通与国家重大战略区域开放联动的通道网络，构建与建成世界一流城市群要求相适应的国土空间新格局。三是加快推进京津冀地方各级国土空间规划编制实施。推动国土空间管控指标、功能分区、政策要求和目标任务等，通过规划逐级传导并实施，将支撑京津冀协同发展的空间举措落到实处。

（二）夯实安全发展的空间基础

一是牢牢守住耕地和永久基本农田红线。全面落实耕地保护党政同责，逐级签订耕地保护与粮食安全责任书，实行严格考核、重大问题一票否决、终身追责。二是持续改善区域重要生态系统功能。推进北方防沙带建设，科学开展大规模国土绿化行动，统筹推进"三北"工程和重要生态系统保护修复重大工程，改善重要河湖湿地水生态，加强饮用水水源地和河流源头保护与涵养，加强重要河流生态廊道保护和河道生态修复。加大渤海湾综合整治，加强对河口、海湾、海岸线、海岛重要海洋生态系统的保护，严格保护大陆自然岸线，保护修复集中连片的渤海湾滨海湿地。三是协调区域和城市防洪排涝排水功能空间，指导三省（市）划定洪涝风险控制线，恢复、预留自然河湖水系行洪空间，逐步恢复蓄洪空间和行洪通道。四是完善自然灾害综合风险防控布局，提升城乡地震安全韧性，加强地下水超采和地面沉降综合治理，积极应对海平面上升，推动构建更具韧性的海岸带综合防护体系。五是平急结合优化防灾减灾救灾资源的区域布局，支持区域性防灾救灾中心建设、应急救援疏散生命线工程建设。

（三）加强区域基础支撑保障

保障区域重大基础设施建设空间，协调解决空间矛盾问题，优化完善与城镇、人口相匹配的综合交通枢纽等区域基础设施空间布局。支持京津冀世界级机场群、港口群建设，推动区域城际间高速公路网络互联互通，加密城际铁路，构建都市圈多层次轨道交通系统，协同完善港口群多式联运的集疏运体系，贯通面向西北华北地区的交通物流通道。支持大科学装置等科技创新平台基础设施、智慧应用基础设施、安全基础设施建设，促进新型基础设施融合布局。保障天津滨海和冀北清洁能源生产空间，以及主要能源储备、运输空间，形成保障首都安全的能源开发利用布局。支持天津、河北推进海水淡化规模化利用，为京津冀地区提供多水源保障。

（四）强化空间协同治理

推动建立区域国土空间协同治理机制，积极探索跨省市土地资源要素的统一配置，加强三省（市）重点交界地区协同管理。完善京津冀国土空间规划协同专题工作组工作制度，加强国土空间规划实施中重大问题研究，明确协同工作重点任务。依托国土空间基础信息平台，建设三省（市）共建共享的国土空间规划"一张图"，推动信息系统互联互通，加强数据安全管理，推进京津冀智慧国土建设与应用。

（自然资源部）

深入打好污染防治攻坚战
以高水平保护支撑京津冀高质量发展

京津冀协同发展是以习近平同志为核心的党中央作出的重大决策部署，是习近平总书记亲自谋划、亲自部署、亲自推动的首个重大国家战略，对于调整优化区域生产力布局、加快解决大气污染、水污染等突出生态环境问题，积极探索生态文明建设有效路径、推进中国式现代化先行区建设、促进人与自然和谐发展具有重要意义。生态环境部高度重视京津冀协同发展生态环境保护工作，2014 年以来，认真落实党中央、国务院决策部署，全面贯彻习近平总书记一系列重要指示批示精神，有力推动京津冀协同发展生态环境保护取得积极成效，生态环境保护顶层设计与协同机制不断完善，绿色低碳发展水平显著提升，生态环境质量明显改善，美丽宜居京津冀取得丰硕成果。

2023 年，京津冀地区细颗粒物（$PM_{2.5}$）年均浓度为 38 微克 / 立方米，比 2014 年下降 57.3%，其中北京市 2023 年 $PM_{2.5}$ 年均浓度为 32 微克 / 立方米，连续三年达到国家二级标准。2023 年，京津冀地区地表水 Ⅰ～Ⅲ类断面比例为 79.5%，比 2014 年上升 36.4 个百分点；全面消除劣Ⅴ类水质断面，比 2014 年下降 37.3 个百分点。黑臭水体逐年减少，饮用水安全保障水平进一步提升，地下水超采得到有效遏制，河湖和海洋生态功能得到逐步修复。

一、工作进展和取得成效

（一）生态环境保护顶层设计不断完善

2015 年 4 月，《京津冀协同发展规划纲要》将生态环保作为三个率先突破的领域之一，作出了系统部署。2015 年 12 月，国家发展改革委会同环境保护部编制印发《京津冀协同发展生态环境保护规划》，明确了京津冀区域大气污染防治、生态保护红线划定、生态屏障建设、生态环境保护协作机制等重点任务。2018 年机构改革以来，生态环境部起草并推动印发了《关于全面加强生态环境保护 坚决打好污染防治攻坚战的意见》《关于深入打好污染防治攻坚战的意见》《大气污染防治行动计划》《打赢蓝天保卫战三年行动计划》《关于全面推进美丽中国建设的意见》等一系列重要文件，均将京津冀区域生态环境保护作为重要内容，在美丽中国先行区建设、绿色低碳发展、大气污染防治方面提出了目标要求、明确了实施路径。2023 年 5 月，习近平总书记主持召开深入推进京津冀协同发展座谈会，对持续抓好生态保护和修复重点工程建设、筑牢绿色生态屏障提出明确要求，京津冀生态环境保护顶层设计进一步完善。

（二）污染防治攻坚战取得积极成效

坚决打好蓝天保卫战。加快产业结构调整，累计 40 家企业 1.6 亿吨粗钢产能实现全流程超低排放，约占京津冀区域总产能的 70%；水泥行业完成有组织改造产能 1417 万吨、无组织改造产能 3387 万吨；焦化行业 4000 万吨产能已基本完成有组织和无组织超低排放改造，占比约为 80%。持续推进挥发性有机物（VOCs）综合治理，京津冀地区共排查 3 万余家企业，发现 5000余个问题，完成整改比例超过 98%。推动京津冀三地同步印发并实施《机动车和非道路移动机械排放污染防治条例》，截至 2022 年底，京津冀非道路移动机械累计编码登记 6.87 万台，上传路检路查信息 23.45 万条。对扬尘重点污染源实行清单化动态管理，加强秸秆禁烧管控力度，完善网格化监管体系。京津冀地区已实现区域预警分级标准、应急措施力度统一。京津冀共 8.6 万家企业纳入应急减排清单，实施绩效分级、差异化管控，对 39 个重点行业约 3万家企业逐一开展环保绩效分级。重污染过程期间，有效应对区域性重污染天气。2014—2023 年，京津冀地区 PM$_{2.5}$ 平均浓度连年下降。特别是 2021 年以来，北京市空气质量连续三年达标，"北京蓝"成为常态，被联合国环境规划署誉为"北京奇迹"。

持续打好碧水保卫战。统筹推进京津冀地区水生态环境保护治理，会同有关部门印发实施重点流域水生态环境保护规划及重点任务措施清单，指导地方落实《潮河流域生态环境保护综合规划（2019—2025年）》，加强白洋淀淀区及入淀河流水生态环境治理。组织京津冀三省市出台《北京市加强

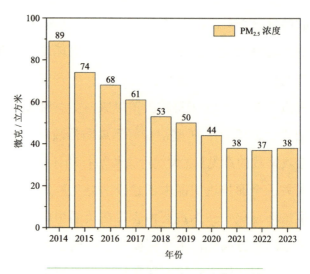

2014—2023 年京津冀 PM$_{2.5}$ 浓度变化趋势

入河排污口监督管理工作方案》《天津市入河入海排污口排查整治工作方案》《河北省入河入海排污口排查整治工作方案》，指导开展入河排污口排查整治。截至目前，京津冀三地累计排查 7.1 万公里河湖岸线，查出入河排污口 4220 个。深化工业园区水污染防治，京津冀地区 257 家省级及以上工业园区建成 381 座污水集中处理设施。积极推进美丽河湖保护与建设，北京密云水库、雁栖湖，天津海河（河北区段）、子牙河（红桥区段）入选前两批美丽河湖案例。京津冀水环境质量持续好转，白洋淀水质稳定保持在Ⅲ类，步入全国良好湖泊行列。

深入打好净土保卫战。深化农用地土壤污染防治，持续开展农用地土壤重金属污染源排查整治，指导河北曹妃甸区、行唐县 2 个污染耕地集中的县开展耕地土壤

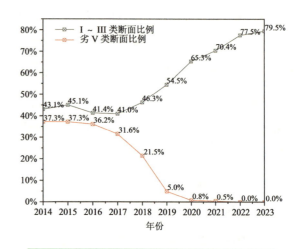

2014—2023 年京津冀三地河流Ⅰ～Ⅲ类和劣Ⅴ类水质类别变化情况

重金属污染成因排查。2022 年，京津冀受污染耕地安全利用率达到 91% 以上。依法严格建设用地准入管理，定期更新和公开建设用地土壤污染风险管控和修复名录，累计纳入名录 212 块，移出 111 块，名录中现有地块 101 块。防范在产企业新增土壤和地下水污染，将京津冀地区 1200 多家企业纳入土壤污染重点监管单位名录管理。组织京津冀地区实施 6 个土壤污染源头管控重大工程项目，推动实现在产企业土壤与地下水污染风险的源头预防和有效管控。推动地下水生态环境保护，持续开展地下水环境状况调查，部署开展 56 个化工园区、8 个危废处置场和 73 个垃圾填埋场地下水环境状况调查评估，在北京房山、河北邯郸等地实施 4 个地下水污染防治试点项目。加强农业面源污染治理监督指导，将天津市宁河区纳入加强农业面源污染治理与监督指导试点。截至 2022 年底，京津冀地区 39 个畜牧大县完成畜禽养殖污染防治规划编制。持续推进农村环境整治，京津冀区域累计完成 2.4 万余个行政村整治。截至目前，京津冀区域农村生活污水治理（管控）率达到 53.8%。京津冀区域国家监管清单黑臭水体已全部完成整治。开展无废城市试点，雄安新区、北京经济技术开发区、中新天津生态城开展建设"无废城市"试点，密云区等 16 个城市（城区、开发区）纳入"无废城市"建设名单。

强化陆海统筹协同治理。实施渤海综合治理攻坚行动，印发实施《渤海综合治理攻坚战行动计划》和《重点海域综合治理攻坚战行动方案》，推动近岸海域水质优良比例稳步提升。扎实推进美丽海湾建设，宣传推广各地优秀实践经验，秦皇岛湾北戴河段、天津滨海新区中新生态城岸段、河北唐山湾国际旅游岛及龙岛区域等 3 个海湾先后被遴选为我部组织开展的首批和第二批美丽海湾优秀案例。近十年来，京津冀近岸海域优良水质（一、二类）比例整体呈上升趋势，从 2014 年的 49.8% 大幅提升至 2023 年的 92.0%；劣四类水质比例整体呈下降趋势，从 2014 年的 5.9% 降至 2023 年的 1.5%。

（三）生态保护和修复持续加强

划定并调整生态保护红线，京津冀地区共划定管控单元 3000 多个，陆域优先保护、重点管控和一般管控三类单元面积比例分别为 45.4%、27.8% 和 26.8%，重点管控单元覆盖约 591 个产业园区和产业聚集区，区域生态破坏得到有效遏制。统筹山水林田湖草沙系统治理，持续实施"三北"防护林建设、京津风沙源治理、退耕还草还林轮牧、绿色矿山等一系列生态建设工程，区域森林覆盖率达到 35.6%，草原综合植被盖度 75.5%，2013—2022 年，累计完成防沙治沙任务 3135 万亩，塞罕坝机械林场荣获联合国"地球卫士奖"，构筑起京津冀区域绿色生态屏障框架。累计被授予 22 个生态文明建设示范区和 20 个"绿水青山就是金山银山"实践创新基地。生物多样性保护工作稳步推进。

（四）绿色低碳发展水平显著提升

结构调整取得明显成效。产业结构方面，燃煤发电机组基本完成超低排放改造，"散乱污"企业基本清零。环首都共关停退出 50 余家钢铁企业，保定、廊坊、张家口等成为"无钢市"。能源结构方面，京津冀电煤比例从 2013 年的 33.2% 增长到 2021 年的 37.8%，35 蒸吨 / 每小时以下燃煤锅炉基本清零，燃煤锅炉数量从 5 万余台下降至 500 台左右；累计完成农村散煤治理 1500 万户，减少煤炭消费量 3000 万吨以上。运输结构方面，持续推动京津冀地区淘汰国三及以下老旧车辆，重点推进京津冀港口铁路专用线建设。截至 2022 年，京津冀地区共淘汰老旧车辆 440 万辆，共建成及验收重点铁路专用线 57 条。

非首都功能疏解取得积极成效。2015 年以来，北京市累计退出一般制造和污染企业 2800 余家，疏解提升区域性批发市场和物流中心 800 余个，不予办理新设立或变更登记业务累计达 2.33 万件。到 2020 年，北京市一般制造业企业、区域性市场集中疏解退出任务基本完成。北京人口规模控制初见成效，人口规模自 2017 年以来持续下降，到 2022 年常住人口为 2184.3 万人，比 2016 年减少 10 万人，控制在 2300 万人以内的目标顺利完成。有效缓解资源环境压力，北京市工业用水减少了约 21%，化学需氧量、氨氮排放量分别下降约 74% 和 87%。

统筹推动适应气候变化工作。积极应对气候变化，指导和规范京津冀地区因地制宜编制适应气候变化行动方案。支持北京市组建全国温室气体自愿减排交易机构，2023 年 3 月以来，会同北京市、河北省多次协商沟通，支持雄安新区服务全国温室气体自愿减排交易工作。推动北京、天津、河北印发本地区减污降碳协同增效实施方案。统筹支持京津冀地区开展减污降碳协同创新试点工作，将大兴区等 3 个区市、北京市经济技术开发区等 5 个产业园区列入第一批减污降碳协同创新试点名单，助力京津冀地区绿色低碳转型。

（五）重点区域生态环境保护全面加强

雄安新区生态环境质量明显改善。完成唐河污水库污染治理与生态修复，处置污染土壤 172.7 万立方米。有序推进绿色施工体系和绿色运输体系建设，从源头严格管控各类污染源大气污染排放。2022 年雄安新区 $PM_{2.5}$ 平均浓度 41 微克/立方米，较 2018 年下降 34.9%。雄安新区累计造林 45.4 万亩，"千年秀林"绿意盎然，实现"无煤区"建设目标，树立"无废城市"样板。雄安新区土壤污染综合防治先行区建设持续推进。

白洋淀水质实现跨越式突破。支持河北省深入落实《白洋淀生态环境治理和保护规划（2018—2035 年）》，开展白洋淀生态清淤试点，清除污染底泥 87 万方。推动京冀两地生态环境部门联合印发《白洋淀流域跨省（市）界水污染防治工作机制》并制定《白洋淀生态环境治理和保护条例》。白洋淀水质从 2017 年的劣 V 类全面提升至 2022 年年初 III 类水的跨越式突破，跻身全国良好湖泊，基本实现《白洋淀生态环境治理和保护规划（2018—2035 年）》明确的阶段性目标。

推进北京副中心生态环境保护。推动印发《关于推进北京城市副中心高质量发展的实施方案》，加快推进城市副中心绿色空间"两带、一环、一心"建设。清理散乱污企业，加快建设国家绿色发展示范区。2022 年，通州区 $PM_{2.5}$ 平均浓度为 33 微克/立方米，首次达到国家二级标准，较 2015 年下降 64%。地表水治理取得明显成效，8 个国、市控考核断面水质达到 III ～ IV 类，全面消除劣 V 类断面，北运河和潮白河由臭水河变身生态河。

（六）重大活动保障任务圆满完成

按照党中央国务院部署安排，生态环境部会同三省市和有关部门，高质量做好 APEC、"一带一路"高峰论坛、新中国成立 70 周年庆祝活动、建党 100 周年庆祝活动、北京冬奥会和冬残奥会等重大活动空气质量服务保障。特别是在冬奥会和冬残奥会期间，生态环境部牵头成立区域保障指挥部，部领导组织开展区域大气污染防治调度。赛事期间全面进驻，组织开展区域联防联控决策会商，每日精准科学调度区域内 8 省（区、市），严格实施烟花爆竹禁售禁燃禁放以及临时性精准管控措施。冬奥会期间河北省 $PM_{2.5}$ 平均浓度 40 微克 / 立方米，同比下降 36.5%，北京市空气质量始终保持优良水平，张家口市、崇礼区、崇礼冬奥核心区分别为 19 微克 / 立方米、12 微克 / 立方米、10 微克 / 立方米，均达到一级优水平，"北京蓝""奥运蓝"得到国际国内社会的广泛称赞。

（七）区域生态环境协调机制逐步建立

按照党中央要求，2013 年、2016 年分别成立京津冀及周边地区大气污染防治协作小组和京津冀及周边地区水污染防治协作小组，统一协调京津冀地区大气和水生态环境保护工作。2018 年，大气污染防治协作小组升级为京津冀及周边地区大气污染防治领导小组。2022 年，指导京津冀三地生态环境保护部门成立生态环境联建联防联治工作协调小组，2022 年 6 月、2023 年 6 月两次召开协调小组会议，推动三地签署"十四五"时期京津冀生态环境联建联防联治合作框架协议，按年度联合确定重点任务措施，围绕减污降碳协同增效，在大气、水、危险废物等领域深化区域联防联控联治，在绿色低碳、联合执法、完善机制等方面进一步突出地方特色，共同推动区域协作纵深发展。

此外，自 2022 年起，每年制定印发京津冀协同发展生态环境保护工作要点并推动落实。2023 年 3 月，制定印发《生态环境部推动区域重大战略生态环境保护工作措施（试行）》，持续加强京津冀协同发展等区域重大战略生态环境保护工作统筹调度。已基本形成"自上而下、共同协作"生态环境治理机制，为推动区域协同发展生态环境保护工作奠定了坚实基础。

二、下一步工作安排

（一）做好中长期生态环境保护顶层设计

强化规划引领，抓好京津冀协同发展生态环境保护中长期规划印发实施。从制度建设、能力建设、协同发展等多个角度，构建京津冀区域 2027 年、2035 年分阶段生态环境协同治理和综合调控路线图，切实维护区域生态安全，努力建设美丽中国先行区。

（二）深入打好区域污染防治攻坚战

聚焦京津冀国家重大战略打造绿色发展高地，着力打好重污染天气消除攻坚战。加大重点区域、重点行业结构调整和污染治理力度，持续优化调整产业、能源、交通结构，从源头上减少污染物排放。持续开展秋冬季大气污染综合治理专项行动。持续打好城市黑臭水体治理攻坚战，建立三省市协同推动危险废物处置长期稳定合作机制。

（三）加强雄安新区和北京副中心生态环境保护工作

持续实施白洋淀环境治理和生态修复。推动河北省及雄安新区加快制定打造高质量发展样板之城的实施方案。继续支持北京副中心绿色发展和生态环境领域的改革创新，完善支持疏解北京非首都功能的生态环境政策与保障措施。

（四）持续推进区域联建联防联治机制创新

推动京津冀三地进一步强化联建联防联治，重点解决大气污染联建联防联治、流域上下游协同治理、渤海及重点水域流域环境治理保护、张家口首都"两区"建设以及统一执法标准等区域性、结构性难点、堵点问题，着力提升京津冀生态环境保护领域协同发展水平，推动涉及三地生态环境保护的重大任务落地。

（五）提升生态文明治理能力和治理体系现代化水平

支持京津冀三地做好区域协同法规制度建设工作，积极推进重点流域立法工作，推进编制京津冀及周边地区大气污染防治条例。推进三地生态环境保护标准、生态环境准入要求、环境保护税税率的衔接和相对统一。健全资源环境价格机制与绿色金融制度，探索建立区域生态产品价格机制。研究森林、湿地、草原等生态产品价值实现机制，建立市场化补偿模式。探索建立环境空气质量补偿机制。加快完善政府、非政府组织、公众多主体的社会共治体系。

（生态环境部）

推动京津冀地区住房城乡建设高质量发展
努力为城乡居民创造更加优良的人居环境

住房城乡建设部认真学习贯彻习近平总书记关于京津冀协同发展的系列重要讲话精神，贯彻落实党中央、国务院重大决策部署，深入推进京津冀协同发展战略实施，不断改善城乡人居环境质量，创造高品质生活空间，切实提高人民群众的获得感、幸福感、安全感。

一、扎实做好住房保障工作

（一）完善住房保障体系

一是大力发展保障性租赁住房，助圆新市民、青年人的"安居梦"。2021—2023年，京津冀地区建设筹集保障性租赁住房约48万套（间），可解决130多万新市民、青年人的住房困难。

二是规范发展公租房，为城镇住房、收入困难家庭兜底保障。京津冀地区公租房运营管理不断加强，实物供给数量显著增加，货币补贴制度不断完善，公租房"兜底"保障作用愈发显著，实现城镇户籍低保、低收入住房困难家庭依申请应保尽

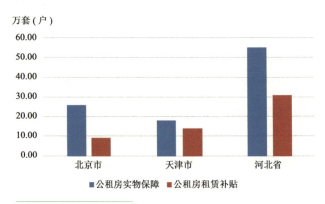

京津冀公租房实施情况

保。2014年以来，京津冀地区累计建设公租房约12.8万套。截至2023年6月底，京津冀地区近100万困难群众住进公租房，累计50多万困难群众领取租赁补贴到市场自主租房。

三是大力推进棚户区改造，让困难群众"出棚进楼"。2014年以来，京津冀地区棚户区改造开工200多万套，帮助550多万棚户区居民改善了居住条件，实现了安居乐居，促进了以人为核心的新型城镇化，提升了城市功能和综合承载能力，带动了投资消费和经济增长。

河北雄安新区容西片区棚改安置房

（二）发挥住房公积金作用

一是推动建立住房公积金区域协同发展机制。指导京津冀地区住房公积金管理机构建立区域协同发展联席会议制度，推动住房公积金政策衔接、业务协同。指导北京、雄安新区出台住房公积金缴存、提取、贷款一揽子支持措施，确保疏解单位和人员享受到实实在在的好处。指导京津冀地区住房公积金管理机构开展住房公积金异地贷款业务，实现住房公积金互认互贷，满足缴存职工异地购房需求。

二是推动住房公积金数字化发展。开展住房公积金基础数据标准和结算应用系统贯标工作，推动京津冀地区城市中心实现基础数据、结算、财务、系统建设等规范化，实现跨地住房公积金业务办理。组织住房公积金数字化发展咨询服务团队开展现场服务指导，推动数字化发展重点工作落实，助推京津冀地区住房公积金数字化协同发展。

三是提升住房公积金服务效能。指导京津冀地区住房公积金管理机构探索服务标准互认、12329热线电话互接互转，实现无差别受理、同标准办理住房公积金业务。推行京津冀地区住房公积金异地转移接续业务，整合3项住房公积金个人证明事项推行"亮码可办"，实现"购房提取住房公积金""租房提取住房公积金"等13个高频服务事项"跨省通办"，满足缴存职工异地办事需求。

四是完善住房公积金风险防控联动机制。依托全国住房公积金监管服务平台，建立跨区域信息协查机制，支持京津冀地区住房公积金管理机构进行数据核验、跨地协查，保障资金安全，提高风险防控水平。

二、推进城市建设高质量发展

（一）实施城市更新行动

一是开展城市体检。2018年，会同北京市人民政府率先开展城市体检工作。2019年以来，选取北京、天津、石家庄、唐山等作为样本城市、试点城市，以点带面，将城市体检工作覆盖到京津冀地区地级及以上城市。指导各城市坚持问题导向、目标导向，将城市体检向群众身边延伸，构建住房、小区（社区）、街区、城区（城市）四个维度体检指标体系，深入查找群众急难愁盼问题和影响城市竞争力、承载力和可持续发展的短板弱项，有针对性实施更新，建立起城市体检发现问题、城市更新解决问题、评估更新效果、推动巩固提升的工作机制。

二是推进城市更新。指导京津冀地区扎实有序推进城市更新工作，编制城市更新专项规划和年度实施计划，系统谋划城市更新工作目标、重点任务和实施措施，创新城市更新可持续实施模式，因地制宜出台地方标准规范，整体推动城市结构优化、功能完善、品质提升。截至2023年11月底，北京发布实施了城市更新条例，天津出台了城市更新行动计划，河北印发了城市更新工作指

天津拖拉机厂城市更新项目

南，京津冀地区共实施各类城市更新项目约 2176 个、完成投资约 2336 亿元。

（二）加强历史文化保护传承

一是加大历史文化资源普查力度。指导京津冀地区持续开展历史文化名城名镇名村申报，常态化推进历史文化街区划定和历史建筑确定工作。截至2023 年底，京津冀地区已公布 8 座国家历史文化名城、10 个中国历史文化名镇、38 个中国历史文化名村，划定历史文化街区 102 片，确定历史建筑 3060 处。

二是完善历史文化实施保障机制。指导京津冀地区全面启动历史文化名城名镇名村及历史文化街区保护规划编制工作，结合实际制定出台地方性法规、政府规章和规范性文件，建立健全历史文化保护工作机制。北京市成立历史文化保护委员会，进一步做好城乡历史文化保护传承工作。天津市印发历史风貌建筑保护条例，为历史建筑的修缮管理工作提供法制保障。河北省正定县印发古城保护条例，进一步强化古城保护机制。

（三）推动城镇老旧小区改造和完整社区建设

一是推动城镇老旧小区改造。2019—2023 年，共安排中央补助资金 192 亿元，支持京津冀两市一省新开工改造城镇老旧小区 15398 个、惠及居民 330 万户。

北京通州区北小园老旧小区改造项目

二是推进完整社区建设。2023年7月，会同国家发展改革委等6部门印发《关于印发完整社区建设试点名单的通知》，将京津冀11个社区列为完整社区建设试点，指导试点社区加快补齐服务设施短板，改善人居环境，提高人民生活品质。

（四）加强水资源利用

一是推进海绵城市建设，与财政部、水利部指导北京、天津推进海绵城市试点城市建设，指导河北秦皇岛市、唐山市、衡水市开展海绵城市建设示范，聚焦城市内涝治理，增强北方城市防洪排涝能力。

二是指导京津冀地区加快推进污水收集处理设施建设。2019年以来，京津冀地区城市共建设改造污水管网6000余公里，每日新增污水处理能力200多万立方米。

三是指导京津冀地区落实《关于加强城市节水工作的指导意见》，深入开展城市节水工作，推动再生水就近利用、生态利用、循环利用。与国家发展改革委指导北京市经济技术开发区，天津滨海新区塘沽片区，河北省唐山市、廊坊市推进公共供水管网漏损治理重点城市建设。

（五）加强防灾减灾

对京津冀地区洪涝灾害受灾地区做好应急救援和灾后恢复保供。协调组织周边城市应急抢险排涝设备和专业队伍驰援涿州，组织抽排重要基础设施和居民小区地下室等积水。调派国家供水应急救援中心济南、郑州、抚顺基地的应急供水车辆及专业人员支持北京房山、河北涿州等受灾地区，为受灾群众提供基本生活饮用水。

三、提升乡村建设水平

（一）指导开展乡村建设评价工作

2021 年以来,连续 3 年开展乡村建设评价工作,将河北平山县、乐亭县、涉县、柏乡县纳入全国样本县,通过实地调研、问卷调查、部门访谈、大数据分析等方式广泛收集数据,深入评估 4 个样本县乡村建设发展状况,精准查找农民群众的急难愁盼和乡村建设的短板弱项,解决农民群众普遍关注的实际问题。

（二）指导加强小城镇建设

组织召开因地制宜推进小城镇建设现场会,指导京津冀地区学习浙江"千万工程"经验,因地制宜推进小城镇建设,整治提升人居环境,完善基础设施和公共服务设施。

（三）支持京津冀地区加强传统村落保护利用

2014 年以来,住房城乡建设部会同有关部门持续开展中国传统村落调查认定工作,将北京密云区古北口镇河西村等 257 个村列入中国传统村落保护名录。2022 年以来,联合财政部开展传统村落集中连片保护利用示范,将北京门头沟区等 6 个县（市、区）纳入示范范围,中央财政给予 2.775 亿元的补助资金,支持有关市、县、区在保护前提下充分挖掘传统村落的自然山水、历史文化、田园风光等资源,因地制宜发展乡村旅游等特色产业,带动村民增收致富,探索以传统村落保护利用推动乡村振兴的有效方法和路径。

（四）加强农村生活垃圾收运处置体系建设

指导京津冀地区落实《关于进一步加强农村生活垃圾收运处置体系建设管理的通知》,加快推进农村生活垃圾收运处置体系建设。截至 2023 年底,京津冀地区农村生活垃圾进行收运处理的行政村比例稳定保持在 90% 以上。

四、推动绿色低碳发展

（一）完善建筑节能降碳相关政策法规

按照碳达峰碳中和工作"1+N"政策体系要求,指导天津、河北印发实施城乡建设领域碳达峰细化方案。指导京津冀地区完善建筑节能降碳相关法规、规章。在建筑节能方面，天津、河北颁布了地方性法规，北京颁布了政府令；在绿色建筑方面，天津颁布了绿色建筑管理规定，河北颁布了促进绿色建筑发展条例，《北京市建筑绿色发展条例》于 2024 年 3 月 1 日起实施。

（二）提升新建建筑节能水平

进一步提升新建建筑节能设计标准，推动《建筑节能与可再生能源利用通用规范》实施，将新建居住建筑和公共建筑平均设计能耗水平在 2016 年执行的节能设计标准基础上分别降低 30% 和 20%。在《"十四五"建筑节能与绿色建筑发展规划》中将京津冀作为重点区域，树立引领标杆，引导京津冀地区制定更高水平节能标准，全面推广超低能耗建筑。北京 2023 年新建居住建筑已全面执行节能 80% 设计标准，高于国家标准。天津持续推动中新生态城等重点区域开展超低低能耗建筑试点，截至 2023 年底竣工超低能耗建筑项目 12 个，建筑面积 16.68 万平方米。河北推动超低能耗建筑规模化发展，截至 2023 年底累计建设超低能耗建筑面积超 1000 万平方米，建设规模全国领先。

（三）实施北方地区冬季清洁取暖

2017 年以来，与财政部等有关部门持续推动北方地区冬季清洁取暖试点工作。截至 2023 年底，对北京、天津以及河北的 13 个城市开展北方地区冬季清洁取暖工作，推进热源端和建筑节能改造，在有效推动京津冀地区实现减污降碳、改善大气生态环境质量的同时，让人民群众彻底告别了烟熏火燎的冬天，大幅改善了居住条件。

（四）推动科技创新

依托住房城乡建设部科技计划，部署北京市支持河北雄安新区建设医院、北京城市副中心站综合交通枢纽工程 02 标段、天津富水软土层地铁施工关键技术研发等京津冀协同相关项目累计 41 个，组织行业科技力量开展关键技术研发和攻关。在北京市昌平区等 19 个地区开展数字家庭建设试点，以智能家居为切入口，完善社区治理、物业管理、健康养老等生活场景，解决居民便捷化设施需求，提高居住品质。

五、下一步工作安排

住房城乡建设部将全面贯彻落实党的二十大精神，认真落实中央经济工作会议精神，把坚持高质量发展作为新时代的硬道理，牢牢抓住让人民群众安居这个基点，推动好房子、好小区、好社区、好城区"四好"建设，着力推动京津冀地区城乡建设高质量发展再上新台阶。

（一）住房保障方面

一是指导京津冀地区建设筹集保障性住房，积极稳步推进城中村改造，加快保障性租赁住房建设，做好城市危旧房改造，充分发挥城镇保障性安居工程的重要作用。二是推进京津冀地区住房公积金协同发展，推进政策协同、业务联通、数据共享，更好地服务京津冀协同发展大局。

（二）城市建设方面

一是指导京津冀地区地级及以上城市全面开展城市体检工作，把体检查出的问题作为城市人民政府为民办实事的重要任务。进一步总结城市更新试点经验，向各地推广。二是指导京津冀地区在城乡建设中加强历史文化保护传承，完善法规标准制度，推动历史文化街区、历史地段、历史建筑等活化利用，以用促保。三是指导京津冀地区加快推进城市内涝治理，加强污水收集处理，深入开展城市节水工作。

（三）乡村建设方面

一是持续开展乡村建设评价，指导京津冀地区建立"开展评价、查找问题、推动解决"的工作机制。二是指导京津冀地区因地制宜提升小城镇建设水平，增强服务农民的能力。三是支持京津冀地区有关省市加强传统村落保护利用工作，总结推广可复制的传统村落保护经验和模式。四是指导督促京津冀地区健全农村生活垃圾收运处置体系建设，保障体系常态化运行。

（住房城乡建设部）

持续推进京津冀交通一体化
积极助力京津冀协同发展

京津冀协同发展战略提出以来，交通运输部深入学习贯彻习近平总书记关于京津冀协同发展系列重要指示批示精神，认真落实《京津冀协同发展规划纲要》以及《交通强国建设纲要》、《国家综合立体交通网规划纲要》，扎实推进京津冀交通一体化和雄安新区综合交通运输体系建设，为加快建设交通强国积累了经验，为深入实施京津冀协同发展战略提供了有力保障。

一、总体工作情况

（一）强化组织领导

交通运输部牵头成立推进京津冀交通一体化及雄安新区综合交通建设工作机制，成员单位包括交通运输部、国家铁路局、中国民用航空局、国家邮政局、中国国家铁路集团有限公司、京津冀三省市及河北雄安新区交通运输主管部门等，逐年制定年度工作要点，协调解决京津冀交通一体化及雄安新区综合交通运输体系建设中的重大问题。

（二）加强规划政策引领

交通运输部联合相关部门印发了京津冀、雄安新区交通发展系列规划，对规划目标任务加快推进实施。京津冀交通一体化领导小组成员单位印发实施了京津冀城际铁路网规划以及港口、民航、邮政业协同发展意见等文件。交通运输部会同北京市、国家铁路局、中国民用航空局、国家邮政局、中国国家铁路集团有限公司印发了《关于打造加快建设交通强国首都样板 深化京津冀交通一体化的实施意见》，推动落实首都"四个中心"功能定位，推进京津冀地区交通基础设施"硬联通"和运输服务制度规则"软联通"。

（三）推进重点任务实施

十年来，交通运输部会同国家铁路局、中国民用航空局、国家邮政局、中国国家铁路集团有限公司、京津冀三省市交通运输主管部门等，持续完善京津冀地区综合交通网络化布局，加快打造世界级综合交通枢纽，努力提升运输服务一体化水平，打造内畅外联的城市交通，推进交通绿色智慧安全发展，推动交通运输管理体制机制改革创新，加大资金支持力度，为深入实施京津冀协同发展战略当好先行。

二、取得的成效

（一）综合交通网络加快完善

京津冀地区"四纵四横一环"综合运输通道格局不断完善，多节点、网格状、全覆盖的交通网络基本形成，重点区域交通支撑能力显著增强。一是"轨道上的京津冀"初步建成。京张高铁、京沈高铁京承段等相继建成，区域地级以上城市全部实现高速铁路覆盖。京雄城际、京津城际延伸线、京唐城际、京滨城际（宝坻至北辰段）、津兴城际等建成通车，北京与周围卫星城、功能承载地之间的轨道联系更加便捷，核心区京雄津保实现1小时可达。京津冀地区城市轨道交通运营总里程达到1208.6公里。二是公路路网结构不断优化。京昆、京台、京礼、津石、大兴机场高速等一大批高速公路建成通车，国家高速公路待贯通路段基本打通，跨区域国省干线"瓶颈路段"大部分已经消除，环京津地区高等级公路基本实现全覆盖。北京与天津、河北已形成连接公路71条，其中高速公路15条。三是"双核两翼多节点"的京津冀机场群布局完成。大兴机场顺利通航，首都机场国际枢纽地位进一步提升，天津滨海、石家庄正定机场保障能力持续提升，形成京津冀机场群协同分工、差异化发展的格局。四是津冀沿海港口群发展更加协同。天津北方国际航运枢纽加快建设，河北省港口通过能力稳步提升，沿海港口码头泊位、航道工程建设持续推进，天津港北航道、唐山港新天 LNG 码头（一阶段）等一大批重点项目建成完工，规模化、专业化水平进一步提升，港口后方集疏运体系不断完善。

（二）一体化运输服务水平持续提升

京津冀地区交通基本实现"人畅其行、物畅其流"，交通一体化服务质量全面提高。一是出行便利化程度有效改善。利用既有铁路开行市域（郊）列车取得进展，市域（郊）铁路北京城市副中心线等 6 条线路相继开通，京津城际延伸线实现"公交化"运营。北京站、北京北站、天津站、天津西站等多个铁路站实现高铁与市域（郊）铁路、城市轨道交通的便捷换乘。大兴机场推出空轨联运票价优惠政策，旅客可在地铁草桥站办理值机和行李托运，实现"一站式服务"。打造环京地区"1 小时通勤圈"，开通至河北固安、永清、廊坊主城区、天津武清等定制快巴线路，共有 7 条主线 33 条支线。38 条跨省公交线路常态化运营，服务河北 17 个县市及地区。二是交通物流降本增效推进有力。天津港中蒙俄经济走廊集装箱多式联运、唐山港集装箱海铁公多式联运等示范工程进展顺利，货运站场衔接转换水平进一步提升。铁路专用线加快建设，铁路进港"最后一公里"不断打通。天津全力推进"公转铁、散改集"双示范港口建设，天津港连续多年停止汽运煤集港，铁矿石铁路集疏港比例居全国前列。河北推动大宗货物运输"公转铁"，铁路货运量占比提高到 12%。北京（新顺）国际邮件互换局（交换站）建成投运，天津国际邮件互换局实现"三关合一"通关模式，石家庄国际邮件互换局（交换站）投入运营。天津市、石家庄市联合推动首批国家综合货运枢纽补链强链城市建设。

13 个公路甩挂运输试点稳步推进。邯郸、唐山、秦皇岛、承德、廊坊等 8 个城市有序开展城市绿色货运配送示范工程创建工作，天津市、石家庄市、衡水市获"全国绿色货运配送示范城市"荣誉称号。隆尧县、涉县、隆化县、武邑县、武安市、晋州市、饶阳县农村物流服务品牌在全国宣传推广。

（三）高质量发展迈出坚实步伐

京津冀地区高质量交通运输体系已取得显著成效。一是推进智慧交通发展。京津冀交通一卡通在三省市城市公共交通领域实现互联互通，惠民便民效果明显。高速公路 ETC 系统改造工程完成，实现区域全覆盖，推动标准厢式货车使用 ETC。省域道路客运售票系统联网工程建成投入使用。京津冀综合交通出行服务信息共享应用示范积极推进，三省市出行信息纳入"出行云"平台并向社会开放。智慧港口建设取得显著成效，天津港北疆港区 C 段智能化集装箱码头搭载"风、光、储一体化"系统建成"零碳码头"，国能黄骅煤炭码头实现翻、堆、取、装全流程自动化作业。自动驾驶技术在城市出行服务、物流配送、港口集装箱运输等场景实现规模化示范应用。发挥部数据资源共享交换系统枢纽作用，推进京津冀三地营运车辆等数据共享应用，赋能业务协同。二是推进绿色交通发展。深入推进城市公共交通优先发展，深化国家公交都市建设，北京、天津、石家庄、张家口市被命名为"国家公交都市建设示范城市"，唐山、沧州、邢台市被纳入国家公交都市建设示范工程创建城市范围。京津冀地区新能源城市公交车超 4.8 万辆。北京新增和更新纯电动巡游出租汽车约 4.6 万辆。天津出租汽车中新能源车辆占比达 87.0%。河北沿海港口具备岸电供应能力的集装箱泊位及 5 万吨级以上干散货等专业化泊位覆盖率 92.5%。大宗货物利用疏港铁路、水路、封闭式皮带廊道、新能源汽车运输比例达到 90.0%。三是推进平安交通发展。指导京津冀地区多个公路水运工程建设项目开展百年品质工程创建示范，推进精细管理和精品建造。各地交通运输主管部门健全制度标准，推进平安工地建设全覆盖。督促加强重大隐患排查整治，加强施工驻地安全管理，提高应急处置能力。

（四）交通运输协同治理走深走实

通过改革创新不断健全完善协同发展机制，实现了三地交通协同管理。一是交通政策标准统一化推进。三省市交通运输主管部门建立工作协作机制，开展规范性文件交叉备案。相继发布《京津冀跨省市省级高速公路命名和编号规则》《高速公路服务区服务规范》等区域协同标准，为三地协同管理提供基础。二是区域联合执法常态化开展。交通运输行政执法综合管理系统上线运行。京津冀三地毗邻区域签订合作框架协议，开展跨省市运输违法违章联合治理。京冀两地共同开展区域治超协作工作，加大环京市县区域超限超载运输车辆执法力度，强化源头治理。三是体制机制创新取得突破。三地以资本为纽带的合作不断深化，市场机制作用进一步增强，京津冀三省市政府和中国国家铁路集团有限公司共同出资组建京津冀城际铁路投资有限公司，天津港集团和唐山港集团共同组建津唐国际集装箱码头有限公司，天津港和河北港口集团联合成立渤海津冀港口投资发展有限公司，首都机场集团公司统一管理京津冀三省市枢纽机场。

（五）交通重点保障工作有力有效

全力提供安全顺畅交通服务，为京津冀协同发展提供有力支撑和保障。一是雄安新区交通体系高标准推进。会同相关部门印发雄安新区综合交通规划，实施特殊资金政策支持雄安新区对外骨干交通路网建设。京雄城际铁路全线开通运营，从雄安新区20分钟可达大兴机场，50分钟可达北京西站。新区"四纵三横"对外高速公路网总体打通。雄安新区交通强国建设试点有序推进，新区对外高速公路及内部智慧出行系统持续完善，试点工作取得积极成效。二是北京城市副中心交通体系高水平规划建设。京通快速路、广渠路等快速路延伸至城市副中心，骨干路网格局得到有效完善。通州与廊坊北三县交通一体化高质量发展，京通快速路、通燕高速除早高峰外其余时段免费通行，大运河京冀段全线62公里实现游船互联互通。三是为北京冬奥会和冬残奥会提供交通运输保障工作。京张高铁及崇礼支线、延崇高速、兴延高速等冬奥会配套重大交通基础设施按时高质建成，满足冬奥会运动员1小时转场需求。赛时巴士线路和车辆运行有力有序，统筹做好赛事侧和城市侧运输服务保障，为冬奥会提供了便捷高效的交通服务保障。四是全力支持防汛抗洪救灾工作。针对京津冀等北方地区强降雨灾情，交通运输部迅速启动防汛救灾Ⅱ级应急响应，成立防汛救灾应急指挥部，安排灾毁资金。与京津冀三省市密切联系，做好强降雨防范应对，强化灾后检查巡查、抢通保通等各项防汛救灾工作。集中力量抢险保通，5天全力抢通了门头沟区、房山区、昌平区28条抢险救援生命通道。

三、下一步工作安排

下一步，交通运输部将深入贯彻党的二十大精神，扎实落实习近平总书记关于京津冀协同发展系列重要讲话和指示批示精神，在京津冀地区逐步建设世界一流交通体系，为深入实施京津冀协同发展战略当好先行。一是深入推动首都"新两翼"综合交通运输体系建设。持续推进雄安新区至商丘、雄安新区至忻州高铁、雄安新区至大兴机场快线（R1线）工程建设。开工建设京雄高速二期项目，加快开展荣乌新线二期前期工作。建成北京东六环入地改造项目，加快唐廊高速公路建设，推动北京过境货运功能外移。二是不断完善综合交通网络布局。有序推进津潍高铁、太锡铁路、北京城际铁路联络线一期工程、京滨城际铁路北辰至滨海新区段等项目建设。扎实推进承平高速北京段、G335京冀界接线等项目建设，加快推进滨唐高速、G95首都地区环线廊涿段改扩建、京德高速北京段等项目前期工作。三是持续提升一体化运输服务水平。持续深化国家公交都市建设，鼓励引导绿色出行。加快推进旅客联程"一票制"发展。深化运输结构调整，推动大宗货物运输"公转铁""公转水"，促进铁路专用线"进港区、进园区、进厂区"，深化多式联运示范工程建设，大力发展"一单制""一箱制"。持续开展城市绿色货运配送示范工程建设。进一步推进城乡物流配送高质量发展。四是切实做好特大洪涝灾害交通恢复重建。全面提升防灾减灾救灾能力，推动应急救援京津冀三地协同联动建设。根据相关规划，加快"23·7"特大洪涝灾害中损毁的交通恢复重建项目建设实施，推进G108新线高速公路、涞宝路新线高速公路建设。五是进一步推进交通一体化体制机制改革创新。加强交通运输地方立法协同，健全执法会商和联勤联动机制，强化交通运输标准协调衔接。推动交通限行、绕行等管理政策统一完善交通运输数据信息共享共用机制。推动交通运输应急管理信息互通、资源共享、处置协同。

（交通运输部）

全面提升京津冀水安全保障能力
全力支撑京津冀协同发展

　　水利部深入学习贯彻习近平总书记关于京津冀协同发展的系列重要讲话指示批示精神，全面落实党中央、国务院决策部署和中央区域协调发展领导小组工作要求，按照《京津冀协同发展规划纲要》，及时制定印发工作方案，狠抓工作落实，全力推进京津冀水利工作取得显著成效，为推动京津冀协同发展夯实水安全保障支撑。

一、主要工作进展及成效

（一）强化规划约束引领，科学谋划京津冀水安全保障格局

　　落实《京津冀协同发展规划纲要》，完善水利规划体系，搭建起京津冀协同发展水利工作的"四梁八柱"。印发实施《京津冀协同发展水利专项规划》，为整体提升京津冀协同发展水安全保障能力提供规划依据。印发《大清河流域综合规划》《河北雄安新区防洪专项规划》，夯实雄安新区和大清河流域水安全保障规划基础。制定《京津冀协同发展六河五湖综合治理与生态修复总体方案》《永定河综合治理与生态修复总体方案》等，加快推进重点河湖生态治理保护。根据流域防洪面临的新形势新要求，加快海河流域防洪规划修编，系统谋划新形势下流域防洪减灾总体布局。针对海河"23·7"流域性特大洪水，深入检视流域防洪体系薄弱环节，提出新形势下完善海河防洪体系的思路举措。根据国家水网总体布局，指导京津冀三省（直辖市）编制完成省级水网建设规划，协同推进市县级水网建设，打通水网"最后一公里"。

（二）加快完善流域防洪体系，确保京津冀防洪安全

全面落实习近平总书记"两个坚持、三个转变"防灾减灾救灾理念，以"时时放心不下"的责任感，坚持底线思维、极限思维，统筹发展和安全，多措并举确保海河流域和京津冀区域防洪安全。

一是海河"23·7"流域性特大洪水抗御夺取重大胜利。坚决贯彻落实习近平总书记关于防汛抗洪救灾多次重要指示，按照党中央、国务院决策部署，始终把保障人民生命财产安全放在第一位，坚决扛起防汛天职，全力以赴做好洪水防御工作。在抗御海河"23·7"流域性特大洪水过程中，强化监测预报、数字赋能、靶向预警、协同联动，逐河系超前研判、逐河系科学防控，精准有序调度流域84座大中型水库拦洪28.5亿立方米，启用8处国家蓄滞洪区蓄洪25.3亿立方米，及时果断处置白沟河左堤等堤防险情131处，减淹城镇24个、耕地751万亩，避免462.3万人转移，实现水库无一垮坝、重要堤防无一决口、蓄滞洪区转移近百万人无一伤亡，有力保障了北京、天津、雄安新区、石家庄等重要地区和大兴机场、交通干线等重要基础设施安全，最大限度减少了洪灾损失。大力推动灾后恢复重建有关工作，指导地方做好蓄滞洪区退水工作，为群众尽快返迁创造条件。

二是流域防洪工程体系加快完善。坚持"上蓄、中疏、下排、有效治洪"的海河流域防洪方针，加快完善水库、河道、堤防、蓄滞洪区组成的流域防洪工程体系。开展海河流域骨干河道重要堤防达标建设3年行动，推进河北省永定河泛区、宁晋泊、大陆泽等蓄滞洪区建设，开工建设海河防潮闸除险加固工程，加快病险水库除险加固、中小河流治理、山洪灾害防治等防洪薄弱环节建设。目前，北京、天津中心城区基本达到200年一遇防洪标准，雄安新区起步区200年一遇防洪保护圈基本形成，北京城市副中心基本达到100年一遇防洪标准。唐山、承德、沧州、廊坊、衡水等重要城市基本达到50～100年一遇防洪标准。

三是防洪调度指挥能力有效提升。加快推进构建气象卫星和测雨雷达、雨量站、水文站组成的雨水情监测预报"三道防线"。强化预报预警预演预案能力，努力提高预报精准度、延长预见期，做好水旱灾害预警，加强全流域联合

南拒马河治理工程   新安北堤防洪治理工程

调度模拟预演。完成《雄安新区及周边地区洪水风险区划》，编制并修订大清河流域和雄安新区超标洪水防御预案。优化监测站网布局，加快推进数字孪生海河、数字孪生永定河、数字孪生岳城水库、数字孪生灌区试点建设，开展智慧化模拟，提升水旱灾害预报预警与调度智能化水平。

（三）加强水资源节约集约利用，提升京津冀供水保障水平

坚持以水定城、以水定地、以水定人、以水定产，强化水资源刚性约束，优化水资源配置格局，提高区域水资源承载能力，有力保障了京津冀供水安全。

一是区域用水效率和节水水平全国领先。实施国家节水行动。印发《海河流域跨省江河水量分配方案》，明晰初始水权。京津冀地区建立省、市、县三级行政区域"十四五"用水总量和强度双控指标体系，实现年用水量1万立方米及以上工业和服务业单位实现计划用水管理全覆盖。新增高效节水灌溉面积837万亩，建成节水型社会建设达标县（区）148个。加快雄安新区节水样板建设，全面推进南水北调东中线工程受水区水资源节约集约利用。十年来，京津冀地区年用水总量基本稳定在250亿立方米左右。2022年万元GDP用水量、万元工业增加值用水量较2014年下降34.2%、35.2%，农田灌溉水利用系数从2014年的0.667提升至2022年的0.683，区域用水效率和节水水平已达到国内先进水平。

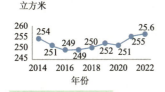

京津冀地区用水总量变化

京津冀地区万元 GDP 用水量变化（按 2013 年可比价计算）

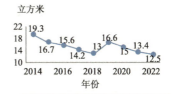

京津冀地区万元工业增加值用水量变化（按 2013 年可比价计算）

二是区域供水保障能力进一步提升。建立当地水、外调水、地下水、再生水等多水源配置格局，有力地保障了 2022 北京冬奥会、京津冀地区生产生活供水安全。南水北调中线一期工程于 2014 年 12 月正式通水以来，累计向京津冀地区调水 382.37 亿立方米（截至 2024 年 1 月 22 日），东线一期北延应急供水工程累计向津冀调水 4.87 亿立方米，为京津冀地区提供了可靠的水源保障。加快推进南水北调后续工程高质量发展，中线引江补汉工程于 2022 年 7 月开工建设，将进一步增强京津冀地区水资源统筹调配能力、供水保障能力和战略储备能力。加快完善雄安新区供水网络，完成南水北调天津干渠雄县口头口门改造工程，加快推进雄安调蓄库开工建设，开工建设河北雄安干渠工程。完善农村供水工程体系，2023 年底京津冀农村自来水普及率达到 98.1%。

（四）复苏河湖生态环境，河湖面貌持续向好

坚持尊重自然、顺应自然、保护自然，从生态系统整体性和流域性出发，精准研判、靶向施策，以地下水超采区治理、"六河五湖"综合治理与生态修复为重点，持续复苏河湖生态环境。

一是地下水超采综合治理成效显著。以京津冀地区为治理重点，采取综合治理措施，大力推进华北地区地下水超采综合治理行动，压减地下水开采，促进地下水位回升，改善河湖生态环境，顺利完成《华北地区地下水超采综合治理行动方案》确定的近期治理目标任务，治理工作取得了显著成效。与 2018 年相比，2022 年京津冀治理区地下水开采量减少约 40 亿立方米，压减地下水超采量 26 亿立方米；地下水水位总体回升，2022 年京津冀治理区浅层

地下水回升平均回升 2.25 米，深层承压水水位平均回升 6.72 米。地下水得到有效回补，采取常态化补水和集中补水，补水河流入渗地下水量累计超过 100 亿立方米。

二是水源地保护和水土保持建设加快推进。指导京津冀地区 33 个重要水源地加强保护与管控，密云水库、潘家口水库、大黑汀水库、岳城水库、岗南水库、黄壁庄水库、海子水库等 7 座重要地表水水源地水质达到Ⅱ类。落实《张家口首都水源涵养功能区和生态环境支撑区建设规划（2019—2035 年）》。加快实施京津风沙源治理二期水利水保项目、水源涵养与生态建设项目。2015 年以来，实施小流域、坡耕地水土流失综合治理等国家水土保持重点工程，累计治理水土流失面积 5733 平方公里。

三是河湖生态环境持续复苏。组织确定京津冀地区白洋淀、永定河等 21 条（个）重点河湖生态流量保障目标，加强生态流量监管和保障，2021 年以来，京津冀地区重点河湖生态流量达标率稳定保持在 90% 以上。推进永定河、潮白河、北运河、大清河、南运河、滦河"六河"绿色生态河流廊道治理，实施白洋淀、衡水湖、七里海、南大港、北大港"五湖"保护与修复。对京津冀 36 个（条）重点河湖开展母亲河复苏行动，2018 年以来统筹南水北调引江水、引黄水、当地水库水、再生水、雨洪水等水源，持续开展华北地区河湖生态补水，累计补水超 330 亿立方米。永定河 2021 年实现 26 年来首次全线流动，2022 年春季和秋季两次实现全线流动，2023 年实现全年全线有水。京杭大运河连续两年实现全线水流贯通，潮白河、大清河白洋淀水系、漳卫河水系和海河干流水系实现贯通入海，漳河实现全线水流贯通，白洋淀生态水位保持在 6.5 米以上，滹沱河、子牙河、子牙新河以及南拒马河、大清河等多年断流河道全线贯通。华北地区大部分河湖实现了有流动的水、有干净的水，让河流恢复生命、流域重现生机。

（五）强化治水协作，流域协同治理管理能力有效提升

深化流域协同治理管理机制创新，充分发挥市场机制作用，更好发挥政府作用，构建流域统筹、区域协同、部门联动的流域治理管理新格局。

一是流域区域治水协作进一步强化。京津冀三省（直辖市）全面建立省市

白洋淀生态补水成效

永定河生态补水成效

京杭大运河生态补水成效

县乡四级河湖长组织体系，压实河湖管理保护责任，有力推进了京津冀地区河湖水资源保护、水域岸线管理、水污染防治、水环境治理等工作。建立海河流域省级河湖长联席会议机制。加强流域统筹、区域协同、部门联动。健全京津冀协同治水工作机制，水利部海河水利委员会与京津冀水利（水务）厅（局）签署《服务保障京津冀协同发展战略水安全合作协议》，与河北省水利厅、雄安新区管理委员会签订《关于共同推进雄安新区水安全保障合作框架协议》，高质量服务保障京津冀协同发展、雄安新区水安全。

二是重点领域改革加快推进。积极稳妥推进农业水价综合改革，将河北洋河二灌区作为全国深化农业水价综合改革推进现代化灌区试点。常态化推进河湖库"清四乱"，清理整治妨碍河道行洪突出问题，河湖面貌持续好转。组织签订《永定河生态用水保障合作协议》《引黄入冀（补淀）供水协议》。推动京津冀三地签订密云水库、引滦入津上下游和官厅水库上游永定河流域横向生态补偿协议，保障河湖生态用水长效机制。推进数字孪生海河建设，初步建成数字孪生永定河，实施数字孪生岳城水库试点建设。

数字孪生永定河

二、下一步工作安排

下一步，水利部将深入学习贯彻近平总书记关于京津冀协同发展的重要讲话指示批示精神，落实党中央、国务院决策部署，按照中央区域协调发展领导小组要求，全力抓实抓好京津冀协同发展水利各项任务，为推动京津冀协同发展夯实水安全保障支撑。

（一）完善流域防洪工程体系

全盘检视海河流域"23·7"流域性特大洪水经验和教训，全面完成水毁水利设施修复重建任务，加快陈家庄、张坊水库前期工作，针对重要保护对象扩大或开辟分洪通道，实施骨干河道治理及堤防达标建设，实施中小河流和山洪沟治理，加快蓄滞洪区围堤隔堤、进退洪控制工程和安全设施建设。加快海河流域防洪规划修编，谋划好新形势下海河流域防洪减灾总体布局。按照"拒、绕、排"的思路，完善北京、天津、雄安新区等重点城市防洪减灾体系。加快构建雨水情监测预报"三道防线"，科学有序精准调度运用水工程，全力保障京津冀防洪安全。

（二）扎实推进水网工程建设

深入落实《国家水网建设规划纲要》，加快完善国家水网主骨架和大动脉，高质量建设南水北调中线引江补汉工程，深化东线后续工程可研论证，推动南水北调后续工程高质量发展。进一步完善京津冀地区"二纵六横"水网体系，加快雄安新区供水网络建设，构建多水源保障的京津冀水资源配置骨干网络。深入实施国家节水行动，推动京津冀南水北调工程受水区打好节水优先主动战，建设国家节水高地。

（三）持续复苏河湖生态环境

加快京津冀"六河五湖"综合治理与生态修复，以母亲河复苏行动为重点，推进华北地区河湖生态环境复苏和生态补水力度，加大流域水量统一调度，实现重要河流全线贯通，推动河湖生态环境持续改善。抓好首都水源涵养功能区、京津冀生态环境支撑区保护和修复工程建设，实施北方防沙带、燕山山地、太行山（河北）、张承坝上地区等区域水土保持重点工程。组织实施华北地区地下水超采综合治理，统筹各项治理措施，巩固拓展治理成效，做好北京、河北深层水回补试验工作。

（四）强化流域协同治理管理

充分发挥京津冀河湖长协调联动机制、"流域机构＋省级河长办"协作机制作用，增强河湖管理保护的系统性、整体性、协同性，协调解决跨界河湖重点难点问题。完善流域水工程防洪统一调度、跨省界河湖联防联控、联合执法等工作机制。纵深推进河湖库"清四乱"常态化规范化，排查整治各类侵占破坏河湖库的违法违规问题。抓住农业水价综合改革"牛鼻子"，加快推进现代化灌区建设。加快数字孪生海河、数字孪生永定河建设。

（水利部）

强化统筹指导和支持服务
持续推动京津冀农业协同发展

农业农村部高度重视推动京津冀协同发展工作。2014 年以来，深入学习领会和认真贯彻落实习近平总书记三次主持召开京津冀协同发展座谈会重要讲话精神，聚焦《京津冀协同发展规划纲要》确定的任务，以统筹生产保供给、互动协作保安全、联防联控保生态、提质增效促增收为主攻方向，强化统筹协调和指导服务，加大支持力度，持续推动京津冀农业协同发展不断取得新进展，为京津冀区域一体化协同发展提供了有力支撑。

一、主要工作进展和取得的成效

（一）不断强化京津冀农业协同发展规划引领

为贯彻落实京津冀协同发展战略，2016 年农业农村部依据《京津冀协同发展规划纲要》和国民经济和社会发展第十三个五年规划，会同国家发展改革委、工业和信息化部、财政部、交通运输部、商务部、人民银行等部门，联合印发《京津冀现代农业协同发展规划（2016—2020 年）》。规划明确了推进京津冀农业协同发展的指导思想、基本原则和发展目标，确定了发展重点和发展布局，提出了一批重大工程和政策举措。规划的实施，为京津冀三省市统筹生产保供给、互动协作保安全、联防联控保生态、提质增效促增收提供了基本遵循，为实现区域农业产业发展互补互促、科技平台共建共享、生态环境联防联控、资源要素对接对流提供了有力保障。

（二）持续巩固提升京津冀粮食生产能力

1.持续推进高标准农田建设

以稳定提升粮食生产能力为首要目标，支持京津冀地区集中力量建设高标准农田。截至 2023 年 11 月，京津冀地区已建成高标准农田 5600 多万亩，为巩固提升 3 省市粮食生产能力和农业用水效率提供基础支撑。同时，支持河北省有关市县开展整区域推进高标准农田建设试点。指导河北省黄骅市等 15 个县市开展盐碱耕地治理试验示范，因地制宜探索总结轻中度盐碱耕地综合治理有效模式。

2.大力推广旱作节水技术

2014 年至"十三五"期间，安排中央财政资金近 10 亿元，支持京津冀地区示范推广测墒节灌、浅埋滴灌、水肥一体化等旱作节水技术，每年节水技术应用面积（按播种面积）已超过 4 亿亩次。实施华北地区地下水超采区综合治理行动，指导京津冀地区推广小麦节水灌溉技术，连续 7 年支持河北省实施季节性休耕，推行冬休春（夏）种模式，不断优化调整农业种植结构。

3.稳妥推进污染耕地治理

结合全国农用地土壤污染状况详查，全面掌握京津冀耕地土壤污染状况、分布特征。指导京津冀地区以县为单元实施分类管理，全面开展治理。其中，安全利用类耕地采取品种替代、水肥调控等措施，严格管控类耕地采取种植结构调整或退耕还林还草等措施。实施耕地重金属污染防治联合攻关，在河北省青县布局建设攻关基地，开展低镉品种和治理修复产品筛选验证。在京津冀地区 1440 个国控监测点开展耕地土壤环境变化动态监测，京津冀受污染耕地安全利用率已稳定在 91% 以上。

（三）着力推动京津冀乡村产业提档升级

1.积极推进种业振兴

认定河北省辛集市、赵县和隆化县等 10 个县为国家级制种大县。支持制种大县建设小麦、花生、大豆等 9 大作物区域性良种繁育基地，优化提升良种繁育能力。2019 年以来，通过制种大县奖励政策安排中央财政补贴资金 2 亿多元，支持河北藁城区、赵县、辛集市、故城县、张北县建设大豆、小麦、棉花、马铃薯国家级制种基地，改善基础设施条件，打造制种全产业链。"十三五"

以来，通过现代种业提升工程安排中央投资 2 亿元，支持天津奥群牧业有限公司、雪川农业集团等制种企业建设肉羊、马铃薯等种业项目 18 个，加快构建商业化育种体系。

2. 培育壮大特色产业

推进产业融合发展，截至 2023 年已累计支持京津冀地区建设北京设施蔬菜、天津都市型奶业、河北越夏食用菌等优势特色产业集群 13 个，支持北京平谷区、天津蓟州区、河北故城县等建设农业产业强镇 80 个，涵盖粮油、果蔬、畜禽、水产等产业品类。培育壮大龙头企业，累计认定京津冀地区农业产业化国家重点龙头企业 48 家、监测递补企业 27 家。培育创响农业品牌，支持京津冀地区认定绿色有机农产品 2794 个、地理标志农产品 81 个、名特优新农产品 37 个，将 25 个京津冀农业品牌纳入中国农业品牌目录。强化产销衔接，连续 8 年举办京津冀品牌农产品产销对接活动，京津冀地区 1600 多家企业、采购商、大型商超、电商平台、批发市场经销商代表参加对接，协议签约近 50 亿元。

3. 加快培育乡村人才

2014 年以来，以新型农业经营主体带头人、村"两委"成员、到村任职选调生等为重点，培训京津冀农村实用人才带头人约 1.8 万人。2022 年以来，启动实施乡村产业振兴带头人培育"头雁"项目，累计支持京津冀 3 省市培育"头雁"0.34 万名。依托高素质农民培育计划，在京津冀地区累计培训农民 34 万人，全面支撑京津冀地区农民素质素养提升，为乡村产业发展提供坚实人才支撑。

4. 示范推进农业生产"三品一标"

2021 年以来，深入实施农业生产"三品一标"提升行动，指导京津冀 3 省市分别制定年度任务清单，推动品种培优、品质提升、品牌打造和标准化生产。组织遴选推介全国农业生产"三品一标"典型案例，北京市平谷区打造集聚科技资源、培优"京"系列蛋鸡新品种模式等京津冀地区 4 个案例入选。在天津召开全国农业生产"三品一标"提升行动现场会，交流经验做法，促进各地互学互鉴，推进品种培优、品质提升、品牌打造和标准化生产，提升农业质量效益和竞争力。

（四）稳步推进京津冀农业绿色发展

1. 扎实推进农业面源污染综合防治

支持京津冀3省市62个养殖大县实施畜禽粪污资源化利用整县推进项目，完善粪污处理设施，建设粪肥还田利用示范基地。与国家发展改革委联合印发《京津冀及周边地区秸秆综合利用和禁烧工作方案（2014—2015年）》等文件，推动京津冀3省市实施联防联控、协同防治，提升秸秆综合利用水平。推动中央财政秸秆综合利用补助资金倾斜支持京津冀3省市健全收储运体系，整建制建设秸秆综合利用重点县。目前，京津冀地区秸秆综合利用率已达95%以上。指导京津冀地区加强农膜监管执法，从生产、销售、使用、回收等环节协同抓好农膜全链条监管。在京津冀地区布设农田地膜残留监测点45个，及时掌握农田地膜残留动态变化。目前，京津冀地区农膜处置率已达80%以上。

2. 深入实施化肥农药减量增效行动

2014年以来，安排财政资金近5亿元，支持京津冀地区以施肥新技术为基础，以肥料新产品为载体，以施肥新机具为手段，因地制宜开展"三新"技术模式集成创新，累计推广应用"三新"配套升级应用推广面积近240万亩次，推广缓控释肥料、水溶性肥料和生物有机肥等其他新型肥料施用面积2437万亩次。京津冀地区测土配方施肥技术覆盖率已达90%以上。同时，在京津冀地区以省部共建方式，建设农作物病虫害绿色防控技术示范推广基地19个，集成推广生物防治、理化诱控、科学用药等经济实用、简便易行、农民乐于接受的绿色防控技术模式。2023年，京津冀绿色防控覆盖率分别达到78.4%、58.7%、58.3%，均高于全国平均水平。

3. 切实加强水域生态环境保护和水生生物资源养护

支持河北省构建白洋淀"以渔净水、以水养鱼"生态修复示范模式，向白洋淀放流鱼苗60万尾、蟹苗230万尾。指导河北省开展白洋淀及入淀河流水生生物常规监测和本底调查，结果显示白洋淀鱼类数量已由2019年的33种增加至目前的46种。2021年以来，累计安排中央财政资金1亿多元，支持河北省和天津市对4.21万亩养殖池塘开展设施设备标准化改造提升，推进养殖水域生态环境保护。将京津冀沿海33座渔港纳入渔港名录管理，绘制"渔港信息一张图",定期对渔港水域开展环境检测。严格执行渤海海域休渔期制度,组织天津市、河北省在伏休期间开展特殊经济品种专项捕捞。支持天津市、河北省创建国家级海洋牧场示范区 21 个。

4.示范创建国家农业绿色发展先行区

2017 年以来,会同国家发展改革委、财政部等部门支持京津冀 3 省市创建北京市顺义区、天津市武清区、河北省围场县等国家农业绿色发展先行区 17 个,指导先行区聚焦农业资源保护利用、资源要素集聚、投入品减量增效等开展先行先试。在京津冀实施绿色种养循环农业试点项目,试点面积已超过 500 万亩。制定印发《国家农业绿色发展先行区整建制全要素全链条推进农业面源污染综合防治方案》,指导天津市武清区开展整建制全要素全链条推进农业面源污染综合防治试点,探索工作机制和治理模式,示范带动京津冀农业绿色发展取得良好成效。

(五)稳慎推进京津冀农业适度规模经营

1.培育壮大新型农业经营主体

指导京津冀地区加快培育一大批规模适度、生产集约、管理先进、效益明显的新型农业经营主体。截至 2023 年底,京津冀地区农民合作社达到 13.1 万个,是 2014 年的 1.4 倍;家庭农场达到 14.5 万个,是 2015 年的 13 倍,平均经营规模达到 114.1 亩。在京津冀地区深入开展国家、省、市、县级农民合作社示范社四级联创,截至 2023 年底,3 省市县创建县级及以上农民合作社示范社 1.3 万家,其中国家示范社 656 家;县级及以上示范家庭农场 11358 个,3361 个家庭农场拥有注册商标,12096 个家庭农场通过农产品质量认证,分别是 2015 年底的 12.3 倍、6.7 倍和 62.4 倍。

2.稳妥推进集体产权制度改革

将北京大兴区、天津宝坻区、河北承德双滦区纳入农村集体产权制度改革第一批试点。2019 年,支持天津市、河北省开展农村集体产权制度改革整省试点。京津冀地区共成立约 6 万个集体经济组织,确认成员数超 6000 万人,集体账面资产总额已超过 1.4 万亿元。

（六）持续改善京津冀农村人居环境

会同有关部门持续推进京津冀3省市农村人居环境整治提升。2019年以来，组织实施农村厕所革命整村推进奖补政策和中央预算内农村人居环境整治专项项目，累计安排京津冀3省市中央财政资金近40亿元，通过以奖代补方式支持和引导有条件的农村普及卫生厕所，实现厕所粪污基本得到处理或资源化利用。累计安排京津冀3省市中央投资补助资金8.5亿元，在35个县开展农村人居环境基础设施建设。督促指导京津冀3省市围绕"清洁村庄环境、共建洁美家园"主题，压茬打好村庄清洁行动四季战役，全域化推进、常态化开展、长效化保持，引导农民群众养成良好卫生习惯。通过努力，京津冀3省市农村村庄环境基本实现干净整洁有序，农民群众生活品质和卫生健康观念逐步提升。

二、下一步工作考虑

下一步，农业农村部将持续深入学习贯彻习近平总书记在深入推进京津冀协同发展座谈会上的重要讲话精神，强化政策扶持，健全工作机制，加大工作力度，推动京津冀农业协同发展不断取得新成效。

一是持续提升粮食生产能力。大力推进高标准农田建设，积极支持京津冀地区逐步把永久基本农田全部建成高标准农田。统筹发展高效节水灌溉，完善农田排灌设施，提高用水保证率。充分利用已有科研成果，在京津冀地区集成推广一批高效节水品种和新型旱作节水技术，配套应用抗旱产品，提高农业水分生产效率和作物抗旱减灾能力。

二是加强盐碱地综合治理。按照应查尽查原则，加快推进包括京津冀在内的非重点区域盐碱地普查，全面摸清盐碱地资源状况。加快出台盐碱耕地治理专项实施方案，指导京津冀3省市分区分类开展盐碱耕地治理改良。

三是系统开展农业面源污染治理。指导京津冀地区健全整建制全要素全链条推进农业面源污染综合防治机制，完善农业面源污染监测体系，建设一批农业面源污染综合防治示范基地，一体化推进农业面源污染综合防治。支持京津冀地区稳妥有序推进畜禽粪污资源化利用，加强地膜科学使用回收，实施秸秆综合利用行动，持续提升农业废弃物综合利用水平。

四是加强农村人居环境整治。深入学习推广"千万工程"经验，指导京津冀地区以农村厕所革命、生活污水垃圾治理、村容村貌提升为重点，深入实施农村人居环境整治提升五年行动，全面提升农村人居环境质量，建设宜居宜业和美乡村。

（农业农村部）

集聚商务领域工作合力 服务京津冀协同发展

一、工作进展及成效

（一）高标准建设自贸试验区

2015 年以来，党中央、国务院先后批准设立天津、河北、北京自贸试验区，并结合各地特色和优势，赋予其推动京津冀协同发展的重要使命。在三省市的共同努力和商务部等有关部门的支持下，三地自贸试验区坚持以制度创新为核心，持续加强合作联动，努力构建京津冀协同发展的高水平对外开放平台，建设发展取得积极成效。一是任务落实扎实有序。自贸试验区设立以来，三省市党委政府高度重视，均成立了由主要负责同志任组长的领导机制，因地制宜建立省级和片区工作推进机制，并制定出台自贸试验区条例，为自贸试验区建设提供了坚强保障。三地自贸试验区管理机构和地方相关部门积极推动有关方案确定的改革试点任务落地见效，400 多项任务已基本实施。二是制度创新亮点纷呈。三地自贸试验区发挥各自区位和产业优势，深入开展制度创新，形成了医疗器械注册人委托生产模式、国际航行船舶"模块化"检查机制等 51 项高质量制度创新成果向全国复制推广，有效发挥了改革开放综合试验平台的示范引领作用。制度创新支撑了三地自贸试验区产业高质量发展，天津的融资租赁、河北的装备制造、北京的高端服务已初步形成具有优势的产业集群。三是引领京津冀协同发展初见成效。三地于 2021 年 9 月建立京津冀自贸试验区联席会议机制，在制度创新、产业对接、政务服务、数据互联互通等多个领域深化合作，发布了"加强知识产权保护一站式服务、深构京津冀协同保护大格局""承接北京非首都功能疏解全周期服务创新"等一系列创新案例，实现 179 项政务服务事项"同事同标"，推动三地自贸试验区要素资源便捷流动。

（二）全力推进国家服务业扩大开放综合试点示范

国家服务业扩大开放综合试点示范是党中央、国务院的重大开放举措。2015 年 5 月北京率先开展试点，此后于 2020 年 8 月升级为示范区，2023 年 11 月获批推出深化示范区建设方案；天津等 4 省市于 2021 年 4 月获批开展试点。商务部持续加强对试点示范工作的指导协调与服务保障，推动构建与国际规则相衔接的服务扩大开放基本框架、优化产业发展整体生态，试点示范工作培育高质量发展动能、服务区域协调发展的潜力逐步释放。一是加大差异化探索力度。指导北京、天津结合发展定位持续开展创新探索。截至 2023 年 10 月，北京先后实施重要政策创新近 80 项，涉及数字经济、关键核心技术研发、金融服务实体经济等领域。此后推出的深化示范区建设方案明确对接国际高标准经贸规则的试点措施 70 项。天津在生产性服务业创新发展、示范园区建设、体制机制等方面取得积极成效。二是共建协同合作机制。北京市组织全球创新资源开展联合攻关，天津市、河北省建设成果转化平台，促进创新成果产业化运用。天津市与北京市、石家庄海关协作，推动"船边直提""抵港直装"等模式在京津冀三地逐步推广，有效提高京津冀物流协同效率。北京企业持续在津冀地区优化布局。三是提升治理效能。以管理决策的优化服务试点示范，以试点示范的成果提升管理决策水平，实现互动互促，打造发展的系统优势和综合效益。北京市打造数字政府，在企业信用监管、冷链物流、园区固废处理等多场景应用数字技术和区块链技术；天津探索多元化社会共治，推动企业自治、行业自律，建立政务诚信评价机制，支持行业和企业对政府履职情况进行监督。

（三）提高利用外资水平

一是加强投资领域对外开放。落实外资准入负面清单，会同有关部门推动落实负面清单以外领域限制措施清理工作，严格落实"非禁即入"，促进实现市场准入内外资标准一致。二是扩大鼓励外商投资范围。经国务院批准，发布《鼓励外商投资产业目录（2022 年版）》，鼓励类条目增加 20% 以上。三是提升服务保障质效。2020 年在外贸外资协调机制下，建立重点外资项目工作专班，会同各地方、各部门帮助外资企业解决通关便利、产业链供应链上下游协同、外籍人员往来、要素保障等困难问题，优化京津冀外资企业营商环境。四是完善外商投资企业投诉和权益保护机制。召开外商投资企业投诉工作机制部际联席会议地方专题会，指导北京、天津、石家庄等城市进一步完善工作机制和有关制度，及时有效协调处理外商投诉事项，保护外资企业合法权益。五是支持国家级经开区开放创新和协同发展。推动京津冀地区国家级经开区成立京津冀三地国家级经开区优化营商环境改革创新合作联盟，支持三地国家级经开区轮流举办交流活动。

（四）支持外贸创新发展

一是促进货物贸易转型发展。在京津冀地区认定42家外贸转型升级基地，涉及机电产品、农产品、医药等行业，进一步夯实外贸产业基础。支持北京、天津、石家庄、雄安新区等7个京津冀地区跨境电商综试区建设，促进外贸新业态新模式发展。二是支持服务贸易集聚发展。与相关部门联合印发《"十四五"服务贸易发展规划》，提出打造京津冀服务贸易集聚区，抓住疏解北京非首都功能"牛鼻子"，推进数字贸易、金融服务、教育服务、专业服务等领域深化改革开放，促进京津冀服务贸易协同发展。三是指导地区探索创新发展机制。指导支持北京、天津、雄安新区和石家庄全面深化服务贸易创新发展试点，在服务贸易改革开放创新发展方面先行先试。北京构建数据跨境安全管理机制、石家庄打造生物医药知识产权全链条保护和运用体系等多项实践案例在全国复制推广。四是培育拓展服务外包和特色服务贸易。指导北京和天津服务外包示范城市加快服务外包转型升级。先后在京津冀地区认定文化、中医药、数字、知识产权、地理信息、人力资源和语言服务等领域服务出口基地21家，指导基地因地制宜拓展特色服务出口。北京天竺综保区、中新天津生态城、北京中关村软件园等多个基地的创新实践案例在全国推广。

（五）推进商贸物流协同发展

一是推进京津冀商贸物流标准化建设。2014—2016年，会同财政部安排中央财政资金支持包括京津冀在内的商贸物流企业，开展商贸物流标准化试点，推动标准托盘推广应用和循环共用。先后印发《商贸物流标准化专项行动计划》

和《关于推广标准托盘发展单元化物流的意见》，及时总结京津冀在内的商贸物流企业典型经验做法，加大宣传推广力度，带动各地加快商贸物流标准化步伐，有关工作取得积极进展。截至 2022 年底，全国标准托盘保有量达 6 亿片，标准托盘使用率达 35%，重点商贸领域托盘标准化率达 75%。二是印发《京津冀商贸物流协同发展规划》。2016 年，商务部会同国家发展改革委、交通运输部印发《京津冀商贸物流协同发展规划》，精准定位三地商贸物流功能，基本建成京津冀设施互联互通、功能衔接互补、运营高效便捷的商贸物流体系。三是实施商贸物流高质量发展专项行动。2021 年，商务部等 9 部门印发《商贸物流高质量发展专项行动计划（2021—2025 年）》，支持京津冀等重点区域探索建立商贸物流一体化工作机制，提高区域物流资源集中度和商贸物流总体运行效率。四是支持河北省打造商贸物流基地。2023 年，商务部与海关总署、河北省人民政府共同主办中国·廊坊国际经济贸易洽谈会，发布《中国商贸物流发展报告（2022 年）》，集中展示我国商贸物流发展成果，召开商贸物流高质量发展研讨会，为京津冀商贸物流协同发展搭建交流平台。

（六）深化农村现代流通体系建设

一是开展电子商务进农村综合示范。2014 年以来，持续支持包括京津冀在内的省市开展电子商务进农村综合示范，聚焦贫困地区，深入建设和完善农村电子商务公共服务体系，培育农村电子商务供应链，促进产销对接，助推脱贫攻坚和乡村振兴。截至 2023 年底，共支持京津冀三省市 77 个县建设县级电子商务服务中心 77 个、县级物流配送中心 74 个、村级服务网点近 1.8 万个。二是推动县域商业体系建设。2022 年以来，持续实施县域商业建设行动，引导、支持包括京津冀在内的省市以县乡村商业网络体系和农村物流配送"三点一线"为重点，加快补齐农村商业设施短板，引导商贸流通企业转型升级，推动县域商业高质量发展。截至目前，共支持京津冀新建或改造县城综合商贸服务中心 60 个、乡镇商贸中心 684 个、村级便民商店 5281 个。在工作推进过程中，涌现出一批"河北净菜进京"等品牌工程，为京津冀农村市场协同发展提供了良好示范。

（七）推动京津冀区域市场一体化

一是健全协同发展机制。京津冀商务主管部门签署《深化京津冀区域市场一体化商务发展合作协议》，建立商务领域合作机制，成立京津冀协同发展商务专题工作组。二是疏解北京非首都功能。北京市累计疏解提升 993 个市场和物流中心，涉及从业人口 55 万人，商户 16.5 万户，实现了疏解市场的动态清零。三是推进商贸物流一体化。京津冀联合制定京津冀商贸物流规划，编制京津冀商贸物流发展指数，推动托盘等标准化物流载具，在京津冀跨区域循环共用。推进口岸合作和通关监管一体化，推出国际贸易单一窗口"京津冀协同服务专区"，提高通关效率。四是建立消费联动机制。推进北京、天津国际消费中心城市建设，共同举办"京津冀消费季"消费活动，设计商旅文消费场景，提振京津冀消费整体吸引力。五是保障首都生活必需品供应。建立环首都 1 小时鲜活农产品物流圈，建立 115 家环京蔬菜生产基地，推进"河北净菜"进京，促进绿色物流、绿色消费、农民增收，保障首都农产品供应。

（八）促进国际交流合作

一是推动中日、中韩地方层面经贸合作。支持北京推进国际交往中心建设工作，发挥中日创新合作机制作用，积极支持北京中日创新合作示范区建设，打造线上线下中日企业合作平台。在泛黄海中日韩经济技术交流会机制项下促进对京津冀地区合作。二是促进中欧开展经贸合作。与俄罗斯经济发展部组织编写"一省一册"和"一州一册"经贸合作资料，北京、天津、河北编写的"一省一册"已列入首批成果并发往俄方；推动河北省与奥地利蒂罗尔州缔结友好省州关系，加强冬季运动产业合作；协调中欧企业联盟与天津市建立联系，组织联盟成员企业赴津交流座谈。

二、下一步工作安排

（一）打造高能级对外开放平台

深入实施自贸试验区提升战略，支持三地自贸试验区深化协同创新，加强合作联动，努力打造优势互补、各具特色、互促共建的协同发展格局，为推动京津冀协同发展向更高质量、更深层次、更广领域迈进探索新路径、积累新经验。落实深化北京服务业扩大开放示范区方案，对标国际高标准经贸规则，研究推出天津等试点省市新一批试点措施，打造服务业开放发展沃土，引进更多标志性项目。加大制造业引资力度，积极推进京津冀地区国家级经开区创新提升。

（二）推动对外贸易高质量发展

依托外贸转型升级基地、跨境电商综试区等平台，多措并举打造特色产业聚集区，加快发展外贸新业态新模式。继续指导京津冀地区完成全面深化服务贸易创新发展试点，推动服务外包转型升级，高质量建设有关特色服务出口基地，鼓励更多符合条件的文化贸易企业申报国家文化出口重点企业和项目。

（三）积极引导外资投向

推动合理缩减外资准入负面清单，实施好《鼓励外商投资产业目录》、制造业引资和外商投资研发中心支持政策，支持京津冀地区提升利用外资水平，加快产业升级。通过办好外资企业圆桌会议、协同联动研究解决企业困难问题，强化服务保障，稳定外商投资预期。

（四）加快京津冀区域市场一体化进程

围绕"一体化"和"高质量"两个关键词，着力推动京津冀商品和服务市场统一，建设现代流通体系，打造消费新增长极和对外开放新高地，为全国统一大市场建设积累经验。

（五）持续实施县域商业建设行动

支持包括京津冀在内的区域加强县级物流配送中心和乡镇快递物流站点等农村物流基础设施建设，健全县乡村物流配送体系，不断完善县域商业网络。拟会同中央网信办等部门印发《关于推动农村电商高质量发展的实施意见》，促进电商与农村一二三产业深度融合，畅通城乡经济循环，助力农民增收和农村消费。

（六）继续推进京津冀商贸物流协同发展工作

指导京津冀商务主管部门加快标准托盘等物流载具推广应用，支持河北省办好廊洽会，完善京津冀融合联动、协同高效的商贸物流体系，为京津冀协同发展提供有力支撑。

（七）深化服务贸易开放创新

支持京津冀地区复制推广全面深化服务贸易创新发展试点经验，推动服务外包转型升级，高标准建设服务外包示范城市，高质量建设有关特色服务出口基地，鼓励更多符合条件的文化贸易企业申报国家文化出口重点企业和项目。

（八）扎实开展国际合作

指导京津冀地区持续推进高质量实施 RCEP 有关工作，继续支持京津冀地区根据实际情况对标 CPTPP 和 DEPA 等高标准经贸规则。继续用好对日、韩经贸合作机制和泛黄海中日韩经济技术交流会机制等平台，支持京津冀地区开展对日、韩等经贸合作。支持北京市昌平区"未来科学城"加强对欧合作；继续推动河北省与奥地利蒂罗尔州深化在经贸、环保、冬季运动领域的合作。

（商务部）

持续推动文化和旅游高质量发展
助力京津冀协同发展

近年来，文化和旅游部坚持以习近平新时代中国特色社会主义思想为指导，深入贯彻落实习近平总书记关于京津冀协同发展的重要讲话和指示批示精神，持续推动文化和旅游高质量发展，助力京津冀协同发展。

一、工作进展和成效

（一）京津冀艺术创作生产水平不断提升

将京津冀协同发展作为"十三五""十四五"时期艺术创作重点，纳入有关艺术创作规划，组织创作排演有关艺术作品。文化和旅游部联合京津冀三地首次以跨区域协同方式举办第十三届中国艺术节，通过开展艺术评奖、特邀剧目展演等多项主体活动，带动京津冀三地开展品牌文化展演、艺术普及展览、特色文旅线路推介、文艺评论研讨等 10 项联动及线上活动，汇集全国 78 家文艺院团、112 个基层文艺团体近 2 万名文艺工作者，荟萃 84 台舞台艺术精品、145 部群众文艺佳作、32 个合唱团和 1007 件美术、书法篆刻、摄影作品，3.53 亿群众以各种形式参与，开启了文艺服务国家区域发展重大战略的成功尝试，有力促进了区域文艺发展与交流。文化和旅游部直属文艺院团通过合作共建、建立分部、设立创作舞美基地等方式与京津冀文艺院团加强合作，促进优质艺术资源共享。京津冀地区推出的昆曲《红楼梦》、评剧《母亲》、舞剧《天路》《五星出东方》等作品喜获文华大奖，话剧《喜相逢》、京剧《嬴驷与商鞅》、大型交响乐《炎黄风情》、民族管弦乐《大运河》、歌剧《山海情》等入选文化和旅游部重点艺术创作生产扶持工程。

（二）京津冀文物和非物质文化遗产保护传承水平进一步提高

北京市编制《北京博物馆之城建设发展规划（2023—2035）》。北京首都博物馆"纪念北京建都 870 周年特展"、河北李大钊纪念馆"李大钊家风展"、天津博物馆"运河、城市、人家——天津运河文化展"等入选"弘扬中华优秀传统文化、培育社会主义核心价值观"推介项目。文化和旅游部指导京津冀地区科学应对华北地区极端降雨天气，做好受灾文物应急处置和灾后评估修缮工作。指导北京市、河北省文物部门编制灾后重建文物古迹专项规划，推动将文物保护纳入灾后重建整体框架。支持京津冀开展"文化和自然遗产日"非遗宣传展示系列活动，参加中国非物质文化遗产博览会、对口援疆 19 省市非遗展、"文化进万家——视频直播家乡年"等重点非遗宣传展示活动。拨付经费推动京津冀传统工艺类非遗项目保护传承，支持相关院校参与中国非遗传承人研修培训计划。举办京津冀非物质文化遗产联展，以"中轴线""大运河"等为地理轴线串联京津冀非遗项目。支持京津冀非遗项目、传承人参加全国重大非物质文化遗产宣传展示活动。

（三）京津冀公共文化服务体系建设成效显著

北京朝阳区、天津和平区、河北秦皇岛市等 12 个市（区）创建为国家公共文化服务体系示范区。推动文化馆图书馆总分馆制建设，北京、天津、河北已经建立文化馆图书馆总分馆制的县（市、区）分别为 16 个、16 个、164 个；文化馆分馆数量分别为 368 个、257 个、1743 个；图书馆分馆数量分别为 431 个、311 个、1960 个。文化和旅游部指导京津冀加强公共数字文化建设，推进智慧图书馆、公共文化服务云建设，三地全民阅读和全民艺术普及数字化服务水平不断提升。特色群众性文化活动丰富多彩，北京市的群舞《两室一厅》、广场舞《一起向未来》，河北省的群舞《人民英雄纪念碑》，天津市的小品《疫"懂"的心》等喜获第十九届群星奖。在北京石景山区成功举办全国广场舞大会，在天津滨海新区圆满举办广场舞展演活动等。

（四）京津冀文化和旅游深度融合发展取得新进展

文化和旅游部编制出台《"十四五"文化产业发展规划》，明确推动京津冀文化产业群发展工作举措，支持京津冀三地创新文化产业协同发展机制，促进资源产业对接、平台项目共建、要素市场一体化发展。印发《京张体育文化旅游带建设规划》，召开京张体育文化旅游带建设联席会议，指导举办第三届京张体育文化旅游带发展论坛，强化京津冀地区之间、部门之间的协作。实施京津冀重大产业项目带动战略，在天津举办文化和旅游产业专项债券及投资基金融资对接交流活动，支持京津冀20个文化和旅游项目纳入文化和旅游领域设备更新改造贷款财政贴息备选项目名单。持续激发文化和旅游消费潜力，河北廊坊市被评为国家文化和旅游消费示范城市，北京东城区、天津和平区、河北石家庄市等15个城市被确定为国家文化和旅游消费试点城市。北京东城区前门大街、天津和平区五大道、河北石家庄市正定古城街区等32个项目被确定为国家级夜间文化和旅游消费集聚区。京津冀三地不断深化文化和旅游宣传推广合作，推动三地旅游互为资源、互为市场，共同构建宣传推广体系、联合营销体系、精品线路体系，推动三地共同办好旅游发展大会、旅游产业博览会、京津冀露营大会等。十年来，京津冀地区共建成8家国家5A级旅游景区、2家国家级旅游度假区、10家国家工业旅游示范基地、35个全国红色旅游经典景区、15个国家级旅游休闲街区、4个国家文化产业和旅游产业融合发展示范区建设单位。

（五）京津冀长城、大运河国家文化公园建设初见成效

文化和旅游部编制实施长城国家文化公园建设保护规划及实施方案，推进长城国家文化公园重大项目建设，京津冀三地签署了《全面加强京津冀长城协同保护利用的联合协定》。推动建立行政区域边界处长城保护重大问题协商协作机制，三地共同制定实施相关长城点段保护计划。编制发布《长城主题精品线路路书》，推出长城文化遗产探访之旅等8条国家级旅游线路及14条长城元素精品路线。会同中央广电总台推出《直播长城》，展现三地国家文化公园建设成果。在联合国教科文组织第44届世界遗产大会上，中国长城获评世界遗产保护管理示范案例。指导三地编制大运河文化保护传承利用实施规划、大运河国家文化公园建设保护规划等，推动大运河国家文化公园重大项目建设。拍摄和播出电视专题片《大运河之歌》，对京津冀段的运河历史、运河风光、工作成就等予以重点展示宣传。

二、下一步工作安排

下一步，文化和旅游部将深入贯彻落实习近平总书记关于京津冀协同发展的重要讲话和指示批示精神，按照《京津冀协同发展规划纲要》等文件要求，继续推进京津冀地区在文化和旅游领域的协同发展。

一是持续提升京津冀艺术创作演出展示水平。围绕京津冀协同发展战略实施十周年这一重大时间节点，组织和发动有关文艺工作者深入京津冀地区采风创作，推出优秀主题作品。继续加强与京津冀的艺术交流。鼓励部直属文艺院团通过合作共建、建立创作舞美基地等方式与京津冀加强合作，共享优质艺术资源。继续在编剧、导演、戏曲表演、声乐、文艺院团管理领军人才培养计划等人才培养项目中，支持京津冀艺术人才培养。

二是持续加强京津冀文物和非遗保护利用能力建设。支持京津冀文物灾后保护修缮工作和防灾减灾救灾能力提升。支持京津冀文物鉴定机构加强区域交流和业务合作，建设京津冀区域文物鉴定中心。支持京津冀地区深入实施中国传统工艺振兴计划，参与中国非遗传承人研修培训计划。支持京津冀非遗项目及传承人参加全国性重点非物质文化遗产宣传展示活动。举办京津冀非物质文化遗产联展、曲艺邀请赛、京东大鼓书会等活动。持续推进京津冀非遗助力乡村振兴工作，提升非遗工坊建设水平，推动非遗与旅游融合发展。

三是持续健全京津冀公共文化服务体系。指导京津冀推进文化馆图书馆总分馆制建设，创新拓展城乡公共文化空间，引导政府和社会力量共同参与新型公共文化空间建设。支持京津冀举办"四季村晚"、广场舞、群众歌咏等群众性文化活动。支持京津冀组织实施全国智慧图书馆体系建设项目、公共文化云建设项目，进一步提升公共数字文化服务水平。

四是持续推动京津冀文化和旅游深度融合发展。推进京津冀数字文化产业发展，打造数字文化产业发展集聚区。实施重点重大文化和旅游项目建设，开展文化和旅游投融资促消费活动。支持京津冀开展文化产业赋能乡村振兴试点工作，建设国家对外文化贸易基地。支持京津冀继续开展国家文化公园、建设高等级旅游景区、旅游度假区、旅游休闲街区、滑雪旅游度假地、全国乡村旅游重点村镇等创建工作，持续推动京津冀三地文化产业和旅游产业深度融合发展。

（文化和旅游部）

十年行动强化优质服务共建共享
推动京津冀医疗卫生协同发展

京津冀协同发展战略实施十年来，国家卫生健康委认真贯彻落实党中央、国务院决策部署，紧抓疏解北京非首都功能"牛鼻子"，统筹规划京津冀医疗卫生资源配置，以城市发展规划和人口分布为导向，以一批重大政策、重大工程和重大项目为抓手，积极谋划、主动作为，充分发挥在京国家卫生健康委、国家中医药局属（管）医院（以下简称"委在京医院"）示范引领和辐射带动作用，稳妥有序推进卫生健康领域北京非首都功能疏解，推动京津冀医疗卫生协同发展和雄安新区卫生健康事业发展。

一、工作进展和成效

（一）加强政策引领，提供支撑保障

认真贯彻落实《京津冀协同发展规划纲要》，制定印发京津冀医疗卫生协同发展规划、推进委在京医院医疗资源疏解方案、实施方案及配套政策等文件，为推动疏解项目落地实施和京津冀医疗卫生协同发展提供政策保障。在北京市、河北省人民政府支持下，指导委在京医院疏解项目在冀分院区与主院区一体化管理、同质化发展。指导京津冀三地卫生健康部门认真落实有关要求，出台配套政策文件，全力推进各项工作落实，推动京津冀医疗卫生协同发展。

（二）稳妥有序推进疏解项目进展，促进优质医疗资源扩容和区域均衡布局

一是推进委在京医院医疗资源向雄安新区疏解转移取得阶段性进展。北京大学人民医院雄安院区项目于 2023 年 11 月正式开工建设，北京协和医院国家

医学中心（雄安院区）建设项目有序推进，对后续疏解项目落地实施起到示范引领作用，也标志着卫生健康领域北京非首都功能向雄安新区疏解工作迈出坚实一步。二是向京外其他疏解项目规范落地。按照公立医院分院区管理要求和北京市、河北省有关合作共管要求，中国医学科学院肿瘤医院在河北省廊坊市设置非独立法人的廊坊院区，已于 2023 年 12 月底开诊试运行，提供与北京主院区均质化医疗服务，将有效提升区域整体肿瘤诊疗服务能力，更好地服务人民群众健康需求。三是加快推进北京市属医疗卫生重大疏解项目规划建设。"十三五"以来，先后实现首都医科大学附属北京天坛医院迁建、首都医科大学附属北京同仁医院亦庄院区扩建，北京积水潭医院新龙泽院区、首都医科大学附属北京朝阳医院东院区、北京大学第一医院大兴院区等开诊运行。建成运行首都医科大学附属北京友谊医院通州院区、北京大学人民医院通州院区、北京中医药大学东直门医院东区扩建工程。目前正在加快推进首都医科大学附属北京友谊医院顺义院区、首都医科大学附属北京口腔医院迁建、首都医科大学附属北京儿童医院新院区等北京市属医疗卫生重点疏解项目规划建设。四是支持京津冀地区国家区域医疗中心项目建设。截至 2023 年底，共批复北京大学第三医院崇礼院区、北京大学第三医院秦皇岛医院、首都医科大学宣武医院河北医院、首都医科大学附属北京儿童医院保定医院、中国中医科学院广安门医院保定医院、北京中医药大学东方医院秦皇岛医院、北京大学人民医院石家庄医院和天津市肿瘤医院秦皇岛医院等八个国家区域医疗中心建设项目，并已累计落实中央预算内投资 22.4 亿元支持相关项目建设。五是推进京津冀中医药区域合作取得新成效。2014 年以来，累计安排中央预算内投资 1536 万元支持京津冀中医药领域相关项目建设，辐射带动区域中医专科服务能力提升。十年间，河北省 66 家二级以上中医医院持续与京津开展合作，合作项目累计超 240 个，25 家京津医院与河北相关中医医院建立96 个中医药专科联盟。截至 2022 年底，京津冀地区共有 626 家中医类医院（含中西医结合医院、少数民族医院），较 2014 年增加 207 家，增长率达到49.4%，京津冀三地中医类医疗机构总诊疗量合计 9154.97 万人次，较 2014年增加 1550.50 万人次，增长率达到 20.4%。

（三）巩固完善工作机制，推进京津冀地区医疗资源共建共享

一是指导京津冀三地卫生健康部门共同推进京津冀地区医疗机构检查检验结果互认工作。截至 2023 年底，已有 50 项临床检验项目在三地 685 家医疗机构实现互认（北京 284 家、天津 89 家、河北 312 家），30 项医学影像检查项目在三地 503 家医疗机构实现互认（北京 135 家、天津 73 家、河北 295 家），有效提升三地医疗机构技术、服务和管理同质化水平，提高医疗资源利用率，改善群众就医感受。二是持续加强河北重点地区与京津医疗卫生合作。深入推进北京市通州区与河北省廊坊北三县一体化高质量发展，持续组织首都医科大学附属北京安贞医院、首都医科大学附属北京友谊医院、首都医科大学附属北京潞河医院等在京高水平医院对口支持廊坊北三县。京冀两地卫生健康部门和廊坊市人民政府联合签署《关于支持廊坊北三县医疗卫生服务能力提升合作框架协议》，共同研究完善北京医疗卫生资源与廊坊北三县合作实施方案并印发实施。京冀两地卫生健康部门与张家口市人民政府先后签署三轮京冀张医疗卫生协同发展框架协议，推动张家口市第一医院与首都医科大学附属北京天坛医院、首都医科大学附属北京安贞医院、首都医科大学附属北京朝阳医院合作共建脑科、心脏、呼吸三个重点专科。三是积极探索"一地一特色"的京津冀中医药协同发展新路径，2016 年、2018 年廊坊市人民政府、衡水市人民政府先后与北京市中医管理局实施"京廊 8·10 工程"和"京衡名片工程"，两地持续深化合作，加强示范引领。四是加强河北省县级医院能力建设。持续开展三级医院对口帮扶县级医院工作，组织京津冀三地共 54 家三级医院对口帮扶河北省 94 家县级医院，组织实施"千县工程"县医院综合能力提升工作，将河北省 65 家县医院纳入"千县工程"县医院综合能力提升名单。截至 2023 年，河北省超过 93% 的县医院达到了二级及以上医院能力，其中超过 40% 的县医院达到了三级医院能力。五是完善京津冀疫情联防联控工作机制，提升医学救援能力和水平。2014 年京津冀三地建立卫生应急合作机制以来，国家卫生健康委指导京津冀三地开展七次联合应急演练，进一步加强区域间医疗应急的紧密合作、资源互享、信息互通和优势互补，切实提高三地应急处置和防控救治能力，共同提升应对各类突发事件的医学救援能力和水平。北京大学人民医院、

首都医科大学附属北京积水潭医院、天津市人民医院、河北医科大学第三医院四个单位纳入国家紧急医学救援基地项目储备库，并已累计落实中央预算内投资 5.93 亿元支持相关项目建设。

（四）持续推动医养结合发展和妇幼健康服务能力建设

一是加大医养结合工作指导力度。截至 2023 年 6 月，京津冀三地共有具备医疗卫生机构资质并进行养老机构备案的医养结合机构 800 余家，医疗卫生机构与养老服务机构建立签约合作关系 4300 余对。二是强化医养结合试点示范工作。2016 年，国家卫生健康委确定京津冀地区共十个市（区）为国家级医养结合试点单位。开展老龄健康医养结合远程协同服务试点工作，将京津冀 54 家医养结合机构纳入试点，为老年人提供远程医疗、慢病管理等便利服务。三是提升医养结合服务能力和水平。组织实施全国医养结合人才能力提升培训项目，2020—2023 年共培训京津冀 7000 多名医养结合机构从业人员。四是持续实施妇幼保健机构能力建设项目。2014 年以来，累计落实中央预算内投资 4.7 亿元支持京津冀 53 个省－市－县级妇幼保健机构建设，为持续提升妇幼保健服务能力夯实基础。安排中央财政补助资金支持京津冀三地 29 个县级妇幼保健机构设备配备、人才队伍建设等，着力提升基层综合服务能力。五是协调实施省域妇幼健康"大手拉小手"行动。支持京津冀三地省级妇幼保健机构完善"云上妇幼"远程医疗平台，在依托平台开展远程培训、远程指导、远程会诊和在线转诊的基础上，拓展远程超声诊断等业务支撑功能，促进妇产科、儿科优质医疗资源下沉基层。

（五）提升京津冀地区新药研制水平，中医药科技创新不断发展

一是"重大新药创制"科技重大专项实现新突破。2014 年以来，新药专项累计支持京津冀地区相关课题 300 余项，资助课题覆盖创新药物品种研发、药物大品种改造、技术平台建设、企业孵化基地和关键技术研究等领域。在新药专项支持下，京津冀地区项目承担单位已获批上市 1 类创新药 8 个、中药创新药 3 个。其中，由我国企业自主研发的我国原创抗癌新药泽布替尼获美国食品药品监督管理局（FDA）批准上市，实现了国产创新药成功进入国际主流医药市场的零突破；我国企业自主研制的新药马来酸左旋氨氯地平也获 FDA 批准上市。京津冀地区企业创新技术平台的建设显著提升，形成生物医药产业集群，助力区域经济发展和产业转型升级。二是促进中医药科技创新发展。中国中医科学院、天津中医药大学纳入全国重点实验室，在京津冀地区布局 45 个国家中医药局重点研究室、8 家国家中医药传承创新中心、9 家国家中医临床研究基地，推动开展京津冀地区科技项目协同研究，切实提升中医药科技创新能力水平。支持京津冀地区相关单位实施中药创新能力提升项目，对珍芪颗粒、苍萸止泻贴等 13 个医疗机构制剂、名老中医经验方、医院协定方开展人用经验收集并探索建立管理机制，提升中药创新能力。三是推进中医药精华传承。支持京津冀地区 11 家单位建设中药炮制技术传承基地，组织开展相关培训，支持河北中医药大学开展古籍数字图书馆建设。

（六）全力支持雄安新区卫生健康事业发展

一是持续加强对雄安新区医疗卫生机构的帮扶工作。2018 年以来，京津冀三地卫生健康部门与河北雄安新区管委会共同签署两轮《支持雄安新区医疗卫生事业发展合作框架协议》，充分发挥三地医疗卫生资源作用，提升雄安新区医疗卫生服务能力。自雄安新区设立以来，三地派出 682 名专家级医务人员对口帮扶新区医疗卫生工作，累计门诊量 28 万余人次、收住院 2.8 万余人次、手术 1.7 万余台次，参与建设新区级重点学科（专科）15 个，组织培训 7.1 万余人次，有力提升新区医疗服务能力和水平，让新区群众在家门口就能享受京津冀高水平医疗服务。二是雄安宣武医院于 2023 年 10 月 16 日顺利实现开诊，有力提升雄安新区的承载力和吸引力，为北京非首都功能疏解提供强大医疗支撑保障，对推动雄安新区卫生健康事业发展具有重要作用。

二、下一步工作安排

（一）持续推进卫生健康领域北京非首都功能疏解工作

一是围绕疏解工作相关的目标任务，不断完善工作机制，加快推进标志性疏解项目建设，有序推动委在京医院疏解项目进展。二是持续加快推进北京市属医疗卫生重大疏解项目规划建设，促进北京市优质医疗资源合理布局。三是协调配合做好疏解医院机构设置、编制和经费保障、人员薪酬待遇等工作，确保卫生健康领域疏解支持政策落地实施。

（二）支持京津冀医疗卫生合作共建

一是统筹指导推动重点区域医疗卫生合作，持续组织北京市属医疗卫生机构开展对口支持合作，推动落实京津冀雄、京冀张等医疗卫生协同发展框架协议。二是稳步推进国家区域医疗中心项目建设，加强评估指导，推动实现优质医疗资源在京津冀地区扩容共享和区域均衡布局。三是完善京津冀医疗卫生政策协同，进一步推动检查检验结果互通共享，持续将符合条件的医疗机构纳入共享互认范围。四是进一步推进京津冀地区紧密型城市医疗集团建设试点，加快完善以医联体为载体的分级诊疗体系。五是指导三地稳步推进环京津医养结合，探索建设京津冀医养结合机构联盟及联合体。加强二级及以上公立综合性医院老年医学科规范化建设，扩大老年医学人才培养。

（三）推进京津冀公共卫生协调联动

持续支持指导京津冀地区加强国家突发紧急性传染病防控队伍规范化管理和基本传染病应急小分队管理使用。指导三地开展本地传染病疫情应急预案编制工作，强化区域联合传染病疫情应急演练，加强情景构建。

（四）支持雄安新区卫生健康事业高质量发展

一是积极对接沟通有关部委、河北省卫生健康委、雄安新区管委会等有关单位，为委在京医院疏解项目落地新区提供政策支持和体制机制保障。二是持续做好京津冀三地医疗卫生机构支持帮扶新区工作，指导京津冀三地卫生健康部门督促帮扶医疗卫生机构深度开展对口帮扶。三是指导首都医科大学宣武医院继续做好雄安宣武医院办医支持和全面运营，推进雄安宣武医院二期项目建设。

（国家卫生健康委）

强化重大风险防范救援处置
助力京津冀高质量协同发展

一、京津冀协同发展战略实施十年来有关工作进展

（一）持续推动京津冀地区强化重大安全风险防控

一是不断深化重大事故隐患排查整治。督促京津冀地区认真开展安全生产专项整治三年行动和重大事故隐患专项排查整治 2023 行动，切实消除一批重大隐患，形成一批制度成果，事故总量和较大事故持续下降，重特大事故有效遏制，京津冀地区安全生产整体水平明显提高。二是推动全力防范化解危险化学品重大安全风险。组织对京津冀地区 5 个危险化学品重点县、4 个化工园区、140 家危险化学品企业开展十轮专家指导服务，共排查整治隐患 4613 项。自 2021 年起推动京津冀地区每年开展 2 轮危险化学品重大危险源企业"消地协作"督导检查，排查整治隐患近 8 万项。推动京津冀地区认定公布的 40 家化工园区安全风险降至一般或较低风险等级。2023 年以来，推动京津冀地区对 151 套化工老旧装置、河北沧州对 3 个连片区 96 个储罐开展安全排查整治。指导京津冀地区 67 家中小型油气储存基地开展安全风险评估，排查整治各类问题隐患 792 项。三是助力提升安全风险信息化智能化管控能力。2019 年完成全国危险化学品安全生产风险监测预警系统建设投用，指导推动京津冀地区借助监测预警系统开展线上巡查抽查，督促 483 家危险化学品企业 1621 处重大危险源开展双重预防机制数字化建设应用提升工作，推动企业强化安全生产主体责任落实。推动京津冀地区 32 家大型油气储存企业推进智能化管控平台建设，提升安全风险管理效能；商财政部下拨财政资金 1.05 亿元支持河北省 6

个重点化工产业聚集区开展重大风险防控项目建设。指导北京市通州区、河北雄安新区等积极创建国家安全发展示范城市，出台《关于推动雄安新区公共安全治理模式向事前预防转型 创建国家安全发展示范城市的指导意见》，切实提升城市重大风险防控能力。四是加强考核巡查和事故督办。充分发挥国务院安委会办公室督促指导、统筹协调职能作用，自2018年以来，持续开展省级政府年度安全生产和消防工作考核巡查，有力推动京津冀各级党委政府和有关部门压紧压实责任。对天津港"8·12"瑞海公司危险品仓库特别重大火灾爆炸、河北张家口盛华化工公司"11·28"重大爆燃、河北沧县废弃冷库拆除工程"3·27"重大火灾、北京长峰医院"4·18"重大火灾、天津蓟州金江瑞泰公司"8·22"燃气燃爆等事故查处实行挂牌督办，指导地方做好善后处置和事故调查工作，举一反三强化重点行业领域隐患排查整治。

（二）指导京津冀地区加强自然灾害防治

一是指导加强全国自然灾害综合风险普查。协调财政部下拨自然灾害风险普查经费1761万元，支持京津冀地区开展自然灾害普查评估与区划工作。跟踪指导北京市西城区、天津市滨海新区、河北省雄县和宁晋县开展普查成果应用试点工作，形成一批可复制可推广可落地的经验做法。完成京津冀地区11万人的灾害风险隐患信息报送队伍摸底和更新入库工作。二是指导开展灾害综合风险会商研判和监测预警工作，将京津冀地区纳入全国月、周、日灾害综合风险研判重点对象，全面指导河北省、雄安新区等做好灾害综合风险应对等工作。国家自然灾害综合监测预警平台在国家应急指挥总部综合风险监测预警大厅运行后，组建工作组赴河北指导省应急管理厅、雄安新区应急管理局等开展国家平台试用。三是强化汛前准备和汛情应急处置。每年汛前组织核定京津冀防汛抗旱行政责任人，督促落实各级包保责任，推动责任体系延伸到基层。每年汛期，加密组织中国气象局、水利部等单位联合会商，滚动研判汛情发展，及时提醒京津冀地区提高警惕，做好防范。四是强化森林草原火灾风险防范化解工作。推动河北省印发《塞罕坝森林草原防火条例》，明确塞罕坝林场及周边森林草原火灾防控职责；联合四部委印发《关于深入落实习近平总书记视察塞罕坝林场时的重要指示精神 切实加强旅游景区森林草原防灭火工作的通知》，建立健全森林草原防灭火责任制，编密扎牢火灾防控网络，并协调国家消防救援局河北机动队伍 100 人靠前驻防赛罕坝。支持森林防火领域科技创新平台、信息化建设、装备转型升级等试点项目落地雄安新区，指导雄安新区防火公园建设，推动落实森林火灾事前预防有关基础工作。在党的二十大、建党 100 周年、北京冬奥会等重大活动期间，成立专项工作组常态化开展专项督查，及时发现火灾隐患，有力开展问题整改，确保活动期间首都周边"不冒烟、不起火"。在 2020 年北京房山、平谷、延庆"3·18"森林火灾和 2023 年河北涞源"3·9"森林火灾处置中，协助当地高效处置。五是深化灾害复盘和灾后重建。积极做好以京津冀为重点的华北地区灾后恢复重建工作，配合起草《关于全面加强京津冀等北方地区防洪排涝抗灾基础设施建设的意见》。积极商财政部 4 次预拨中央自然灾害救灾资金 14.8 亿元，支持京津冀地区防汛抢险救灾；会同国家粮食和储备局向京津冀地区调拨中央防汛抢险物资价值 8706.56 万元。六是强化震情分析研判和联防联控。协同推进京津冀地震预警一体化建设，出台《京津冀紧急地震信息发布技术约定》和《京津冀地震预警台网试运行约定》，形成京津冀地区秒级地震预警和分钟级烈度速报能力。健全京津冀地震部门联合震情跟踪与会商研判机制，加强京津冀地区地震观测资料共享，联合开展重大异常核实，每周开展联合会商，动态研判震情趋势；建立京津冀地区地震灾害风险联防联控工作机制，动态更新北京、天津、河北三省（市）地震现场应急预置力量。完成雄安新区全域区域性地震安全性评价及京津冀地区高精度地震危险性图编制，为京津冀地区地震灾害风险识别评估、地震地质灾害防治提供有力技术支撑。组织开展"透明地壳"和"重大工程地震紧急处置技术研发与示范应用项目"研究，完成由 830 个宽频带台站组成的密集台阵的科学探测（ChinArray Ⅲ），为京津冀协同发展提供地震科学基础数据支撑；组织研发的燃气地震安全阀门分别安装在唐山市石油家园等 5 个小区的调压站，在 2020 年 7 月 12 日唐山古冶 Ms5.1 级地震中全部自动触发切断，紧急处置成功，发挥了减灾实效。推进京津冀地区地震预警政府规章先后颁布施行，提升京津冀地区地震预警管理法治化水平；联合水利部、国家能源局对京津冀大型水库专用地震监测台网建设运行情况开展专项执法行动，完成 9 个大型水库的行政检查，对 8 个水库提出升级改造专用台网整改要求，水库地震安全水平持续提升。

（三）指导京津冀地区强化消防安全管控

一是强化消防规划顶层部署。根据国务院安委会《"十四五"国家消防工作规划》，部署加强京津冀等区域应急救援协同联动，指导京津冀地区消防部门推动制定省级"十四五"消防规划。二是加强消防法规标准建设。指导推动京津冀地区消防部门在火灾预防、灭火救援、标准规范等方面开展合作，建立协同联动机制。指导北京市出台《北京市单位消防安全主体责任规定》，指导天津市修改《天津市消防条例》，健全消防安全责任体系，持续加强消防末端治理。三是强化消防风险防范化解。围绕消防安全专项整治三年行动、重大事故隐患排查整治 2023 行动，指导京津冀地区消防部门结合当地产业特点和火灾规律，持续推进火灾隐患排查整治。对京津冀交界区域，指导属地消防救援部门强化区域联勤，加大重点场所管控力度。部署京津冀地区消防部门围绕党的二十大、建党 100 周年、北京冬奥会等重大活动，加强指挥调度，强化"一盘棋"严防严控，确保消防安全。四是强化消防救援协调联动。制定《京津冀三省市跨区域消防协作暨灭火救援联勤联调机制》，指导京津冀消防救援队伍围绕"缩短响应时间、协同高效处置"，开展训练、备战、救援、保障一体化建设。建设驻地北京的中国救援队，依托北京、天津等重点城市建立消防救援航空力量，加快区域性训练基地建设，提升区域应急救援实战实训能力。

（四）指导京津冀地区强化应急救援处置能力建设

一是深化区域应急联动机制建设。指导京津冀地区建立健全应急协调联动机制，推动印发《京津冀协同应对事故灾难工作纲要》《京津冀应对危险化学品事故协调联动应急方案》等文件。组织开展"区域应急协调联动机制建设研究"课题研究，深入北京、河北等地组织专家会诊把脉、研提提升建议，研究形成专题报告，为国家层面提供制度性安排提供支撑。二是加快推进重大工程和应急救援专业力量建设。在河北张家口布局华北区域应急救援中心项目，切实提升华北区域重大灾害事故应急救援能力。组建覆盖矿山、危化、海上油气、油气管道等重点行业领域的应急救援队伍 12 支，初步形成京津冀地区高危行业领域国家专业救援力量体系，提升京津冀地区安全生产应急救援能力。三是强化资金支持。推动将位于河北雄安新区和唐山的工程救援队伍纳入国家专业救援队伍建设专项资金支持范围，结合区域风险特点、加强先进适用装备配备。配合有关方面编制《以京津冀为重点的华北地区灾后恢复重建提升防灾减灾能力规划》，并通过增发国债项目支持京津冀灾后恢复重建和提升防灾减灾能力项目建设。

二、下一步工作安排

一是指导督促京津冀地区深入落实安全生产治本攻坚三年行动方案，排查整治重点行业领域风险隐患，大力支持推动有关城市（区）创建国家安全发展示范城市，有效提升重大风险防控能力，坚决遏制重特大事故。

二是进一步加强对京津冀地区监测减灾工作的指导和支持，推进普查成果应用、灾害风险隐患信息报送、灾害综合监测预警、全国综合减灾示范创建等各项工作，指导推动灾害风险管理向事前预防转型。

三是加快京津冀地震监测预警中心建设，进一步健全京津冀地震部门联合震情会商机制，完成京津冀地区地震危险性图试编，开展京津冀地区大震情景构建试点及中国地震科学实验场二期工程（含华北）立项预研工作。

四是组织做好海河流域汛前检查，确保首都核心区、雄安新区等重点地区防洪安全，优化预警与应急响应联动机制，强化力量投送保障，动态修订跨区应急力量投入预案。认真做好以京津冀为重点的华北地区灾后恢复重建工作，继续在中央自然灾害救灾资金中对京津冀地区受灾地区予以支持。

五是加大对京津冀消防部门工作指导力度，加强重大消防安全风险防范和基层消防力量建设，强化消防救援机动队伍跨区域驻防。

六是积极争取国家发展改革委、财政部持续加大资金支持力度，推动应急管理大学、华北区域应急救援中心、国家应急医学研究中心项目加快建设，研究加强国家层面区域应急协调联动机制建设，不断提升京津冀区域应急救援能力。

（应急管理部）

**持续优化京津冀三地金融协作
不断提升京津冀协同发展金融支持质效**

京津冀协同发展战略实施以来，中国人民银行认真贯彻落实党中央、国务院各项决策部署，紧紧围绕金融服务非首都功能疏解，持续强化京津冀三地金融、产业协作，聚焦"一核两翼"建设、产业链协同、交通一体化、民营小微发展、乡村振兴等重点领域加大信贷支持力度，不断优化金融服务水平，金融对京津冀协同发展的支持质效得到全面提升。

一、以跨地区跨部门协作不断提升金融管理水平

（一）统筹推进京津冀三地人民银行管理协同

2016 年 9 月，在人民银行总行指导下，京津冀三地人民银行分行组织成立京津冀协同发展人民银行三地协调机制（下文简称"协调机制"），旨在统

2023 年京津冀协同发展
人民银行三地协调机制
会议

筹人民银行内部资源，加强三地合作，提升跨区域金融工作水平。协调机制的主要职责，是围绕京津冀三地的金融功能定位，引导辖内金融机构做好京津冀产业布局优化调整和重点领域的金融服务，推动金融要素在京津冀区域内有序流动和优化配置。

（二）推动"金融+"跨部门协作

人民银行积极围绕京津冀产业重点承接地区、重点产业发展，积极加强与地方政府、行业主管部门的合作。2017年6月8日，京津冀三地人民银行与唐山市政府联合签订《金融支持唐山（曹妃甸）协同发展构建开放经济新体制金融合作备忘录》，从拓宽企业融资渠道、先行先试政策引入、产业转移和金融服务跟进、金融生态环境建设等方面提出11条具体支持措施。

2021年，三地人民银行与工信部门建立常态化的金融支持京津冀产业协同发展工作机制，综合运用货币政策、产业政策，强化产业协同重点企业金融服务，共同研究储备金融支持产业协同的创新政策措施。2022年，人民银行北京市分行与北京市生态环境保护局签署了合作备忘录，深入拓展在助力减污降碳协同增效、积极应对气候变化、加强生物多样性保护、强化金融支持度经济高质量发展等方面的合作。

二、紧紧围绕京津冀重点领域发展加大信贷支持

截至2023年三季度末，京津冀三地金融机构支持京津冀协同发展融资总额超过2.99万亿元。其中，投向交通一体化领域1.3万亿元、生态环境保护领域4900亿元，产业升级转移4600亿元。三地金融机构紧紧抓住非首都功能疏解这个"牛鼻子"，积极服务"一体两翼"建设，推出"京管云""京津冀协同贷"等各类针对性金融产品，围绕教育、科技、文旅、交通等多个领域，建立京津冀区域跨分行的授信合作机制，共同支持重大项目落地。

（一）支持雄安新区高质量发展

截至2023年末，雄安新区本外币各项贷款余额3263.1亿元，同比增长55.8%，是成立之初的20倍。鼓励引导金融机构为雄安新区大规模建设提供大

规模、中长期贷款支持，截至 2023 年三季度末，雄安新区对内对外连接基础设施建设项目、市政基础设施建设项目、生态保护和环境治理项目等重大建设项目贷款余额近 1400 亿元。积极推动完善雄安新区信贷支持绿色建筑发展有关配套制度，支持雄安新区打造绿色新城，已累计为新区 1200 余栋绿色建筑和 340 余家上下游企业发放贷款 474 亿元，帮助企业节约成本约 1.4 亿元，实现减碳约 50 万吨。

（二）支持京津冀重点产业链和交通一体化发展

三地人民银行联合工信部门、金融机构推出区域性金融协同产品"京津冀产业链金融支持计划"，根据工信部门提供的产业链、核心企业名单合理安排再贷款、再贴现额度，支持产业链企业融资。积极组织金融机构与京津冀交通一体化项目企业开展银企融资需求对接，累计向京张、津保高铁，京唐城际铁路，北京新机场轨道线、天津港等一批京津冀重大交通项目建设投放贷款超 500 亿元。

2021 年 12 月 7 日，京津冀三地人民银行联合工信部门发布"京津冀产业链金融支持计划"并举行签约仪式

（三）持续深化民营小微、乡村振兴金融服务

人民银行持续深化京津冀地区民营和小微企业金融服务，积极推动普惠小微贷款、民营贷款量增面扩。2023 年末，京津冀三地普惠小微贷款余额 22383 亿元，民营贷款余额 56643 亿元。2017 年以来，京津冀三地累计投放支小再贷款超 4700 亿元，支持市场主体户数 34 万余户。着力打造银企对接系统、"智慧小二"金融服务平台、企业融资对接监测分析系统等智慧服务平台，推动银企信息共享，着力解决小微商户信用首贷及融资问题，助力企业贷款落地，在服务本土小微客群的同时，持续带动京津冀地区小微商户发展。2017 年以来，京津冀三

2022 年 10 月 20 日，三地商业银行代表与企业京津冀交通一体化贷款进行签约

"智慧小二"金融服务平台服务小微商户

地累计发放支农再贷款 1505 亿元，支持市场主体户数 97535 户。印发《关于发挥京津冀三地金融协同优势支持河北省脱贫攻坚的意见》（银管发〔2018〕142 号），结合京津冀协同发展战略和乡村振兴战略，发挥三地金融协同优势，采取切实举措助推河北省脱贫攻坚。

三、协力同心持续优化京津冀区域金融服务

（一）持续完善京津冀地区支付服务

人民银行强化协作、主动作为，坚持"两地三区"同一标准，高效推进冬奥支付环境建设，圆满完成冬奥金融服务保障任务。运用金融科技手段，持续

组织召开河北省冬奥会支付服务环境建设座谈会

京津冀三地商业银行联合举行"通银"项目成果发布暨签约仪式

推动支付产业优化升级,搭建全国首个基于区块链技术的对公支付平台——"通银"支付平台,有效解决了地方性法人银行间企业网银到账不及时、不支持扫码支付、不支持单次审批多次支付等行业痛点问题。

（二）不断推进"京津冀征信链"建设

2021年7月,人民银行会同相关地方政府部门启动"京津冀征信链"建设。目前,"京津冀征信链"平台已覆盖辖内99%以上的市场主体,汇聚了行政、工商、司法、电力、电信、知识产权等多个领域共41个大类、276个小类数据。截至2023年末,"京津冀征信链"上链产品调用总量接近2500万笔,依托征信链支持放贷户数超1900万户,形成贷款发放总额超千亿元。

（三）深化京冀联合反假货币工作机制

人民银行针对反假货币工作在京冀两地建立联合宣传、信息共享、协同联

人民银行与京津冀三地政府部门共同见证"京津冀征信链"建设正式启动

"京津冀征信链"征信数据共享和金融应用演示效果图

动机制，以"助力冬奥京冀联合反假货币宣传"活动为平台，建立反假货币联合宣传机制，常态化开展反假货币宣传，为净化货币流通环境创造合适的舆论氛围和社会环境。

（四）优化国库服务实现京津冀跨省电子缴税

为适应京津企业生产经营、项目建设外迁至河北，京津企业在冀缴税业务激增的情况，做好异地企业缴税入库工作，2017年人民银行河北省分行与河北省税务局强化沟通协作，在唐山地区试点开展借助国库信息处理系统实现异地企业跨省电子缴税业务办理，并于同年9月试点成功。在京注册企业可使用其北京地区银行账户将税款直接缴入曹妃甸国库，缴税入库时间由原来的3~11天缩短至1天。目前，试点经验已在河北全省范围内推广，积极推动跨省电子缴税业务扩面增量。

（五）支持京津冀率先开展跨国公司跨境资金池业务试点

为进一步推动资本项目开放，服务实体经济发展，支持北京率先开展跨国公司本外币一体化资金池试点。目前，北京地区已开展两批试点，试点企业共计15家，吸收京津冀等各地区成员企业共计1290家，试点政策在提升跨国公司资金融通效率、节省企业运营成本等方面取得了积极成效。

（人民银行）

充分发挥市场监管职能作用
助力京津冀高质量协同发展

一、相关工作开展情况

市场监管总局深入学习领会习近平总书记关于京津冀协同发展的系列重要讲话精神，在中央区域协调发展领导小组的领导下，充分发挥市场监管职能作用，支持京津冀高质量协同发展。

（一）持续深化营商环境建设

1. 持续深化"证照分离"改革

市场监管总局指导京津冀地区市场监管部门按照《国务院关于深化"证照分离"改革进一步激发市场主体发展活力的通知》（国发〔2021〕7号）要求，在全域范围推行"证照分离"改革，同时，在北京、天津、河北等自贸试验区内进一步加大改革试点力度，推动加快建立简约高效、公正透明、宽进严管的行业准营规则。

2. 不断提升登记注册便利化水平

一是提升登记规范化水平。市场监管总局指导京津冀市场监管部门执行全国统一的登记文书材料规范，按照统一登记业务规范、数据标准和平台服务接口，规范开展经营主体登记工作，使用总局《经营范围规范表述目录》开展经营范围登记规范化工作。二是探索简化住所登记手续。市场监管总局支持京津冀按照国务院印发的《注册资本登记制度改革方案》（国发〔2014〕7号）要求，由三地党委、政府根据法律法规的规定和地区管理实际需要，按照既方便经营主体准入，又有效保障经济社会秩序的原则，探索实施"一照多址""一址多照"

等住所方面的改革举措。同时，按照《市场监管总局关于做好电子商务经营者登记工作的意见》（国市监注〔2018〕236号），京津冀地区电子商务经营者申请登记为个体工商户的，可以将其网络经营场所作为经营场所进行登记。三是推进企业名称登记管理改革。市场监管总局指导京津冀市场监管部门将企业名称预先核准制度改为企业名称自主申报制度，支持调用全国名称禁限用字词库，在登记环节限制使用他人驰名商标、知名字号等字样。指导京津冀市场监管部门对迁移使用原名称、使用"京津冀"作为区域特色字号或者行业限定语等事项的可行性及相关规定进行研究。四是不断完善经营主体注销制度。市场监管总局积极推进企业注销便利化改革，指导京津冀市场监管部门推进企业注销"一件事一次办"，推动实现多部门注销业务"信息共享、同步指引"，全面实施简易注销登记程序，允许符合条件的经营主体自主选择通过简易程序退出市场。

3. 扎实推进京津冀企业信息共享互认

市场监管总局自2015年起，向北京市市场监管局共享京津冀企业登记全量信息，并由北京市市场监管局负责向天津、河北共享数据。同时，市场监管总局与北京市政府启动全国市场监管数字化试验区（北京）建设工作，在数据共享协同方面，强化数据能力建设，搭建"京津冀一体化"协同支撑库，推进京津冀市场监管数据的高效共享。

（二）推动共建"信用京津冀"

市场监管总局多次召集京津冀三地市场监管部门共同研究，务实有效推动共建"信用京津冀"，着力破解区域信用监管协同难题，助力京津冀协同发展。

1. 建立协作机制，压实工作责任

市场监管总局成立共建"信用京津冀"工作专班，总局信用监管司主要负责同志为总牵头人，京津冀三地市场监管部门、总局相关司局单位共同参与。制定专班工作方案，明确建立工作例会、现场调度、联络会商、信息报送等四项制度，明晰共建"信用京津冀"的具体路径、任务清单、完成期限等，有力促进工作任务落实。

2. 组织签订协议，营造声势氛围

2023年11月9日，在市场监管总局见证指导下，三地市场监管部门在京签署《京津冀市场监管部门共建"信用京津冀"框架协议》（以下简称《协议》），明确协作目标、协作内容、协作机制等具体内容，标志着共建"信用京津冀"迈出实质性的关键一步。

3. 印发实施方案，加快协议落地

《协议》签订后，市场监管总局印发《共建"信用京津冀"助力京津冀协同发展实施方案》（国市监信函〔2023〕139 号），明确共建"信用京津冀"的总体要求、重点任务、保障措施等，主要从统一数据标准、整合数据资源、推动信息共享、优化监管机制、强化运筹调度、促进智慧赋能、搞好先行示范等多个方面作出明确部署。尤其是，明确提出市场监管总局将建立京津冀信用数据共享专区，并向三地开放共享全国企业信用监管数据，有利于促进《协议》落地，深化互利共赢合作。

（三）深入推进公平竞争政策实施

1. 指导京津冀加快建设统一大市场

一是会同国家发展改革委等部门部署开展妨碍统一市场和公平竞争的政策措施清理工作，指导京津冀对 2022 年 12 月 31 日前制定的政策措施进行全面清理，及时废除妨碍依法平等准入和退出、限制商品和要素自由流动等政策措施。二是指导京津冀地区开展公平竞争审查交叉检查，将开展妨碍统一市场和公平竞争的政策措施清理工作开展情况纳入公平竞争审查专项督察内容。

2. 指导京津冀优化经营者集中审查机制

2022 年 8 月 1 日，市场监管总局启动试点委托北京等五个省级市场监管部门开展部分经营者集中案件反垄断审查工作，北京负责审查京津冀等区域经营者集中案件。委托实施以来，共审查涉及京津冀协同发展地区的集中案件 137 件，为将京津冀打造成中国式现代化建设的先行区、示范区提供了有力保障。

3. 指导京津冀加强广告监管合作

推动京津冀三地在广告产业发展和广告监管方面加强合作，更好发挥广告的经济发展助推器作用。一是促进业态模式相通，指导京津冀定期召开广告业发展和监管合作年会、举办区域国际广告节，搭建广告业高水平国际合作交流平台。二是实现广告业综合效益联通，2023 年 8 月京津冀联合举办"2023 京津冀产销对接大会",以广告助产、助销、助转型"三助工程"为切入点,引导全国 5664 家渠道商、采购商与京津冀 179 家生产企业对接合作,签约金额达 11.6 亿元,取得明显的经济效益和社会效益。三是实现协同监管贯通,指导京津冀联合出台广告绝对化用语执法指南工作指引,建设三地互联网广告监测平台,实现监测、执法信息共享。

(四)加强食品安全监管合作

一是联合举办食品生产安全监管培训班,促进京津冀食品生产安全监督检查人员共学互学、共同提升。二是开展食品安全"两个责任"互督互查。京津冀市场监管部门对食品生产领域落实"两个责任"情况开展交叉互查,推动实现食品安全风险管控。三是指导京津冀三地联合开展大型食品销售企业食品安全管理合法合规体系检查工作。指导京津冀市场监管部门联合对大型连锁食品销售企业总部、配送中心、销售门店开展体系检查,推动提升区域性食品安全风险防控和协同应对能力。四是指导京津冀三地推进食用农产品销售质量安全监管协作。京津冀市场监管部门联合对首衡高碑店国际农副产品交易中心开展现场检查,签署《京津冀市场销售食用农产品质量安全监管深化合作备忘录》,并协同拟定食用农产品市场销售质量安全管理有关地方标准,为推动三地监管制度统一、规则统一、标准统一,实现食品安全风险联防联控夯实基础。五是指导京津冀市场监管部门建立食品安全风险预警区域合作机制。定期召开京津冀食品安全风险交流会商会议,相互通报食品安全抽检监测信息,研判区域性食品安全风险隐患,推动京津冀三地食品安全检验检测数据互联。2023 年印发《京津冀食品安全抽检监测核查处置区域协作办法》,起草《京津冀三地省级市场监管部门食品安全风险会商协议(试行)》。

(五)加强质量基础设施共建共享

1.推动构建京津冀计量支撑体系

积极发挥华北国家计量测试中心在京津冀地区计量事业发展中的统筹协调作用,互通京津冀三省市计量标准、地方计量技术规范、检测能力等信息,共享区域计量技术人才专家。

2. 推进计量资源互联互通

出台《华北大区计量技术规范共建共享工作规范》，联合开展地方计量技术规范攻坚工作。截至目前，京津冀共建区域计量技术规范29项，共享地方计量技术规范300余项，有效推动区域计量技术协同、同质同标。

3. 完善区域量值传递和溯源体系

推动华北大区社会公用计量标准和标准物质建设与升级，开展区域计量比对活动，编制区域计量支撑服务保障能力目录。

4. 推进京津冀区域协同标准化工作

指导北京市通州区、天津市武清区、河北省廊坊市联合完成国家基本公共服务标准化试点建设，共同制定20项标准。完成雄安新区能源互联网标准化试点验收工作，推动标准化与科技创新互动发展。支持北京市举办首都标准委第十一次全体（扩大）会议，支持北京、天津、河北、山西、内蒙古等地签署《华北区域"3+2"标准化战略协作框架协议》。

5. 指导京津冀加强检验检测认证监管区域合作

自2016年起，京津冀三地市场监管部门联合开展检验检测认证监管区域合作，发挥协同监管效能，推动京津冀检验检测机构高质量发展。2023年3月，京津冀三地市场监管局签订《2023年京津冀检验检测认证监管区域合作行动计划》，在5个方面联合开展行动，进一步提升协同监管能力，促进京津冀三地检验检测认证机构一体化高质量发展。联合印发《关于进一步优化京津冀检验检测机构资质认定相关工作的通知》，逐步推进京津冀检验检测机构资质认定范围统一，营造公平竞争、健康有序的检验检测市场营商环境。

二、下一步工作安排

市场监管总局将坚持以习近平新时代中国特色社会主义思想为指导，积极发挥职能作用，在优化营商环境、强化信用共建、打破区域壁垒、加强安全监管、强化质量基础设施建设等方面，助推京津冀协同发展。

（一）指导京津冀协同优化营商环境

指导京津冀地区实行统一的企业登记注册，持续推进电子营业执照和电子证照扩大应用，完善经营主体档案迁移和电子档案管理规范，进一步优化企业跨区域迁移登记注册制度和便利化措施，鼓励探索"跨省通办"。

（二）指导深化共建"信用京津冀"

充分发挥市场监管总局共建"信用京津冀"工作专班作用，强化京津冀工作协同，推进框架协议落实落细。健全企业信用信息基础标准和评价规则，制定信息归集共享应用标准，便利数据互通互换。进一步拓展企业信用信息应用场景，不断提升涉企信用信息数据归集共享和应用水平。

（三）指导京津冀持续开展打破区域壁垒工作

指导京津冀全面清理针对企业跨区域经营、迁移等行为而设置的不合理条件以及妨碍形成统一市场的规定和做法。继续将京津冀地区作为妨碍统一市场和公平竞争的政策措施公平竞争审查督查地区，对重点领域加大线上抽查力度，适时通报典型案例，督促规范行政行为，促进京津冀加快建设统一大市场。

（四）指导京津冀协同加强食品安全监管

指导京津冀市场监管部门持续开展食品安全协同监管系列活动，开展食品安全领域落实"两个责任"情况交叉互查，完善食品安全风险预警区域合作机制，相互通报食品安全抽检监测信息，推动京津冀三地食品安全检验检测数据互联。

（五）指导京津冀协同加强质量基础设施建设

支持京津冀质量基础设施共建共享，深化计量、标准、认证认可、检验检测等领域跨区域合作。充分发挥华北国家计量测试中心在协调互认、交流合作、技术会商中的作用，加强京津冀计量协同发展和互联互通。继续推进京津冀地区标准化试点示范项目建设，不断提升标准实施效益，更好服务京津冀一体化发展。指导京津冀地区落实《服务国家区域重大战略实施标准化工作指南》，推动区域标准化协调发展、共享发展，形成优势互补、创新驱动的发展新格局。

（市场监管总局）

银行业保险业持续发力 服务京津冀协同发展

2014 年 2 月 26 日，习近平总书记在北京主持召开座谈会并发表重要讲话，将京津冀协同发展上升为国家战略。十年来，国家金融监督管理总局坚持以习近平新时代中国特色社会主义思想为指导，以有序疏解北京非首都功能、高标准高质量推进雄安新区建设为抓手，持续加强政策传导和监管督导，银行业保险业服务京津冀协同发展不断取得新成绩。

一、建立健全京津冀协同发展工作机制

《京津冀协同发展规划纲要》发布后，迅速建立系统京津冀协同发展专项工作机制，分解细化任务，明确责任主体。定期印发银行业保险业服务京津冀协同发展工作要点，对系统全年京津冀协同发展工作作出全面部署。指导北京、天津、河北三地监管局建立京津冀金融监管协同联席会议机制，为联合制定区域性政策措施，合作提升金融服务质效以及及时解决跨区域重大问题奠定了坚实根基。创新构建京津冀流动性互助机制，探索前瞻性应对流动性风险。

二、有序疏解北京非首都功能

主动疏解非紧密型行政辅助服务功能，督导银行业协会、保险学会、财务公司协会、信托业协会、农村金融杂志社等会管单位有序搬出二环。推动在京银行保险机构将电子银行、数据中心、呼叫中心等劳动密集型后台部门从三环

内迁出。引导银行保险机构主动对接疏解项目，提供金融支持。截至 2023 年末，京津冀三地银行业支持非首都功能疏解贷款余额 3458 亿元。

三、助力雄安新区高标准高质量建设

积极回应雄安新区金融诉求，引导金融机构拓展网点布局，强化金融服务网络支撑。拓展中长期建设项目筹资渠道。支持京雄城际铁路、雄忻高速铁路、雄安燃气工程等一大批重点项目。截至 2023 年末，雄安新区辖内共有银行保险机构 9 类 59 家，机构门类齐全，网点覆盖城乡，京津冀三地银行机构支持雄安新区建设贷款余额 2746 亿元。

四、加大重点领域金融支持

鼓励银行保险机构积极做好高速公路、城际铁路、轨道交通、机场建设等金融服务，形成多种运输方式互联互通的综合交通网络。推动银行保险机构落实好"有扶有控、区别对待"的差别化信贷政策，积极发展绿色金融产品体系，支持京津冀地区污染治理和生态保护。引导银行保险机构加大对京津冀三地产业升级转移支持力度，积极培育发展新动能。截至 2023 年末，京津冀三地银行机构交通一体化、生态环境保护、产业升级转移贷款余额分别为 13330 亿元、6201 亿元、4842 亿元。

五、持续深化金融改革开放

持续深化"证照分离"改革，推进银行业保险业简化审批，优化准入服务，其中北京监管局为辖内机构压减行政许可事项三十余项。支持北京市深化国家服务业扩大开放综合示范区建设，首家外商独资保险资管公司、首家外商独资货币经纪公司等相继落户北京。

六、不断提高人民群众的获得感、幸福感、安全感

有序推进教育医疗、文化体育等领域优质公共服务资源均衡配置，加快发展成果共享，不断提升京津冀基本公共服务水平。截至 2023 年末，京津冀三地银行机构公共服务贷款余额 1655 亿元。持续推进京冀交通事故车险服务一体化，提升京冀两地消费者车险服务体验和社会运行效率。构建覆盖新市民群体的多元化、多样化、多层化区域性金融服务体系，促进人才自由流动和优化配置。

下一步，国家金融监督管理总局将继续深入贯彻习近平总书记重要讲话和重要指示批示精神，认真落实党中央、国务院决策部署，主动担当，积极作为，推动银行保险机构更好服务京津冀协同发展。

一是优化工作机制。充分发挥京津冀金融监管协同联席会议机制作用，推进信息共享、工作对口衔接和重大事项共商。加强与当地金融管理部门的沟通合作，提高监管政策的针对性和协同性，持续完善金融生态环境。

二是提升金融服务。引导银行保险机构积极对接京津冀产业链与创新链深度融合的金融需求，锻造科技金融、绿色金融服务能力，持续提升金融服务实体经济和社会发展质效。指导银行保险机构结合经营特色、管理能力，找准服务雄安新区建设的着力点。

三是做好风险防控。督促银行保险机构树立风险意识、合规意识，提高项目风险管理的前瞻性，促进京津冀地区银行业保险业平稳健康发展。

（金融监管总局）

积极发挥资本市场功能
着力促进京津冀协同发展

京津冀协同发展战略实施十年以来，证监会坚决贯彻党中央关于京津冀协同发展的重大战略决策，认真落实《京津冀协同发展规划纲要》，积极发挥资本市场机制作用支持京津冀协同发展，畅通京津冀地区多元化融资渠道、有序推进支持雄安新区建设项目，取得了新的积极成效。

一、十年以来的工作进展和成效

（一）畅通多元化融资渠道，积极支持京津冀实体经济高质量发展

一是积极支持符合条件的京津冀地区企业通过首发和再融资募集资金，引导企业实现高质量发展。证监会认真贯彻落实习近平总书记关于京津冀协同发展的系列重要讲话和指示批示精神，在保证二级市场平稳运行的前提下，科学合理保持新股发行常态化，积极支持符合条件的京津冀企业首发上市和再融资，持续带动产业链上下游企业协同发展。十年以来，京津冀地区共有303家企业首发上市企业，融资额5910.92亿元，上市公司再融资累计金额1.78万亿元。

二是持续深化并购重组市场化改革，支持京津冀地区企业加快做优做强。十年以来，证监会持续深化并购重组市场化改革，为企业开展并购重组营造良好的市场环境，依法依规支持京津冀地区企业通过并购重组做优做强。2016年以来，京津冀地区上市公司共披露并购重组交易3290单，交易金额29741.06亿元。其中，经证监会核准注册的重组交易152单，交易金额9110.41亿元。

三是积极推进多层次资本市场体系建设，拓展京津冀地区企业直接融资渠

道和覆盖面。新三板和北京证券交易所在支持京津冀协同发展、拓展京津冀地区企业直接融资渠道等方面发挥了积极作用，使更多符合条件的京津冀地区企业利用多层次资本市场融资发展。截至 2023 年底，北京证券交易所京津冀地区上市公司 32 家，市值 752 亿元，累计实现融资 48.11 亿元。全国股转系统京津冀地区挂牌企业 1078 家，市值 3572.89 亿元，累计实现融资 1423.21 亿元。同时，北交所持续做好服务京津冀地方政府债券发行工作。截至 2023 年底，京津冀三省 (市) 已在北交所发行地方政府债券 3402.75 亿元，为更好服务区域经济发展、促进雄安新区建设提供了有力支撑。

四是积极支持符合条件的京津冀地区企业发行公司（企业）债券和资产支持证券。十年以来，京津冀地区企业累计发行公司债券 64088 亿元、资产支持证券 23384 亿元、企业债券 5968 亿元。

五是积极支持京津冀地区基础设施 REITs 试点和主题公募基金发行。鼓励推动京津冀地区符合条件的项目发行基础设施公募不动产投资信托基金（REITs)，拓宽融资渠道，降低融资成本。自 2020 年 4 月基础设施公募 REITs 试点工作启动以来，累计有 8 单原始权益人位于京津冀地区的基础设施 REITs 上市，募集资金合计超 291 亿元，回收资金带动新项目投资超 1508 亿元。支持设立京津冀及北交所主题公募基金，截至 2023 年底，共注册 6 只支持京津冀发展相关主题公募基金，存续规模 14.08 亿元；注册 24 只北交所主题基金，存续规模 61.2 亿元。

（二）积极支持市场主体发挥作用，持续强化提升区域监管协作水平

一是积极支持符合条件的主体在京津冀地区设立证券基金期货经营机构，服务当地实体经济发展。证券公司方面，核准在北京市设立渣打证券、大和证券等 2 家证券公司，其中渣打证券为首家新设的外商独资证券公司。基金公司方面，核准在北京市设立泰康基金、汇泉基金、东兴基金、格林基金、中航基金、北信瑞丰基金等 6 家基金公司；核准在雄安新区设立国新国证基金管理有限公司。期货公司方面，截至 2023 年底，京津冀地区期货公司、期货公司分支机构数量分别为 25 家、259 家，京津冀地区的期货公司在三地的业务不断拓展交融，其中北京地区的期货公司在天津和河北设有 26 家分支机构，天津地区的期货公司在北京和河北设有9家分支机构。证券基金期货经营机构的设立对提升京津冀区域金融服务水平发挥了有效作用。

二是积极支持上市公司在京津冀重大项目和重点领域建设中发挥积极作用。由中国交建和中国建筑共同参与承建的京雄城际铁路已实现全线通车。中国电信于2020年设立的京津冀智能算力中心承载着保障京津冀三地算力需求的重任，也是京津冀人工智能产业集群动能的重要来源。中国人寿与北控水务共同设立雄安新区白洋淀生态环保基金，投资白洋淀上游流域保定市府河水系综合治理相关项目，支持当地河道整治、水环境治理等工程，助力雄安新区绿色发展。中石化绿源地热能开发有限公司在上交所成功发行雄安新区首单绿色"碳中和"ABS债券，发行规模3亿元，募集资金用于进一步加大地热资源开发利用以及地热相关领域技术研发，有效满足雄安新区绿色发展资金需求。

三是积极支持京津冀地区私募基金业务发展。截至2023年11月，在京津冀地区存续私募基金管理人有4039家，管理基金26839只，管理基金规模达54463.19亿元。中国基金业协会在京津冀地区累计组织基金从业考试54次，共计报考60万余人、超过161万科次，举办各类培训300余期，共有17万余人参加培训，为提升京津冀地区金融服务人员专业素质助力。

四是推动京津冀三地证监局建立完善协作机制，增强服务京津冀资本市场协同发展合力。京津冀三地证监局召开京津冀协同发展座谈会，签订协同发展合作备忘录，共同推进党建引领协同、业务监管协同、区域发展协同和风险应对协同，着力发挥各自条件优势，合力推动京津冀资本市场高质量发展。北京证监局协办京津冀基金与企业融资对接会，推动京津冀200余家企业、百余家基金和金融机构、行业协会加强交流。天津证监局全力推进金融创新运营示范区建设，支持和服务天津企业利用资本市场实现高质量发展，加快实现天津一基地三区功能定位。河北证监局组织实施"河北资本市场赋能产业集群百县行"专项行动，集合证监会系统专业优势、各地各部门政策优势、各类中介机构市场优势，聚焦河北省12个主导产业和107个省级县域特色产业集群，指导行业协会组建专家服务团队深入至县区、企业提供"上市诊断"服务。

（三）有序推进资本场支持雄安新区建设项目，助力雄安新区高质量发展

一是在雄安新区设立中证商品指数公司，稳步提升雄安新区金融服务功能。作为证监会落实金融支持雄安新区改革开放的具体举措之一，中证商品指数公司于 2021 年 3 月 31 日在雄安新区正式挂牌运营，是第一批进驻雄安新区的总部型金融创新平台。截至 2023 年底，中证商品指数公司已发布中证商品期货指数、中证中金公司商品期货综合指数和中国国债期货收益指数共 3 个系列 6 条指数。

二是稳步推进雄安金融科技中心建设。围绕北京非首都功能疏解，高标准高质量推进雄安新区建设，证监会支持系统内在京单位的金融资源向雄安新区疏解，规划在雄安新区启动区金融岛建设"中证金融大厦"项目，作为落实《中共中央 国务院关于支持河北雄安新区全面深化改革和扩大开放的指导意见》中"建设雄安金融科技中心"任务的先行举措。截至 2023 年底，该项目进一步完善了金融科技中心定位和功能，开展了初步可行性研究，明确了项目选址意向，为下一步推进项目建设打下坚实基础。

三是合规推进资本市场学院（雄安）项目。积极对接雄安新区管委会，加快推动资本市场学院（雄安）项目落地，积极研究推动资本市场学院（雄安）机构设立先行，统筹推进资本市场学院在北京的存量功能向雄安新区疏解，助力雄安新区高素质金融人才培养。

二、下一步工作安排

证监会将深入学习贯彻落实习近平总书记关于京津冀协同发展的系列重要讲话和指示批示精神，围绕京津冀协同发展与高标准高质量推进雄安新区建设，谋划证监会系统在京单位非首都功能向雄安新区疏解。继续积极推动多层次资本市场发挥枢纽功能，支持更多符合条件的京津冀地区企业利用资本市场上市融资和科技创新，助力京津冀地区高质量发展。

（证监会）

聚焦服务雄安新区建设和异地就医结算 助力京津冀协同发展

国家医保局自成立以来，深入贯彻落实习近平总书记关于京津冀协同发展的系列指示批示精神，积极服务京津冀协同发展重大国家战略，不断指导京津冀医保部门加强医疗保障工作协同发展深度合作。

一、支持雄安新区医保高质量发展

（一）出台职工医保办法，医保待遇与北京总体相当

2023 年，雄安新区印发《河北雄安新区职工基本医疗保险和生育保险实施办法（试行）》，规定随单位从北京疏解到雄安新区的人员，在雄安新区就医时，其医保报销比例不低于同期北京医保待遇水平，实现医保总体待遇水平与北京相当。

（二）出台大病保险政策，进一步减轻就医负担

雄安新区出台规定，一是建立职工大病保险，经基本医疗保险报销后，政策范围内的个人自付医疗费用超过 30404 元以上的部分，报销比例60%~70%。二是建立城乡居民大病保险，经基本医疗保险报销后，政策范围内的个人自付医疗费用超过 13000 元以上的部分，报销比例 60%~80%。特困人员、低保对象、易返贫致贫人口等符合条件的困难群众的起付标准在以上规定的基础上降低 50%，支付比例提高 5 个百分点。

（三）完善医疗救助制度，夯实托底保障功能

一是雄安新区印发《关于巩固拓展医疗保障脱贫攻坚成果有效衔接乡村振

兴战略的实施方案》，明确分类资助参保政策和待遇政策，逐步实现医保帮扶政策向基本医疗保险、大病保险、医疗救助三重制度常态化保障平稳过渡。二是雄安新区印发《关于健全重特大疾病医疗保险和救助制度的实施方案》，明确低保对象、特困人员、低保边缘家庭成员、纳入监测范围的农村易返贫致贫人口、因病致贫重病患者等医疗救助待遇设置，进一步健全和完善雄安新区医疗救助政策。

二、不断优化异地就医直接结算

一是简化备案手续，为异地就医群众提供便利。2023年，北京市医保局、天津市医保局、河北省医保局联合印发《关于开展京津冀区域内就医视同备案工作的通知》，规定自4月1日起，京津冀各统筹地区参保人员在三地所有定点医药机构住院、普通门诊就医、购药等，均视同备案，无须办理异地就医备案手续即可享受医保报销待遇。

二是京津冀区域内跨省异地就医直接结算工作取得新突破。截至2023年12月底，京津冀区域内跨省联网定点医药机构数量19308家，跨省异地就医直接结算累计惠及2378.3万人次，减少参保群众垫付435.3亿元。

三、促进药耗集中带量采购、医药服务管理和基金监管协同发展

一是持续推进以京津冀为基础的"3+N"联盟医药产品集中带量采购。结合京津冀区域特点，进一步扩大药品和耗材联合招采的范围，促进价格回归合理区间，做好招采结果落地实施，切实减轻参保患者的费用负担。2018年以来，开展多批次药品、医用耗材集采，纳入239种药品，以及药物球囊、心脏起搏器、超声刀头和电生理等耗材。

二是指导建立京津冀医药工作沟通机制。围绕医药产品采购、医保目录制定等重点工作，指导京津冀医保部门加强沟通，统一区域内支付政策，形成互联互通良好格局。强化政策有效衔接和价格协同，促进要素有序流动。

三是推进医保基金协同监管。组织指导京津冀三地医保部门采取调研、交流、异地协查等各种方式，开展医保基金监管工作的交流合作。推进异地就医直接结算智能监控，根据异地就医医疗费用直接结算工作开展情况，逐步将三地跨省异地就医直接结算医疗费用纳入本地智能监控系统，对跨省异地就医直接结算行为实施监管。

下一步，国家医保局将坚持以习近平新时代中国特色社会主义思想为指导，全面贯彻党的二十大精神，深入贯彻落实习近平总书记关于京津冀协同发展的重要讲话和批示指示精神，按照党中央决策部署，巩固医保改革创新，持续发挥医保促进京津冀协同高质量发展的积极作用，推动京津冀发展不断取得新的更大成效。

（国家医保局）

京津冀能源协同发展迈上新台阶

一、推动京津冀能源协同发展工作及成效

在京津冀协同发展战略指引下，京津冀能源规划政策体系不断健全完善，推动形成区域能源协同发展合力。2016 年 5 月，国家发展改革委、国家能源局联合印发京津冀能源协同发展规划。2017 年 11 月，京津冀三地联合发布《京津冀能源协同发展行动计划（2017—2020 年）》。十年来，京津冀区域在保障能源安全、优化能源结构、推进能源转型等方面取得显著成效，一批标志性重大工程建成投产，区域能源协同发展迈上新台阶，为京津冀协同发展提供了坚强能源保障。

（一）能源生产供应能力大幅提升

新能源规模化发展。坚持集中式与分布式并举，因地制宜发展风电、光伏发电、生物质能等新能源产业，积极推进新型电力系统建设，有力支撑新能源规模化供给消纳。截至 2023 年底，区域新能源发电装机达到 9740 万千瓦，占全部发电装机的 52.3%，较 2014 年提高 37.6 个百分点。河北推进张家口、承德千万千瓦级风电基地建设，大力发展分布式光伏发电，成为京津冀区域重要的清洁能源供应基地。天津积极实施"光伏+"发展，长芦 100 万千瓦"盐光互补"项目并网发电，依托"水上光伏发电、水面蒸发制卤、水下水产养殖"立体循环产业模式，实现"盐光渔"一体化综合运用。

清洁高效供暖多元发展。区域供热合作项目实现突破，建成投产京津冀一体化重点热力工程"涿州热电向房山供热管线工程"，实现直接替代京冀两地散小

燃煤锅炉488台。北京四大燃气热电中心全面建成。新能源供热进入快速发展阶段，建成北京大兴国际机场地源热泵供暖（制冷）等一批示范项目，规模化推进地热及余热利用，助力北京城市副中心建设国家绿色发展示范区。天津深入实施供热管网改造，实施清洁燃料热电联产替代散小锅炉，集中供热实现全域覆盖。河北张家口可再生能源示范区创新风电供暖机制，在全国首次提出建立"政府＋电网企业＋发电企业＋用户侧"共同参与的"四方协作机制"，满足了800余户集中式电采暖用户和10万余户分散式电采暖用户的清洁经济取暖需求。

化石能源生产供应更加清洁低碳。煤电节能减排升级与改造行动计划深入实施，十年来，区域火电平均供电煤耗累计下降超35克标准煤／千瓦时。炼油产业加速转型升级，整体水平提升明显。按照全国成品油质量升级工作有关要求，北京市燕山石化、天津市天津石化、大港石化、河北省石家庄炼化、沧州炼化、华北石化等炼油企业将成品油质量升级工作和炼油先进产能建设、产品结构优化等工作一体谋划、一体部署，加快装置升级改造步伐，已顺利实现全面供应国ⅥB标准车用汽油、国Ⅵ标准车用柴油等目标，油品质量达到世界一流水平，产业集中度和规模化水平持续提升。

（二）能源基础设施一体化建设全面推进

电网网架结构持续优化。京津冀特高压环网建设持续加强，区内电网互济能力持续提升，促进区域清洁能源资源优化配置。张北柔性直流电网试验示范工程建成投运，每年向北京输送张北地区绿色电力约140亿千瓦时，支撑北京冬奥场馆实现清洁能源100%供电。北京、天津着力打造坚强可靠现代城市电网，用户平均停电时间处于国际前列。河北建成张北—雄安特高压交流输电工程，完善500千伏主网架结构，有力支撑特高压电力落地与网内潮流可靠传输，雄安新区打造容东片区商业地块秒级自愈电网。

灵活调节电源建设稳步推进。一批调峰电源项目建成投产，为提升区域电力系统灵活性、扩大清洁能源消纳提供了可靠支撑。河北丰宁抽水蓄能电站部分机组建成投运，天津军粮城六期H型燃机等气电项目陆续形成系统调峰能力。截至2023年底，区域抽水蓄能、气电装机分别达到507万、1656万千瓦。

天然气输储设施布局不断加强。区域建成以陕京系统、中俄东线（中段）、鄂安沧管线、天津液化天然气（LNG）外输管线为依托的天然气骨干管网。区内沿海 LNG 设施建设取得积极进展，中石油唐山 LNG 接收站建成投产，国家管网天津 LNG 工程和北京燃气天津南港 LNG 应急储备项目按照计划进度实施。2023 年，区域储气调峰能力稳步提升，储气库群有效工作气量稳步增长，LNG 接受能力达 3686 万吨。

（三）能源消费方式深刻变革

煤炭减量替代成效显著。以压减工业用煤、治理散煤为重点，通过以电代煤、以气代煤等多种方式大力推进燃煤压减，积极稳妥推进煤改清洁能源，助力京津冀生态环境明显改善。北京开展农村地区"减煤换煤清洁空气"专项行动，平原地区基本实现"无煤化"。天津推动工业终端减煤限煤，中心城区燃煤锅炉、滨海新区和环城四区 35 蒸吨及以下、其他地区 10 蒸吨及以下燃煤锅炉全部"清零"。河北全省关停落后煤电装机 443 万千瓦，平原地区散煤利用基本清零。

终端用能电气化水平稳步提升。大力实施工业、建筑、交通部门电能替代，北京电能占终端能源消费比重达到 30% 以上，电气化水平在北方地区中保持领先。加大交通电气化协同发展力度，带动区域交通电气化率高出全国平均水平 2 个百分点以上。电动汽车充电基础设施规模和覆盖范围不断扩大，截至 2023 年底，区域公共充电基础设施保有量约 28 万台，约占全国公共充电基础设施保有量的 10%，新能源汽车与公共充电基础设施保有量配比达到 8∶1。

能源消费新业态新模式不断涌现。积极培育综合能源服务、局域能源互联网、虚拟电厂等贴近终端用户的能源电力新业态、新模式，促进智慧能源系统与城市建设融合发展。北京城市副中心行政办公区建成国内规模最大地源热泵综合能源利用系统。天津滨海能源互联网综合示范区基本建成，有效推动示范区用能提质增效和数字转型。冀北虚拟电厂持续推进控制蓄热式电采暖、可调节工商业、智能楼宇等可调节资源接入，唐山创新电动重卡参与虚拟电厂运营模式，全市超 10 万辆次电动重卡参与了电网调峰填谷，调节电量超 50 亿千瓦时。

（四）能源科技创新与体制改革深入推进

关键核心技术攻关取得新突破。京津冀三地协同加强能源核心技术与关键装备的集中攻关、试验示范与推广应用。依托张北柔性直流电网试验示范工程，全面掌握高压大容量柔性直流电网核心技术，创造了 12 项全球第一。攻克多项海洋油气勘探技术难题，在渤海湾盆地取得千亿方级大气田等重大油气发现。积极推动氢能产业有序发展，谋划建设张家口氢能产业化示范基地，截至 2023 年底，累计建成加氢站 58 座，张家口燃料电池公交车、物流车示范运行规模达到 1000 辆，重载汽车示范实现百辆级规模。能源数字化转型与智能化升级开展积极探索，持续推进智慧矿山、数字油田、智能电厂、智能电网建设。北京城市副中心打造高端智能配电网综合可视化系统。雄安新区建设城市级综合能源调度中心，促进城市多种能源协同运行管理智慧化水平不断提高。

电力市场化改革深入实施。京津冀电力市场建设不断规范完善，2023 年，电力直接交易电量占全社会用电量比重达 38.4%。新能源跨行政区市场交易取得新进展，冀北电网依托电力交易平台，建立健全冬奥场馆与可再生能源市场化交易机制，服务冬奥场馆通过双边协商方式开展交易，实现 2022 年北京冬奥会场馆 100% 绿色用能，推动新能源交易电量跨越式增长，冀北电力市场新能源交易电量累计突破 100 亿千瓦时。积极推动区域内统一电力市场建设，在调研基础上，组织有关方开展京津冀电力市场方案研究。

油气行业改革稳步有序推进。北京进一步规范燃气供应管理，推进液化石油气市场整合，优化供应站点布局。天津着力打造北方地区天然气供应保障枢纽，天津国际油气交易中心启动试运营。河北试点先行、分步推进省内油气管网运营机制改革，支持重点供气燃气企业参股省燃气公司，通过市场化手段整合重组天然气主干管网业务、完善管网布局。

（五）区域能源合作有力支撑能源安全保障

区域外电力和天然气保障渠道更加多元。2023 年，区域净调入区外电力约 2243 亿千瓦时，较 2014 年增长 33.4%。北京通过北京电力交易中心开展省间电力交易，推动新疆清洁电力、西藏水电入京消纳。天津加强与中西部地区能源资源富集省份电力合作，签订送受电协议，通过市场化方式向山西、新疆、甘肃等地购电超过 50 亿千瓦时。区域与共建"一带一路"国家能源合作取得新成效，进口天然气供应资源进一步拓展，中俄东线天然气管道中段建成投运，实现向京津冀供应俄气。

跨省跨区能源输送网络全面增强。跨区域能源电力输送通道建设持续加强，累计建成锡盟—北京东—天津南—济南、蒙西—天津南、榆横—晋中—石家庄—济南等3条跨省跨区特高压输电通道，新增跨区输电能力超过2000万千瓦，开工建设张北—胜利特高压交流输电通道，促进清洁电力资源跨区优化配置能力不断提升。陕京四线输气工程干线全面建成，新增日输气能力7000万立方米，鄂安沧一期工程建成投运，油气骨干管网互联互通与资源调配能力得到进一步加强。

二、下一步工作安排

以习近平新时代中国特色社会主义思想为指导，全面贯彻党的二十大和二十届二中全会精神，深入贯彻京津冀协同发展重大战略部署，落实碳达峰碳中和战略目标任务，深入推进能源革命，加快建设新型能源体系和新型电力系统。

提升能源安全保障能力。优化支撑性保障性电源布局，加强电力互济，完善电力应急预案。加大油气资源勘探开发力度，完善石油储备体系，提升天然气储气调峰能力，加快推进区域地下储气库群达容扩容，打造环渤海LNG接收站及外输气基地。推进储煤基地建设，提升煤炭供应保障能力。

大力推进能源绿色低碳发展。统筹开发利用张家口、承德地区新能源，加强北京城市副中心与廊坊北三县清洁能源一体化开发利用，打造风光储氢一体化产业集群。加快推进调节电源建设，推动新能源组网形态多样化，规模化、多场景应用新型储能，大幅提升电力系统调节能力。

加强能源设施一体化布局。构建坚强特高压主干电网，持续完善省级500千伏电网网架，因地制宜发展分布式智能电网。加强天然气管网互联互通，提升终端供气能力，保障清洁供暖民生用气需求。

推动能源消费转型升级。推进终端能源消费电气化，挖掘工业领域电能替代潜力，扩大光伏建筑一体化应用规模，推广"热泵＋蓄能"复合式清洁用能，加快推进充电设施服务网络建设。提升电力需求侧响应能力，积极发展虚拟电厂。大力拓展综合能源服务，发展工业绿色微电网。

加大区域间能源合作力度。推动优化向京津冀送电的各类送端地区清洁能源基地开发运营模式，扩大在运输电通道打捆新能源规模，持续推进新建跨省跨区输电通道建设。拓宽天然气供应渠道，巩固多源多向供气格局。加强区域间能源产业链合作，促进区域间能源合作惠及民生。

提升能源创新驱动效能。推动先进可再生能源技术创新应用，实施化石能源清洁高效利用技术攻关。推动数字能源产业升级，开展能源数字化智能化试点示范。鼓励各类能源试点示范项目制定技术装备创新方案。

深化能源体制机制改革。构建区域一体化电力市场体系，完善省间绿电交易机制，促进区域统筹消纳新能源。完善油气市场化机制。推动将能源领域新型基础设施项目纳入基础设施领域不动产投资信托基金（REITs）适用范围。

（国家能源局）

服务京津冀协同发展
林草生态保护修复迈上新台阶

党的二十大报告提出，中国式现代化是人与自然和谐共生的现代化。加强京津冀地区生态保护修复，促进自然生态系统质量整体改善，对推动京津冀协同发展战略至关重要。十年来，京津冀生态保护修复以习近平生态文明思想为指导，坚持生态优先、绿色发展、锲而不舍、久久为功，围绕《京津冀协同发展规划纲要》确定的目标任务，全面做好生态保护修复工作。国家林业和草原局与北京市人民政府、天津市人民政府、河北省人民政府签署《共同推进京津冀协同发展林业生态率先突破框架协议》，印发《北方防沙带生态保护和修复重大工程建设规划（2021—2035 年）》《三北工程六期规划》，积极推进自然生态系统修复，加快实施重要生态系统保护和修复重大工程、"三北"工程、京津风沙源治理等重点生态工程，推进以国家公园为主体的自然保护地体系建设，加大湿地保护修复力度，加强生物多样性保护，切实筑牢京津冀生态屏障。

一、工作进展和取得的成效

（一）推进"三北"等重点生态工程建设

认真贯彻落实习近平总书记在加强荒漠化综合防治和推进"三北"等重点生态工程建设座谈会上的重要讲话精神。《三北工程六期规划》将京津冀101个区县纳入"三北"工程范围，将河北省张家口、承德市的11个县纳入"三北"工程六期核心攻坚区。2021年开始，启动实施北方防沙带生态保护和修复重大工程，下达中央预算内投资 15.4 亿元，安排营造林任务 263 万亩，退化草原治理任务 34 万亩，实施燕山山地生态综合治理、太行山（河北）生态综合治理、张承坝上地区生态综合治理等项目。京津风沙源治理二期工程完成沙化土地综合治理任务 3151 万亩，为减轻京津地区风沙危害起到了强有力的保障和推动作用。

（二）科学开展大规模国土绿化

2022 年 9 月，《全国国土绿化规划纲要（2022—2030 年）》正式印发。组织开展造林绿化空间调查评估，推动国土绿化精细化管理，造林任务实现带位置上报、带图斑下达。按照集中连片、综合治理的方式，采取一体化、系统治理措施科学开展国土绿化试点示范，中央财政安排 7.5 亿元支持实施北京市密云水库周边、河北省邯郸市太行山区、承德市、石家庄市太行山国土绿化试点示范项目。坚持因地制宜、适地适绿，充分考虑水资源承载能力，在张家口实施全域造林绿化，确保水源涵养功能，张家口市和承德坝上地区森林质量明显提升，为京津冀协同发展和北京冬奥会提供有力的生态支撑。推进实施雄安新区植树造林工程，为新区生态改善提供"绿色动力"。十年来，京津冀三省市下达造林任务 3732 万亩，完成造林 5653 万亩，完成种草改良 176 万亩，有效促进草原生态功能恢复。持续开展京津冀国家森林城市创建活动，授予北京市"国家森林城市"称号，北京全域森林城市高质量发展稳步推进。塞罕坝林场荣获联合国"地球卫士奖"，塞罕坝精神成为中国共产党精神谱系的重要组成部分。

（三）持续推进湿地保护与修复

2022 年 6 月 1 日起，《中华人民共和国湿地保护法》正式施行，我国湿地进入依法全面保护阶段。将京津冀三省市国际重要湿地、国家重要湿地、湿地类型国家级自然保护区纳入《全国湿地保护规划（2022—2030 年）》。大力支持京津冀地区国家湿地公园建设，截至目前，共批准国家湿地公园试点建设 28 处，22 处通过验收，抢救性保护了一批重要湿地及其生物多样性，改善了湿地生态状况。白洋淀水质不断改善，"华北之肾"功能逐步恢复，雄安逐渐呈现出"蓝绿交织"的景象。

（四）稳步推动以国家公园为主体的自然保护地体系建设

认真贯彻落实中共中央办公厅、国务院办公厅《关于建立以国家公园为主体的自然保护地体系的指导意见》，京津冀地区各级各类自然保护地达 372 处，其中，自然保护区 71 处，风景名胜区等自然公园 301 处。推动开展自然保护地整合优化工作，进一步优化自然保护地空间分布格局。2022 年 11 月，经国务院批准，国家林草局联合财政部、自然资源部、生态环境部印发《国家公园空间布局方案》，布局了燕山－塞罕坝国家公园候选区，涉及北京、河北 2 省（市）。河北沧州南大港等 5 个自然保护地纳入中国黄（渤）海候鸟栖息地（二期）申报世界遗产范围，体现了我国积极保护全球生态系统和生物多样性的大国担当。

（五）加强林草生物多样性保护

加强重点物种保护工作，积极推进大熊猫国家保护研究中心北京基地和国家林业和草原局麋鹿保护研究中心建设，褐马鸡、黑鹳等旗舰动物得到有效保护，野外种群数量不断上升。建立健全京津冀鸟类等野生动物联合保护机制，成立京津冀鸟类等野生动物联合保护工作协调小组，印发《陆生野生动物重要栖息地名录（第一批）》《京津冀鸟类等野生动物联合保护行动方案》，将京津冀 24 处兽类、鸟类等重要栖息地纳入其中，实现对鸟类等野生动物种群及其栖息地、迁徙路线的有效保护。加强就地保护工作，对极度濒危野生动物和珍稀濒危野生植物及其原生境实施全面保护，划建自然保护小区，开展栖息地（原生境）修复，改善物种栖息环境和迁徙通道生态状况。按照就地保护与迁地保护相结合的原则，启动国家植物园体系建设，编制印发《国家植物园体系布局方案》，国家植物园在北京正式揭牌。加强物种多样性和遗传多样性保护能力建设，国家林草种质资源设施保存库（雄安）正式批复立项。

（六）不断提升林草资源管理和风险防控能力

认真贯彻落实《关于全面推行林长制的意见》，京津冀地区构建形成系统化、制度化的党政领导森林草原资源保护发展责任体系。加强华北地区森林草原防火协作，华北五省区市签署森林草原防火联防联控合作协议，着力提高环首都地区森林草原火灾综合防控能力。2015 年，国家林业局组织京津冀三省市林业主管部门签订《京津冀协同发展林业有害生物防治框架协议》，制定《京津冀协同发展林业有害生物防治总体方案》，指导三省市成立京津冀林业有害生物协同防控指挥部，建立京津冀协同发展林业有害生物防治联席会议制度。建立以京津冀为主体、辐射鲁豫辽兼顾其他发生区的美国白蛾联防联控机制，美国白蛾发生面积下降，扩散势头减缓，危害程度整体减轻。

二、下一步工作安排

习近平总书记在深入推进京津冀协同发展座谈会上的重要讲话精神，为京津冀林草生态建设提出了新要求，明确了新任务。国家林草局将以习近平新时代中国特色社会主义思想为指导，全面贯彻落实党的二十大精神，深入践行习近平生态文明思想，认真贯彻落实习近平总书记关于京津冀协同发展重要讲话指示批示精神，站在人与自然和谐共生的高度谋划京津冀林草高质量发展，提升生态系统多样性、稳定性、持续性。

（一）精心组织实施"三北"工程等重点生态工程

全面落实中共中央办公厅、国务院办公厅《关于加强荒漠化综合防治和推进"三北"等重点生态工程建设的意见》和"三北"工程总体规划、六期建设规划，组织做好项目储备和实施。统筹山水林田湖草沙一体化保护和系统治理，持续抓好北方防沙带生态保护和修复重大工程，推进燕山山地生态综合治理、太行山（河北）综合治理等项目建设，筑牢北方生态安全屏障。

（二）科学开展大规模国土绿化行动

坚持走科学、生态、节俭的绿化发展之路，全面提升科学绿化水平，增加林草碳汇。严格实施国土空间用途管控，扩大蓝绿空间，将造林空间纳入国土空间规划"一张图"管理，推进造林作业设计、检查验收、后期管护全过程监管。加强森林可持续经营，带动提升森林质量和碳汇能力。

（三）加大林草生物多样性保护力度

加强协调联动，凝聚各方力量共同推进燕山－塞罕坝国家公园创建工作。持续推进国家植物园建设，加强植物迁地保护国家林业和草原局重点实验室和国家植物标本资源库等科研平台建设。实施林草生物多样性保护重大工程，抓好旗舰物种保护，严厉打击破坏野生动植物资源及非法交易等违法犯罪行为。

（四）强化林草资源保护管理

完善林长制督查考核方式，落实京津冀各级林长尽责体系。研究出台加强地方森林草原消防队伍建设有关政策，推进京津冀森林草原防火体系机制建设，建立部门协同、信息共享、联防联控的防灭火一体化运行机制。加强松材线虫、美国白蛾、天牛等林业有害生物防控。

（国家林草局）

携手起飞 共建京津冀世界级机场群

2014 年 2 月，以习近平同志为核心的党中央站在国家发展全局的高度，作出了推进京津冀协同发展这一重大决策部署。十年来，习近平总书记对民航工作多次作出重要指示批示，特别是视察北京大兴国际机场时提出"新机场是首都的重大标志性工程，是国家发展一个新的动力源"的重要指示，更为民航在新阶段的发展指明了前进方向。

民航局牢记总书记的嘱托，在京津冀三地政府的支持下，以更高的标准和要求，加速打造国际一流航空枢纽、建设京津冀世界级机场群，全面提升京津冀区域航空保障能力和运输服务水平，为京津冀协同发展提供有力支撑和保障。2019 年京津冀机场群实现旅客吞吐量 1.47 亿人次，货邮吞吐量 226 万吨，航班起降 101 万架次，较 2014 年分别提升了 33.9%、4.3%、22.3%，京津冀机场群旅客总量居世界机场群前列。2023 年京津冀机场群旅客吞吐量总规模达 1.23 亿人次，较 2014 年增长 12.2%。

一、工作进展和成效

（一）战略规划引领持续加强

加强规划引领，明确发展目标。2014 年 12 月，民航局印发《关于推进京津冀民航协同发展的意见》。同月，《京津冀三地机场协同发展战略合作框架协议》在北京签署，标志着民航落实新常态下京津冀协同发展战略，率先在机场领域实现协同发展。2017 年 11 月，国家发展改革委会同民航局发布《推进京津冀民航协同发展实施意见》，提出形成统一管理、差异化发展的格局，京津冀机场群协同发展水平显著提升，整体服务水平、智能化水平、运营管理力争达到国际先进水平等目标。2020 年，首都机场集团制定印发《"差异化发展、一体化管理"实施意见》，明确了京津冀机场群协同发展 2025 年、2030 年两个阶段的发展目标及重点任务。

加强组织领导，充分发挥协同作用。为加强对京津冀民航协同发展工作的组织领导和统筹协调，民航局批复同意民航华北地区管理局增设京津冀民航协同发展办公室，同时成立了推进京津冀民航协同发展工作领导小组，协调解决工作中遇到的重大问题，统筹推进京津冀民航协同发展工作。组织机场、航空公司、空管等单位成立首都机场国际航空枢纽建设协调小组，将顺义区人民政府纳入，共同加快枢纽建设步伐。成立推进首都机场总体规划修编工作组，协调内外部单位、部门推进总体规划修编工作。成立专门机构，支持推进北京大兴国际机场建设及投运，顺利完成转场目标和任务。

（二）协同发展格局基本形成

建立统一的京津冀机场管理体系。2015 年 5 月 20 日，首都机场集团公司与河北省国资委签订委托管理协议，河北机场集团公司正式纳入首都机场集团管理，在我国四大机场群中率先实现对区域主要机场的统一管理。目前，除唐山、邯郸机场外，京津冀区域内运输机场实现首都机场集团集中管理，有力支撑了区域机场群合理定位、优势互补、协调发展。2014 年首都机场集团率先推动召开京津冀民航一体化天津启动会；2015 年、2016 年分别组织了京津冀民航协同发展天津机场推进会、石家庄机场推进会，联合各方共同谋划落实京津冀协同发展，取得了良好效果。

北京大兴国际机场顺利投运。2019 年 9 月 25 日，习近平总书记出席投运仪式并宣布北京大兴国际机场正式投入运营。北京大兴国际机场是习近平总书记亲自决策、亲自推动的世纪工程。在庆祝中华人民共和国成立 70 周年华诞前夕，习近平总书记亲自宣布北京大兴国际机场正式投运，并亲切接见机场建设者代表，充分体现了习近平总书记对北京大兴国际机场和民航广大干部职工的高度重视和巨大关怀。习近平总书记对机场的规划、建筑品质给予了充分肯定，赞扬北京大兴国际机场建设达到了世界一流水平，向党和人民交上了一份满意的答卷，这是对民航工作的高度评价和巨大褒奖。

从 2014 年 12 月开工建设到建成投运仅用时 4 年 9 个月，被评为"新世界七大奇迹"榜首，成为"中国建造"的最佳名片。大兴机场是世界首个"双进双出"航站楼、首个实现高铁下穿航站楼的机场，在全球枢纽机场中首次实现了场内通用车辆 100% 新能源，创造了 40 余项国际、国内第一，技术专利 103 项，新工法 65 项，国产化率达 98% 以上，在绿色发展、运营效率、智慧应用等方面均达到世界领先水平。

构建"双核两翼多节点"的京津冀世界级机场群发展新格局。随着大兴机场的投运，北京迈入航空"双枢纽"时代，京津冀三地主要机场差异化发展格局初步形成。以北京首都机场和北京大兴机场为核心，建设具备全球辐射能力的大型国际航空枢纽；以天津机场和石家庄机场为两翼，建设辐射京津冀特定国际市场区域，满足本地市场需求为主，补充核心机场特定航空功能的区域枢纽；以非枢纽机场和通用机场为重要节点，满足服务本地民航基础性运输需求和通航公共服务需求。"双核两翼多节点"的京津冀世界级机场群发展新格局已经基本形成。

（三）枢纽保障能力显著提升

2014 年以来，秦皇岛北戴河机场、承德机场建成并投入运营，天津、石家庄、唐山等机场实施一系列改扩建工程。2019 年 9 月，北京大兴国际机场的投运举世瞩目。邢台机场于 2020 年 7 月开工建设，已完成校验飞行，即将通航，届时，京津冀地区运输机场将达到 10 个。以大兴国际机场为代表的具有国际竞争力的航空枢纽和机场群体系，是京津冀打造高度开放的世界级城市群的重要硬件基础。

北京双枢纽致力于打造引领行业发展的"双枢纽、双标杆"。首都机场逐步完善基础设施功能。持续推进首都机场总规修编，研究形成"再造国门"项目推进方案，以"提质增效强安"为总目标，加快对重点区域、关键运行环节的优化调整和改造升级，积极补充运行资源及相关保障资源，同时也通过管理提升、"微更新"等多种方式，不断提升机场安全裕度、运行效率和服务品质。

完成中跑道大修、跑滑系统优化、机坪增补、远机位登机岛等重大项目。大兴机场定位为大型国际枢纽机场，投运后极大地提升了北京航空市场保障能力。本期主要建设了"三纵一横"4条跑道、70万平方米航站楼，可满足4500万旅客吞吐量保障能力。远期规划年旅客吞吐量1亿人次以上，年货邮吞吐量400万吨，飞机起降88万架次。

天津和石家庄机场保障能力大幅提升。2014年，天津机场二期扩建工程和石家庄机场二期扩建工程先后建成投产，保障能力分别达到2500万人次和1350万人次。天津机场2020年2月总体规划获批，2021年12月三期改扩建工程可研报告获批。天津机场三期改扩建工程总投资188.62亿元，按照年旅客吞吐量5500万人次、飞机起降40万架次设计，规划新建41万平方米的T3航站楼、76个机位的站坪，6万平方米的综合换乘中心和10万平方米的停车设施，并一体化设计引入多条高铁、地铁轨道线路，打造综合交通枢纽。石家庄机场正在积极推动总体规划修编和三期改扩建前期研究，推动尽快及时补充运行资源。

（四）空管保障能力不断加强

近年来，坚持以优化空域资源和运行效率为关键，积极推进空域管理精细化，推动"三地四场"容量标准的提升，不断释放京津冀民航空域潜能。

优化调整京津冀地区空域结构，建设空中大通道。2022年5月，连接我国京津冀地区和粤港澳大湾区两大世界级城市群的京广大通道正式启用。京广大通道空域将形成"两上两下，单向循环"的运行模式，有效解决京广航路拥堵状况，大幅提升航班运行效率，提升旅客出行体验。

启动京津"两市三场"整体容量评估。为合理规划北京终端区空域资源，启动京津"两市三场"整体容量评估工作，为我国首次以机场群为单位的容量评估，努力打造科学、客观、典范、高效的机场群容量评估模板。

提高天津、石家庄机场运行效率。根据北京终端区空域结构和航路航线调整的实际情况，协调解决天津机场因历史结构造成的容量限制问题，2022年8月31日天津机场容量批复中关于时刻编排的航向限制解除。为进一步培育石家庄机场区域航空枢纽建设，石家庄机场容量已从18个/小时增至26个/小时。

（五）航线网络通达便捷高效

通过拓展国际市场、发展空铁联运、优化航空快线、拓展中转权益等举措，推动京津冀枢纽机场发挥各自比较优势，错位发展、协同发展。首都机场旅客吞吐量在机场群比重从 2014 年的 78.6% 降至 2019 年的 68.2%；天津机场、石家庄机场旅客吞吐量在机场群比重分别提升了 5.2 个和 3 个百分点。2023 年首都、大兴、天津、石家庄机场旅客量在京津冀机场群中占比分别为 43%、32%、15%、8%；天津机场、石家庄机场旅客吞吐量在机场群比重分别提升了 4 个和 3 个百分点。

首都机场持续提升航空枢纽国际竞争力。持续优化航线网络，加频国际航点，填补拉美直飞空白，2019 年国际及地区航点 136 个，达到国际领先水平；旅客吞吐量连续 2 年突破 1 亿人次，连续 10 年位列全球第 2 名；落地京津冀 144 小时过境免签政策，欧洲、美洲通程航班实现行李直挂全覆盖。首都机场国际及地区旅客占比由 2014 年的 24.1% 进一步提升至 2019 年的 27.6%。

大兴机场积极打造国际航空新枢纽。大兴机场充分发挥中转时间短的竞争力，着力建设成为与首都机场形成互为补充、差异发展的大型复合枢纽，多项运营指标全球领先。目前，在大兴机场入驻的中外航司共计 43 家，开通航线 215 条（其中国内航线 181 条、港澳台地区航线 2 条、国际航线 32 条），覆盖全球 194 个航点（其中国内航点 159 个、港澳台地区航点 2 个、国际航点 33 个）。其中，多哈、加德满都、马累、利雅得等 11 个国际航点为大兴机场独飞行航线。开航以来，累计保障旅客 9396.6 万人次，航班起降 76.4 万架次，货邮 64.2 万吨。

天津机场打造"空中新通道"，推动建设国际物流中心。实施与北京双枢纽差异化发展策略，客运方面建立了国内干支结合、国际主要通航东北亚、东南亚以及欧洲的客运航线网络；货运方面形成全货机与客机腹舱互为补充，国内及地区通航主要货运枢纽点；国际连接东北亚、东南亚及"一带一路"沿线国家，覆盖北美和欧洲的货运航线网络。2017 年天津机场旅客吞吐量达到 2100 万人次，跨入大型繁忙机场行列；2019 年完成旅客吞吐量 2381.4 万人次。货邮吞吐量 2017 年完成 26.8 万吨，实现历史最好成绩。2019 年天津机场开通航线 281 条，其中客运航线 270 条、货运航线 20 条；通航城市 167 个，其中客运通航城市 159 个（国际及地区 31 个）；货运通航城市 20 个（国际及地区 8 个）。

石家庄机场发挥"大中转"优势，建强区域航空枢纽。发挥石家庄机场空铁联运优势，与京津机场科学错位、协同发展，打造面向旅客需求的"大中转"品牌。石家庄机场中转可联通国内东北、西北、西南、中南、华东等地区 70 余个城市；空铁联运服务覆盖机场周边 400 公里范围内的 19 个地区、34 个高铁站点。2019 年空铁联运运送旅客 130 万人次，占比超过 10%。货运方面，石家庄机场重点发展国际全货机航线，联通全球货运前 20 位机场。2023 年石家庄机场执行运输航线 146 条，其中客运航线 135 条，货运航线 11 条；通航城市 87 个，其中客运通航城市 81 个（国际 6 个），货运通航城市 11 个（国际 7 个）。

（六）综合交通体系日益完善

建设以机场为核心的综合交通枢纽。首都机场轨道交通日益完善，规划城市轨道 R4 线、市郊铁路 S6 线，将实现中心城区与机场、火车站的直连和北京两场的互联互通。大兴机场"五纵两横"综合交通体系基本建成，高效通达京津冀区域。轨道交通方面，开通国内首条时速 250 千米、下穿航站楼的高速铁路——京雄城际，至北京西站仅需 28 分钟、至雄安新区 19 分钟；开通国内首条时速 160 千米的全自动运行地铁专线——大兴机场线，从草桥到大兴机场全程 41.3 公里仅需 19 分钟；开通地铁 19 号线，进一步提升与北京市区的通达性；2023 年 12 月，津兴城际铁路正式开通，天津西站至大兴机场最快 41 分钟可达。公路建设方面，2021 年大兴机场北线高速东延段通车，廊坊前往大兴机场的时间缩短到 20 分钟；2022 年大兴机场北线高速公路西延段通车，与河北省京雄高速公路支线实现通车；2023 年 12 月京雄高速全线贯通，实现大兴机场高速公路直达雄安。天津机场 T3 航站楼将与轨道交通实施一体化建设，引入京滨铁路、京津城际天津机场线等 5 条轨道交通线路，打造以航空为核心的综合交通枢纽。石家庄机场重点解决空铁联运最后一公里问题，加快推进石雄城际、轨道交通（地铁一号线北延）与石家庄机场的衔接。

联合推动城市航站楼建设运营。2019 年 9 月，大兴机场在地铁草桥站谋划设立了首个城市航站楼，并在开航投运仪式当日与大兴机场同步启用。此后，固安、涿州、廊坊三座跨省异地城市航站楼陆续投用。2023 年 3 月，廊坊城市航站楼新增首都、天津机场入驻，成为华北地区首座服务京津冀"三地三场"的共建共用城市航站楼。目前，京津冀地区共运营 16 座城市航站楼（大兴机场 5 座，首都机场 2 座、天津机场 6 座、石家庄机场 5 座），实现将航空功能前移至城市，为京津冀的航空旅客提供同服务、同标准、同品质的出行体验。

持续推动空铁空海等联程联运。打通航空与铁路售票端口对接，实现在航空公司 App、互联网网站、12306 等多平台"空轨联运"产品联售功能，实现旅客"一站式购票"，一次支付购买航空、高铁车票。天津机场推动恢复空海联运，与东方国际邮轮有限公司签署合作协议。

二、下一步工作安排

下一步，民航局将紧密团结在以习近平同志为核心的党中央周围，深入贯彻落实党的二十大精神，迎难而上，开拓进取，切实把党中央、国务院决策部署转化为推动京津冀民航高质量发展的实际行动，加快建设京津冀世界级机场群，积极服务京津冀协同发展，以实际行动奋力谱写交通强国建设民航新篇章。

（一）加强规划研究，强化顶层设计

继续加强京津冀机场群协同发展的整体规划、政策协同、统筹协调、总体推进和督促落实。推动《京津冀世界级机场群建设实施方案》研究编制工作，发挥政府引导作用，完善京津冀机场群建设政策保障，在顶层设计上加强指导，推动各级政府对京津冀"三地四场"功能定位进一步达成共识，形成发展合力。

（二）加强政策引导，优化资源配置

加强空域、航权、时刻、综合交通等关键资源配置，提升京津冀机场群整体对外交往能力和国际竞争力。推动地市联合建立协调机制，争取北京、天津、河北三地在土地、机场建设、航空客货运发展补贴、税收减免等方面的优惠支持政策。争取更加宽松的国际机场过境免签、免检政策，推动机场间客货的一

体化通关；推动"电子通关"、国际通程航班海关监管政策优化等先进实践先试先行；推动京津冀空铁联运试点和智能化水平。

（三）加强多方合作，共建世界级机场群

加强与主基地航司、驻场保障单位、综合交通运营单位以及政府部门等相关方共同协作，共建国际一流航空枢纽和世界级机场群。推动京津时刻容量评估项目批复执行，提升枢纽机场时刻容量。引导航司差异化资源配置，增强北京双枢纽洲际连接功能，提升国际竞争力。加快推动总规批复及重点项目建设，提升枢纽机场保障能力。持续完善航线网络，优化航空快线产品，提升核心航点频次。优化中转产品服务，扩大跨航司通程航班产品航线网络覆盖，提升通程航班效率。拓宽营销渠道，与航空公司、OTA 等合作伙伴共同打造更加丰富多元的特色航空产品，提升航空枢纽功能。

（中国民航局）

发挥铁路优势 强化使命担当
全力服务保障京津冀协同发展

京津冀协同发展，是以习近平同志为核心的党中央站在国家发展全局战略高度作出的重大战略决策，习近平总书记要求，要着力构建现代化交通网络系统，把交通一体化作为先行领域，加快构建快速、便捷、高效、安全、大容量、低成本的互联互通综合交通网络，核心就是打造轨道上的京津冀。铁路作为大众化交通工具和重大民生工程，在推动京津冀协同发展中肩负着重要使命和责任。国铁集团深入学习领会习近平总书记关于京津冀协同发展的系列重要讲话精神，自觉把服务保障京津冀协同发展作为深刻领悟"两个确立"的决定性意义、坚决做到"两个维护"的政治责任，充分发挥铁路优势，努力当好服务和支撑京津冀协同发展的"火车头"。

一、铁路服务京津冀协同发展取得的主要成就

京津冀协同发展战略实施以来，国铁集团始终以习近平总书记关于京津冀协同发展的重要讲话精神为根本遵循，主动担负京津冀铁路规划建设的主体责任，按照《京津冀协同发展规划纲要》要求，高质量推进京津冀区域铁路规划建设，持续强化运输服务保障能力，加快打造轨道上的京津冀，为推动京津冀协同发展作出了重要贡献。

（一）贯彻落实体制机制不断完善

十年来，国铁集团深入贯彻落实习近平总书记对京津冀铁路工作的重要指示精神，把当好京津冀协同发展的开路先锋作为重大政治任务，不断增强服务

"国之大者"的行动自觉。一是成立国铁集团服务区域协调发展领导小组，围绕京津冀协同发展，先后研究制定了《关于优化完善京津冀和雄安新区铁路规划 扎实推进重点项目实施的指导意见》（铁总发改〔2018〕111 号）、《关于贯彻落实习近平总书记重要讲话精神 扎实推进京津冀地区铁路高质量发展的实施意见》（铁发改〔2019〕98 号）、《贯彻落实习近平总书记在河北考察并主持召开深入推进京津冀协同发展座谈会时的重要讲话精神工作方案》（铁发改〔2024〕13 号）等文件，细化实化任务举措，形成"工作方案＋年度计划＋推进落实"的工作机制，确保重点任务在铁路落实落地。二是持续加强与京津冀三省市协同配合，形成高质量推进京津冀铁路建设发展的整体合力，与京津冀三省市共同成立了京津冀城际铁路公司，并按国家要求协调三省市完成了京津冀公司改革调整工作，积极推进子公司股权结构调整，落实各方出资、全力推进项目建设。三是充分发挥路地各自优势，持续深化合作机制，积极探索制度创新，通过与北京市等签订战略合作协议，组建路地市域（郊）铁路平台公司等，实现了"坐在一条板凳上谋发展"。

（二）轨道上的京津冀加速形成

十年来，国铁集团深入贯彻落实习近平总书记关于推动京津冀交通一体化、建设立体化综合交通网络的重要指示精神，充分发挥铁路在推动京津冀协同发展中的先行作用，优质高效推进重大项目实施，轨道上的京津冀建设蹄疾步稳、渐次展开、成果丰硕。京津冀地区路网规模和质量大幅提升，铁路营业里程由 2013 年的 0.85 万公里增长到 2023 年的 1.13 万公里，高铁里程由 1284 公里增长到 2624 公里，铁路覆盖了京津冀地区全部 20 万人口以上城市、高铁覆盖所有地级市。京畿大地上路网密布、高铁飞驰，成为京津冀协同发展取得显著成效的生动缩影。

区域路网布局持续优化。紧密对接京津冀协同发展和雄安新区建设，科学优化区域路网布局，会同京津冀三省市共同研究形成了《京津冀核心区铁路枢纽总图规划》《雄安新区及周边地区铁路布局规划调整建议方案》等，加快构建区域对外快速通道、提升内部互联互通水平，形成了以京津轴、京雄（石）轴、津雄轴、京唐轴为骨架，衔接郑州、商丘、济南、潍坊、秦皇岛、沈阳、呼和浩特、太原 8 个方向的"四轴八放射"路网格局，以铁路为骨干的多节点、网格状、全覆盖的轨道交通网络基本成型，助力京津冀与周边区域优势互补、协调联动。围绕解决北京枢纽西北与华北、华中、华东方向即京张、京沈与京雄、京港、京沪、京广高铁南北不畅，西北与东北方向即京张与京沈高铁东西不通等问题，提升主要方向联通性、顺畅性，国铁集团组织开展了京津冀地区路网布局规划研究，积极协调国家有关部门，将北京枢纽客运西环线、北环线、南北地下直径线等项目纳入相关规划，条件成熟后推进实施，进一步打通"大动脉"、畅通"微循环"，促进区域路网高效便捷联通。

跨区域通道建设高效推进。始终把京津冀铁路建设作为重中之重，集中优势资源高质量建成了一批标志性重大项目。2019 年 12 月京张高铁开通运营，从自主设计修建零的突破到世界最先进水平，从时速 35 公里到 350 公里，京张线见证了中国铁路的发展，也见证了中国综合国力的飞跃；2020 年 12 月建成投产京雄城际，实现了北京与大兴国际机场、雄安新区快速通达，"未来之城"和"千年古都"的联系更加紧密，雄安站作为雄安新区开工建设的第一个重大基础设施项目，已成为雄安新区的标志性建筑；2021 年 1 月全线开通京沈高铁，形成东北入关新高铁通道，有力推动京津冀协同发展与东北振兴战略实施；2022 年 6 月百年老站北京丰台站以全新面貌开通运营，为北京首都又添城市新地标；2022 年 12 月京唐、京滨铁路建成投产，京津冀城际铁路网建设取得重大进展，2023 年 12 月津兴城际开通运营，形成了连接北京与天津间的第 4 条高铁通道。同时，区域内正在加快建设雄商、雄忻、津潍高铁、城际铁路联络线一期等重大工程，有序推进京雄商高铁京雄段、石雄城际等项目前期工作，进一步织密轨道上的京津冀，为新时代构建京津冀协同发展新篇章提供有力支撑。

"四网融合"水平持续提升。围绕服务支撑区域一体化发展和现代化都市圈建设，按照"互联互通、功能互补、服务兼容、资源共享"原则，统筹推动干线铁路、城际铁路、市域（郊）铁路和城市轨道交通"四网融合"，打造多层次轨道交通一体衔接新标杆。构建以铁路客站为中心的现代立体综合客运枢纽，建成运营了北京丰台、朝阳、城市副中心、雄安、大兴机场站等一批重要枢纽客站，强化既有客站升级改造，提高进出站、安检、中转换乘、交通驳接等便利化水平，打通城市交通"微细血管"；充分利用既有铁路能力资源，陆续开通了S2线、城市副中心线、怀密线、通密线、津蓟线、京津城际延伸线等市域（郊）线路，利用京九、京广等铁路为环京地区提供通勤服务，实现北京、天津中心城区与周边城镇组团快速通达，引导优化城镇空间布局和一体化发展。目前，国铁集团正会同北京市积极推进城市副中心线西段能力提升工程、北京市郊东北环线等工程实施，进一步提升首都轨道交通"四网融合"基础设施衔接水平，为推动区域一体化发展提供坚强支撑。

货运能力建设持续加强。围绕疏解北京非首都功能，充分发挥铁路绿色环保优势，以联网补网强链为重点，优化京津冀地区货运系统布局，系统提升跨区域铁路通道能力。先后建成投产了唐包、津保、邯黄、唐曹、和邢铁路等重大项目，加快建设太锡铁路、京通、京原铁路电气化改造等重大工程，有序推进邯长、邯黄铁路复线、太原至和顺等项目前期工作，条件具备后开工建设，逐步疏解弱化北京货运中转功能；组织实施丰沙线水害复旧工程，加快推进邯郸南至马头增三线，唐包铁路张家口至孔家庄南段扩能等项目实施，提升既有铁路防灾能力，打通干线通道堵点。以构建外集内配的城市绿色物流体系为抓手，加快铁路物流基地和配送中心建设，先后建成投用了顺义、大红门、三家店配送中心，积极推动平谷马坊、大兴京南、白沟、高碑店等物流基地前期研究；大力推进铁路专用线建设，完善环渤海港口集疏运体系，2018年以来，京津冀地区共建成铁路专用线60余条，持续推动铁路货运增量，为打好京津冀地区蓝天保卫战贡献铁路力量。

（三）持续提升运输服务保障水平

十年来，国铁集团深入贯彻落实习近平总书记以人民为中心的发展理念和调整运输结构、增加铁路运输量的重要指示精神，立足国家铁路、人民铁路战略定位，践行人民铁路为人民的宗旨，持续深化运输供给侧结构性改革，不断提升客货运输服务质量，努力构建人畅其行、物畅其流的运输服务体系，成为人民群众获得感、幸福感最强的领域之一。2023年，京津冀三省市铁路旅客发送量完成3.25亿人、同比增长247%，较2013年增长36.6%；铁路货物发送量完成 4.21 亿吨，较 2013 年增长 32%。

客运方面，一是服务水平大幅提升，"复兴号"在京沪高铁、京津城际、京广高铁京武段实现时速 350 公里商业运营，在京张高铁实现世界上首次时速 350 公里自动驾驶，树立了世界铁路建设和运营的新标杆；围绕区域主要铁路客站，探索推行联程联运、便捷换乘、安检互认、信息共享、一卡通行等综合交通服务新模式，推出定期票、计次票等客票产品，为广大旅客提供更为便利的出行条件。二是产品供给不断丰富，主动服务区域协同发展，着力构建适应京津冀地区客流特点的铁路客运产品体系，通过增开列车、开行重联及长编组列车等措施，京津城际总运能提升 18%，助力唱好"双城记"，组织开行环京通勤列车，提升早晚高峰进出京运能 53%，开行好承德、廊坊、沧州至石家庄高铁跨线直达列车，支持河北省内便捷出行。三是深入推进融合发展，按照"零距离"换乘和"四网融合"理念，积极打造衔接顺畅、一体融合的铁路客运综合枢纽，结合线路、车站能力，统筹开好国铁客车和市域（郊）列车，大力发展联程联运，开发多样化旅游列车、文旅专线品牌，试行"游客＋旅客"列车开行模式，形成示范效应。

货运方面，一是深入推进"公转铁"，立足京津冀地区产业和运输市场特点，加强与港口、发电、煤炭、钢铁等大型企业合作，加快京津冀及周边地区进港、进厂、进园"前后一公里"铁路专用线建设，提升曹妃甸、京唐、黄骅等港口矿石装车能力，以及唐山、邯郸地区接卸能力，引导更大范围大宗、散货、集装箱等货物运输公转铁，持续提升铁路运输市场份额。二是大力发展多式联运，积极推进多式联运"一单制"，以大宗货物"散改集"和批量白货入箱为抓手，打造天津港"公转铁＋散改集"双示范港口，组织开展天津港至西北方向金属矿石集装箱运输，开行天津港－平谷马坊、燕郊集装箱班列。三是加快构建现代物流体系，统筹用好铁路和社会物流资源，补齐门到站、站到门短板，构建完整高效的铁路物流业务链条，大力发展集装化运输、客车化班列、冷链物流、铁路（高铁）快运、高铁急送等新兴业务，打造外集内配城市绿色物流体系，推动铁路货运向现代物流转型发展。

（四）服务经济社会发展成效明显

十年来，国铁集团深入贯彻落实习近平总书记关于疏解北京非首都功能、高质量高标准建设雄安新区的重要指示精神，充分发挥铁路先行带动作用，积极服务和融入京津冀协同发展，形成不同方向联通京津冀的经济廊道，有力推动人流、物流、信息流等要素快速流动，打造区域经济发展新引擎，为京津冀协同发展蓄势赋能。

极大提升京津冀城市群能级。越织越密的轨道交通网，缩短了时空距离、畅通了经济动脉，勾勒出协同发展的宏伟画卷，铸就了百姓生活的美好篇章。北京至天津间 30 分钟、北京至雄安 50 分钟、北京至石家庄 1 小时通达逐步实现，河北各地级市均开行进京动车，京廊、京保、京涿通勤高铁相继开通，环首都 1 小时交通圈基本形成，轨道上的京津冀加速形成，极大提升了京津冀世界级城市群能级。同时，京津冀与东北、华东、华中、西南、西北等形成多条跨区域高铁通道，密切了同其他地区的沟通对接，助力打造全国对外开放高地。

有力带动区域产业转型升级。以轨道交通为先行依托，逐步推动形成了环京地区通勤圈、京津雄功能圈、节点城市产业圈、宜居宜业生活圈，人流、物流、信息流、资金流融通交汇，创新链、价值链、产业链、供应链密织结网，使得京津冀三地产业协作、协同创新、人员交流形成更加生动的局面。京津城际开通为沿线带来了发展新机遇，天津武清成为高铁拉来的新城；北京冬奥会后，京张两地以高铁为纽带，沿线餐饮、住宿、商业等配套产业快速发展，张家口崇礼成为家喻户晓的滑雪胜地，"高铁＋旅游"为当地经济发展注入了新活力；京雄城际为雄安新区发展增添了新动能，助力雄安"未来之城"展现出生机、涌动着活力。

精准保障区域重点物资运输。主动承担社会责任，实行运力倾斜政策，对关系国计民生的电煤、粮食、化肥等重点物资精准保供，主动对接京津冀地区煤矿企业及下游需求企业，加强煤炭中长期合同履约兑现和电煤运输保障力度；扩大铁路干线货运班列、点对点货运列车开行范围，高质量开好中欧中亚班列；全力做好疫情期间保通保畅和抗疫运输工作，确保常态运输优先保障、平稳有序，应急保供快速响应、精准有力。

助力京津冀地区绿色低碳发展。持续优化交通运输结构，加大公转铁、铁海联运力度，完善环渤海港口集疏运体系，加快发展集装箱铁水联运，为降低京津冀地区社会物流成本、节能减排做贡献；优化客运产品供给、提高开行品质，引导更多旅客选择铁路出行，培育低碳出行、绿色出行的新时尚，大力应用低碳技术，推广绿色车站建设，为推进区域绿色低碳发展、助力打好污染防治攻坚战提供有力保障。

服务北京非首都功能有序疏解。充分展示国铁企业责任担当，严格控制在京企业、项目和人员新增规模，优化铁路运输生产布局，支持符合条件的在京铁路企业和重点科研项目在雄安及其他地区落户发展；支持北京"新两翼"建设，完善雄安新区对外快速客运通道，增强雄安新区对外辐射带动作用，强化北京城市副中心与中心城区轨道交通便利化水平，助力提高对中心城区功能和人口承载力、吸引力。

二、下一步工作安排

国铁集团深入贯彻习近平总书记关于京津冀协同发展的重要讲话精神和对铁路工作的重要指示批示精神，认真落实基础设施建设要适度超前、不能过度超前的指示要求，高质量推进区域铁路规划建设，全力做好运输服务保障工作，努力在服务和支撑京津冀协同发展中当好开路先锋、贡献铁路力量。

（一）全力打造更高水平轨道上的京津冀

结合中长期铁路网规划修编、京津冀枢纽总图规划，重点围绕提升区域路网联通性和顺畅性，深入开展北京枢纽客运西环线、北环线、南北地下直径线等项目前期工作，加快推进北京地区客运通道建设，尽早实现东西贯通、南北畅通。优质高效推进雄忻、雄商、津潍高铁、太锡铁路等重大工程建设，力争城际联络线一期年内开通，有序推进石雄城际等项目前期工作。加快推进联网补网强链项目实施，打通干线通道堵点，加快物流基地、铁路专用线建设，完善港口集疏运体系。深入推动四网融合发展，打造以铁路客站为中心，"站、场、城"深度融合的标志性客运枢纽；积极推动北京市域东北环线、城市副中心线西段能力提升工程等市域（郊）铁路建设。

（二）持续提升运输服务保障水平

客运方面，不断优化资源配置和运输组织，统筹路网能力和出行需要，着力构建适应京津冀地区客流特点的产品体系，打造便捷出行交通圈；进一步提升客运服务质量，创新客运服务方式，提高安检、换乘便利化水平，为旅客便捷出行创造条件。货运方面，发挥铁路绿色骨干优势，深入推进京津冀地区公转铁运输，提升港口铁水联运量和大宗货物铁路运输比重，全力保障京津冀地区电煤、粮食等重点物资运输，促进交通运输结构优化调整；充分利用铁路路网、场站、运力优势，加快构建京津冀地区铁路现代物流体系，推动铁路货运向现代物流转型。

（国铁集团）

地方篇

京津冀协同发展报告

2024 年京津冀党政主要领导座谈会在津举行

5月11日至12日，2024年京津冀党政主要领导座谈会在津举行，认真贯彻落实习近平总书记关于京津冀协同发展的重要论述特别是习近平总书记在深入推进京津冀协同发展座谈会上的重要讲话精神，盘点一年来的工作成效，研究部署下一阶段重点任务，推动京津冀协同发展不断迈上新台阶，共同打造中国式现代化建设的先行区、示范区。

北京市委书记尹力，天津市委书记陈敏尔，河北省委书记倪岳峰，北京市委副书记、市长殷勇，天津市委副书记、市长张工，河北省委副书记、省长王正谱出席会议并讲话。国家发展改革委党组成员郭兰峰到会指导。

尹力说，十年来，京津冀协同发展取得丰硕成果，去年建立三地党政主要领导协商机制后，构建了"要事有统筹、任务有督办、落实有专班"的工作体系，各项工作跑出加速度。我们深刻体会到，京津冀协同发展是系统工程，要坚持规划引领、同向发力、重点突破、改革创新、久久为功。当前，京津冀协同发展进入纵深推进的关键阶段，要坚定不移沿着习近平总书记指引的方向砥砺前行，锚定中国式现代化建设先行区、示范区目标埋头苦干，携手推动协同发展不断迈上新台阶。突出重点和关键，用好各项协同机制，在疏解与承接上综合施策，坚定不移疏解非首都功能，坚决支持和服务央属标志性项目向外疏解，处理好"新两翼"关系，推进北京城市副中心高质量发展，落实好支持雄安新区一揽子政策措施。自觉在中国式现代化建设进程中把握目标任务，推动形成一批标志性成果，多做打基础、利长远的要事。进一步深化科技创新协同，推动产业链、创新链、资金链和人才链深度融合，打造我国新质生产力的重要策源地，更好发挥动力源作用。在协同发展中攻坚克难，加快建设现代化首都都市圈，进一步落实好京津新一轮战略合作协议，深化与河北高水平合作，推动"通武廊"等毗邻地区深度融合，创新大兴国际机场临空经济区管理机制，建设好通州区与北三县一体化高质量发展示范区。在增进民生福祉上持续用力，强化污染联防联控联治，补齐交通设施短板，推动北京教育、医疗、养老等优质公共服务资源向环京地区布局，完善社保"一卡通"服务，促进文旅融合发展。

陈敏尔说，习近平总书记今年2月视察天津并发表重要讲话，要求以推进京津冀协同发展为战略牵引，在使京津冀成为中国式现代化建设先行区、示范区中勇担使命、开拓进取。天津把学习贯彻习近平总书记重要讲话精神与贯彻落实习近平总书记在深入推进京津冀协同发展座谈会上的重要讲话精神结合起来，清单化、项目化、机制化推进落实，取得明显成效。我们从中更加深刻领悟到习近平新时代中国特色社会主义思想的真理力量和实践伟力，进一步增强了在京津冀协同发展战略实施十周年新起点上再出发、再推进的信心和干劲。要以强化协同创新和产业协作加快发展新质生产力，做实做强京津冀国家技术创新中心天津中心，大力发展科技服务业，推动更多科技成果转化产业化，加快传统产业数字化绿色化转型，培育壮大战略性新兴产业，超前布局未来产业，聚焦重点产业链强链补链，促进特色优势产业集群发展。以深化重点领域合作加快推进区域一体化，建设"轨道上的京津冀"，推出更多"一卡通""一网通"服务事项，加强生态环境联建联防联治，全力支持雄安新区和北京城市副中心建设，建好滨海新区战略合作功能区，推动"通武廊"一体化高质量发展。以全面深化改革开放加快营造一流营商环境和开放创新生态，推动区域市场一体化建设，推进市场准入、协同监管、知识产权等领域改革，加强京津冀自贸试验区联动创新，稳步扩大制度型开放，充分发挥天津港优势和作用，打造我国北方地区联通国内国际双循环的重要战略支点。

倪岳峰说，去年5月，习近平总书记视察河北，主持召开高标准高质量推进雄安新区建设座谈会、深入推进京津冀协同发展座谈会，发表重要讲话，作出重要指示，为我们做好工作提供了根本遵循。一年来，河北牢记嘱托、感恩奋进，坚决贯彻习近平总书记重要讲话精神和党中央决策部署，推动京津冀协同发展取得新的成效。河北将以京津冀协同发展重大国家战略实施十周年为契机，紧紧扭住疏解北京非首都功能这个"牛鼻子"，提高政治站位，服从服务大局，在推动京津冀协同发展中彰显新担当。要在高标准高质量建设雄安新区上实现更大进展，加快标志性项目落地建设，接续承接在京央企总部及二、三级子公司或创新业务板块等。要在协同创新和产业协作上谋求更大突破，抓好6条共建重点产业链，发挥北京科研、天津制造、河北算力优势，共同推进大数据、人工智能等产业，因地制宜发展新质生产力。要在重点领域联动发展上取得更大成效，完善"通武廊"、曹妃甸等重点平台功能，全力服务北京城市副中心建设，从不同方向打造联通京津的经济廊道，在对接京津、服务京津中加快发展自己。要在公共服务共建共享上迈出更大步伐，深化三地教育、医疗等领域合作，推动京津养老项目向河北延伸布局。要完善三地常态化对接机制，推动信息共享、政策配套、资源互通，全力抓好各项重点任务落实，努力形成协同发展合力。

殷勇、张工、王正谱分别围绕推动京津冀协同发展走深走实讲话。

会议审议通过深入推进京津冀协同发展工作机制运行规则和京津冀三省市共同推进雄安新区高标准高质量建设的行动方案、推动6条重点产业链图谱落地的行动方案、协同推进京津冀国家技术创新中心提质增效行动方案、推动"通武廊"一体化高质量发展行动方案。

会议要求，京津冀三省市要共同抓好本次座谈会成果落地落实。进一步完善工作机制，汇聚各方面力量，形成全面协同、深度融合的工作格局。明确责任分工，推动优势互补、相互赋能，务求取得实实在在的效果。用好各类媒体平台，讲好协同故事，宣传发展成果，充分激发干部群众的积极性主动性创造性，努力营造全社会支持参与协同发展的浓厚氛围。

会议确定，2025年京津冀党政主要领导座谈会将在河北省召开。座谈会期间，三省市党政主要领导实地考察了天开高教科创园、中国航天科技集团五院天津基地、SEW－传动设备（天津）有限公司、国家海洋博物馆、天津港环球滚装码头有限公司、天津国际邮轮母港码头、中创智慧冷链有限公司等。还召开了京津冀常务副省（市）长联席会，听取京津冀协同发展各专题工作组工作情况汇报，部署下一步工作。

京津冀三省市有关领导，国家发展改革委有关部门负责同志，三省市有关单位负责同志参加。

从协同协作到联合融合
北京市奋力推进京津冀协同发展不断迈上新台阶

京津冀协同发展是习近平总书记亲自谋划、亲自部署、亲自推动的重大国家战略。十年来，北京市坚决贯彻落实习近平总书记重要讲话精神，牢牢牵住疏解北京非首都功能这个"牛鼻子"，充分发挥"一核"辐射带动作用，携手津冀砥砺奋进，一张蓝图绘到底，区域经济总量突破 10 万亿元，整体实力不断提升，空间格局进一步优化，现代化首都都市圈生机勃勃。

一、不断完善协同推进工作机制，坚决贯彻落实京津冀协同发展重大国家战略

一是建立京津冀党政主要领导协商机制，高位推动省市间合作向广度深度拓展。三省市党政代表团定期互访学习考察，北京市分别与津冀先后签署三轮战略合作协议，全方位深化交流合作。在京召开京津冀党政主要领导座谈会，研究部署三地协同主要任务，创新完善三地之间更加紧密高效的协同工作机制，构建了"要事有统筹、任务有督办、落实有专班"的工作体系。

二是组建京津冀联合办及专题工作组，提升联合融合工作水平。发挥北京市牵头引领作用，三地抽调精兵强将共同组建京津冀联合办，在北京市集中办公，由原来的协同协作提升到联合融合，相互联系更紧密、沟通合作更顺畅，实现"1+1+1 > 3"的效果。按照条块结合原则，三地专业部门及地市（区）共同组建交通、生态、产业、科技创新、毗邻地区等 15 个专题工作组，不断夯实工作基础，抓好跨区域、跨领域协同任务落实。

三是统筹谋划重点任务和落实举措，细化施工图、责任状。落实《京津冀协同发展规划纲要》等国家层面重要文件部署要求，北京市先后制定出台贯彻落实规划纲要意见、贯彻落实习近平总书记重要讲话精神意见、"十三五""十四五"协同发展规划、三年行动计划以及各年度工作要点，形成了"远期有贯彻意见、中期有规划、当年有要点"的梯次推进政策体系。

四是强化上下联通和左右联动，狠抓工作落地见效。国家相关部委主动指导和支持，三地通力协作抓好协同发展重点任务落实，实现了"一张图"规划、"一盘棋"建设，形成同心同向同力发展的工作格局。重点任务纳入督查范围，做到清单化管理、项目化推进、一体化落实。加强宣传引导，积极营造良好氛围，凝聚协同发展正能量。

二、牢牢牵住"牛鼻子"，坚定不移疏解非首都功能

（一）主动支持和服务央属标志性项目向外疏解

服务保障首批疏解至雄安新区的项目落地建设，主动深化北京疏解激励约束政策体系，进一步完善市场准入、差异化价格政策，通过市场化、法治化手段增强向外疏解的内生动力。

（二）打好疏解整治促提升"组合拳"

严格执行新增产业禁止和限制目录，严控与首都"四个中心"功能定位不符的新增产业，不予办理新设立或变更登记业务累计近 2.5 万件。扎实开展疏解整治促提升专项行动，2014 年以来疏解退出一般制造业企业超过 3200 家，疏解提升区域性专业市场和物流中心近 1000 个，拆除违法建设 2.6 亿平方米、腾退土地 2.5 万公顷，精准补建便民商业网点 7700 余个。北京电影学院等 8 所市属高校在五环外建设新校区，天坛医院等 15 家市属医疗机构加快建设新院区。

（三）持续推进核心区功能优化提升

深入实施核心区控规行动计划，持续降低人口、建筑、商业、旅游"四个密度"，让核心区"静"下来。统筹用好疏解腾退空间资源，优先用于保障中

央政务服务功能、增补公共服务设施。推动核心区传统商业设施提质升级，优化重点景区游览管理和游客接待规模调控机制。实现城六区常住人口比 2014 年下降 15% 的目标，自新版城市总体规划实施以来，城乡建设用地规模净减量超过 130 平方公里，北京成为全国第一个减量发展的超大城市。

三、推动"新两翼"建设取得更大突破，加快构建现代化首都都市圈

（一）支持雄安新区建设取得新进展

以"交钥匙"方式支持建设的雄安北海幼儿园、雄安史家胡同小学、北京四中雄安校区开学开园，雄安宣武医院开诊运行。推动实施基础教育提升、医疗卫生发展、职业培训创新"三大工程"，北京 40 余所学校、5 所医疗卫生机构对接支持雄安新区相关学校和医疗卫生机构。雄安新区中关村科技园揭牌运营，已落地企业 64 家，一期入驻率超 90%。推进"北京 + 雄安"政务服务同城化，选派北京优秀干部到雄安新区挂职累计 5 批近 100 人次。

北京支持建设的雄安宣武医院开诊

（二）北京城市副中心建设实现新突破

2019 年 1 月，第一批市级行政机关集中迁入城市副中心。2023 年，行政办公区二期建成，第二批市级机关有序搬迁。城市框架基本成型，保持千亿投资强度，城市绿心公园成为市民文化休闲新地标，北京艺术中心、北京城市图书馆、大运河博物馆"三大文化建筑"投运即成"网红"打卡地，副中心站综合交通枢纽、东六环路入地改造等重点工程加快推进。环球影城主题公园盛大开园，顶点公园和海昌海洋公园 2 个重量级文旅产业项目签约落地城市副中心文旅区。北投集团、华夏银行等一批市属企业落户，运河商务区吸引注册企业超 2 万家，张家湾设计小镇 440 余家创新设计和城市科技企业落地发展。城市副中心加快建设国家绿色发展示范区，高质量完成全国温室气体自愿减排（CCER）交易机构注册登记系统和交易系统上线运行，碳配额和环境权益交易累计成交量突破 1 亿吨。

（三）现代化首都都市圈建设迈出新步伐

唱好京津"双城记"，支持北京科教资源与天津天开高教科创园开展对接

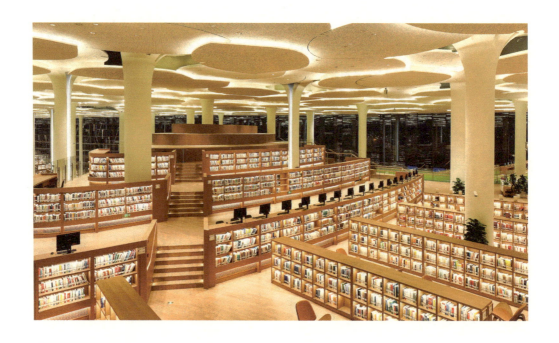

北京城市图书馆投用

合作，持续推进天津滨海－中关村科技园、京津中关村科技城、京津合作示范区等合作园区建设，天津滨海－中关村科技园累计注册企业 4900 余家，京津中关村科技城注册企业 1300 余家。加强北京陆港与天津港运输衔接，天津港至平谷、大红门港铁路班列常态化开行。深化京冀高水平合作，通州区与北三县一体化高质量发展示范区执委会挂牌运行，跨界道路已达 10 条，大运河京冀段全线 62 公里实现旅游通航。连续 5 年举办项目推介洽谈会，累计签约项目 210 余个、意向投资额超 1500 亿元。共建环京周边蔬菜生产基地，支持河北"净菜进京"。持续深化对河北的帮扶合作，京冀互派千余名干部挂职。北京携手张家口成功举办冬奥盛会，共同做好冬奥遗产利用，协同打造京张体育文化旅游带。

四、强化协同创新和产业协作，协力打造引领全国高质量发展的动力源

（一）加快建设北京国际科技创新中心，共推京津冀协同创新共同体建设

强化中关村国家自主创新示范区引领作用，与津冀创新平台共同打造产学研结合的科技创新园区生态，中关村企业在津冀两地设立分支机构超 1 万家，北京流向津冀技术合同成交额由 2013 年的 71.2 亿元增长至 2023 年的 748.7 亿元，年均增长率 26.5%。共建京津冀国家技术创新中心，设立天津、通州、燕郊等分中心，打造技术研发、产业培育、人才培养"三位一体"协同创新体系。搭建京津冀科技成果转化服务平台，联合举办 50 余场中关村"火花"活动，推介北京优秀科技成果 200 余项。设立"京津冀科技创新协同专项"，累计投入科研经费 2.2 亿元、立项课题 86 项，引导社会投入 5 亿元，支持一批北京成熟科技创新成果在津冀转化落地。

（二）不断强化京津冀区域产业协作，共促产业链供应链强链补链

坚持优势互补，推动形成"六链五群"产业格局，三地共同绘制氢能、生物医药等 6 条产业链图谱，并抓好落地实施。京津冀生命健康产业集群、电力装备产业集群获批国家级重点产业集群，产值规模占全国 20% 以上。联合举办京津冀产业链供应链大会，签约项目 152 个，意向投资额超千亿元。连续两

次举办京津产业交流合作对接洽谈会，签约项目 41 个，意向投资额超 270 亿元。利用服贸会、全球数字经济大会等搭建京津冀产业对接平台，参会企业超 3000 家。支持北京证券交易所建设京津冀服务基地，累计培育国家级专精特新"小巨人"企业 1400 多家，专精特新中小企业 1.9 万家。

（三）持续深化体制机制改革，共建改革开放新高地

围绕商事制度、监管执法、政务服务、跨境贸易、知识产权 5 个重点领域，签订京津冀营商环境一体化发展"1+5"合作框架协议。第一批 165 项资质资格互认，自贸试验区 203 项政务服务事项"同事同标"。京津成立提升跨境贸易便利化联合领导小组，推出 100 余项提升京津跨境贸易便利化改革创新举措，企业口岸通关时间和成本大幅降低。推动建立京津冀共建"一带一路"协同工作机制，协力创建京津冀中欧班列集结中心。

五、坚持以人民为中心的发展思想，不断提高人民群众的获得感幸福感安全感

（一）区域交通运输一体化加速形成

加快推进干线铁路、城际铁路、市郊铁路和城市轨道交通"四网融合"。京津冀区域营运性铁路总里程超 1.1 万公里，实现京津冀地区 20 万人口以上城市全覆盖。京雄城际全线贯通运营，实现北京至雄安新区半小时通勤。京张高铁、京哈高铁、京唐城际、津兴城际等开通运营，京昆、京台、京秦等 9 条高速公路相继通车，京津冀主要城市 1~1.5 小时交通圈基本形成。京津城际实现"公交化"运营，最短发车间隔至 3 分钟。天津南站至北京南站实行"预约＋直刷"乘车，北京"亿通行"和"天津地铁"实现 App 互认。优化京津冀客运、货运枢纽布局，推进京津冀世界级机场群与港口群直连直通。

（二）生态环境联防联治水平不断提升

空气环境质量持续改善，2023 年北京 $PM_{2.5}$ 年均浓度为 32 微克／立方米，连续 3 年稳定达到国家二级标准，京津冀地区 $PM_{2.5}$ 平均浓度较 2013 年下降超过 60%。加快实施潮白河、永定河、滦河等跨界河流综合治理。共建绿色生态

京雄高速全线通车

屏障，支持张家口和承德坝上地区植树造林100万亩，京津风沙源治理二期完成营造林200多万亩。完善京津冀流域协同保护机制，京冀两省市签署密云水库、官厅水库上游流域水源涵养区横向生态保护补偿协议，永定河、潮白河等五大主干河流全部重现"流动的河"并贯通入海，密云水库蓄水量快速恢复并在2021年创建库新高。优化京津冀区域能源结构和布局，协力推动绿电通道建设。

（三）公共服务共建共享加快推进

举办京津冀社会组织人才双选系列活动，围绕产业需求加大职业院校合作培养力度，开展职业教育京冀跨省"3+2"中高职衔接合作。推动优质教育服务资源向津冀延伸，成立15个跨区域特色职教集团，组建22个京津冀高校发展联盟。推进京津冀社保卡居民服务领域"一卡通"，支持北京医疗机构与津冀共建跨区域医联体，50项临床检验结果在京津冀685家医疗机构实现互认，京津冀5600余家定点医疗机构实现跨省异地就医住院费用直接结算，9300余家门诊费用直接结算，三地全面取消异地就医备案。推进京津冀养老服务标准互通互认，加大对津冀地区接收京籍老年人养老机构的运营补贴力度，累计拨付运营补贴 5700 余万元，4700 余名京籍老人入住北三县等环京周边养老机构。

（四）灾后恢复重建加紧实施

在国家发展改革委指导支持下，三地协同编制"23·7"特大暴雨洪涝灾害灾后恢复重建规划，统筹用好特别国债资金支持重点项目建设，完善全流域防洪体系，建立协同治水工作机制，提升防灾减灾能力水平。

六、始终奋楫笃行，努力使京津冀成为中国式现代化建设的先行区示范区

在京津冀协同发展新的起点上，北京市将以习近平新时代中国特色社会主义思想为指导，全面贯彻党的二十大精神，深入贯彻落实习近平总书记在深入推进京津冀协同发展座谈会上的重要讲话精神，落实中央区域协调发展领导小组及其办公室部署安排，牢牢把握高质量发展首要任务，紧紧抓住疏解非首都功能这个"牛鼻子"，推动雄安新区和城市副中心"两翼"联动发展，强化协同创新和产业协作，促进重点领域和区域深度融合，不断增强人民群众获得感幸福感安全感，推动京津冀协同发展迈上新台阶。

一是紧抓疏解非首都功能这个"牛鼻子"，推动雄安新区和城市副中心"新两翼"建设迈出新步伐。扎实服务保障央属标志性项目向外疏解，打好疏解整治促提升"组合拳"，严格执行新增产业禁限目录。全面落实京冀两省市共同推进雄安新区建设战略合作协议，深化教育、医疗、职教培训等对接合作，支持雄安新区中关村科技园加速发展。推进城市副中心高质量发展，保持千亿投资强度，加快重大项目投资建设，积极有序推进市属国企向副中心搬迁，加快培育产业发展新动能，扎实建设国家绿色发展示范区。

二是以促进毗邻地区深度融合为重点，构建现代化首都都市圈实现新突破。扎实建设通州区与北三县一体化高质量发展示范区，实现厂通路建成通车，加快建设轨道交通平谷线、石小路等工程。唱好京津"双城记"，落实京津新一轮战略合作协议和专项协议，优化天津滨海－中关村科技园等创新生态，用好

天津港出海通道。加快共建怀丰产业园区，打造京西南旅游休闲体验联合体，加强京东休闲旅游产业协作，协同打造京张体育文化旅游带。推动通勤定制班线向河北涿州等环京周边地区延伸覆盖。

三是以强化协同创新和产业协作为动力，打造引领全国高质量发展动力源取得新进展。推进京津冀国家技术创新中心建设，建立健全科技成果转化供需对接清单，不断提升科技成果转化效率和比重。抓好重点产业链图谱落地，统筹建立链长制，制定产业链延伸布局和协同配套政策，创新链主企业和领军企业协同服务机制，办好京津冀产业链供应链大会。

四是以增进民生福祉为目标，推动重点领域取得新成效。强化区域大气污染联防联控联治，拓展绿色生态空间。巩固提升"轨道上的京津冀"，推进城际铁路联络线一期、城市副中心线整体提升等重点工程建设，强化京津冀机场群、港口群协作。深化公共服务共建共享，强化就业优先政策，推动优质中小学基础教育资源与河北深化合作，开展跨区域医联体建设，加快推进京津冀社保卡居民服务"一卡通"。协同推进海河流域治理，慎终如始做好灾后恢复重建，推动京津冀地区防洪工程体系建设，统筹用好特别国债等中央资金，不断提升防灾减灾救灾能力。

（北京市）

携手十年路　奋进新征程
——天津市推动京津冀协同发展走深走实

十年来，天津市深入贯彻落实习近平总书记关于京津冀协同发展的重要讲话和指示批示精神，不断提高政治站位、战略定位，立足"一基地三区"功能定位，坚持从全局谋划一域、以一域服务全局，全力服务北京非首都功能疏解和北京"新两翼"建设，唱好京津"双城记"，强化协同创新和产业协作，深化基础设施互联互通，加强生态环保联防联控联治，促进基本公共服务共建共享，扎实推动京津冀协同发展走深走实，为使京津冀成为中国式现代化建设先行区、示范区作出天津贡献。

一、牵牢"牛鼻子"，服务北京非首都功能疏解和"新两翼"建设

央地合作成果丰硕。建立高频高效"握手"通道，全方位深化与国家部委、央企、央院等合作，充分运用市场化机制，全力服务符合天津"一基地三区"定位、适合向天津转移的非首都功能疏解。亚洲基础设施投资银行（简称亚投行）天津办公室投入使用，中海油、中石化、中铁建、通用技术集团等一批央企在津布局，一批高质量项目落户天津。

平台建设特色明显。统筹优化全市承接格局，市区联动打造一批特色产业园区。天津滨海－中关村科技园累计注册企业超4900家，其中国家科技型中小企业259家，国家高新技术企业193家。宝坻京津中关村科技城累计注册企业超1500家。武清京津产业新城规划建设方案获批实施，中国铁道科学研究院

亚投行天津办公室投入使用

中国铁路物资股份有限公司落户南开区

京津两市合作共建天津滨海－中关村科技园

国家级检验检测中心落户宝坻京津中关村科技城

研发中心、北京化工大学武清产学研基地等重点项目加快建设。出台《天津西站综合开放枢纽——京津冀同城商务区总体建设方案》，站产城一体化枢纽不断完善。国家会展中心（天津）建成投用，窗口辐射带动功能逐步显现。

服务"两翼"展现作为。与河北省签署积极推进河北雄安新区建设发展战略合作协议，支持雄安新区全面深化改革和扩大开放。津雄城际铁路纳入国家规划。设立天津港雄安服务中心，打造雄安新区快速出关、便捷出海的"绿色通道"，天津港雄安绿色通道集装箱操作量累计超过4万标准箱。天津城建设计院、市政工程设计院设立雄安分院，天津一中设立雄安校区，天津职业大学、天津医科大学总医院等一批职业院校、医疗机构持续为雄安新区提供优质技能培训和技术帮扶。推动武清区、宝坻区等毗邻区主动融入通州与北三县一体化发展。

滨海新区高质量发展成效明显。建成航空航天、电子信息等8个国家新型工业化产业示范基地，空客天津A320系列飞机第二条总装线项目开工建设，形成绿色石化、电子信息、新能源新材料、汽车等4个千亿级产业集群，租赁资产规模和商业保理资产规模居全国第一。拥有国家级创新平台78个，获批全国创新驱动示范区、首批国家知识产权保护示范区建设城市。

天津港服务雄安新区绿色通道开通

二、唱好"双城记"，持续拓展京津双城合作广度和深度

"北京研发－天津转化"成势见效。天开高教科创园加强与北京创新资源对接，北京清微智算、初相位科技、映目云等一批项目成果落地，累计注册企业1200余家。京津冀国家技术创新中心与南开大学等共同打造7个技术创新平台。北京"纳通骨科生产基地"等项目开工建设，中关村在河北区设立京津

天开高教科创园 2023 年 5 月 18 日开园

中关村硬创空间在河北区设立中试服务基地

冀区域首个中试服务平台。

港产合作深入推进。打造北京便捷出海口，开通"天津港—北京大红门""天津港—北京平谷"等海铁联运班列，设立"北京CBD—天津港京津协同港口服务中心"，有力服务北京外向型经济发展。做好LNG、航油等能源物资保供，

"天津港—北京大红门"海铁联运班列开通

LNG船在天津南港北京燃气LNG码头停靠接卸

京唐、京滨城际铁路宝坻站开通运营

北京燃气 LNG 应急储备项目一期工程投产。依托京津物流园在京津两地间搭建高端智慧冷链物流商贸平台，为北京地区提供"从港口到餐桌"的便利化服务。

通勤服务更加便捷。京滨城际北段（天津宝坻区至北辰区段）建成运营，津兴城际铁路通车运营，形成京津、京沪、京滨、津兴 4 条高铁联通京津双城的交通格局。京津城际铁路实行"月票制"，实现"公交化"运营，常态化开行重联和长编组列车，高峰日增加席位 2.76 万张，提升运能 18%。京津冀交通"一卡通"已覆盖天津全部公交和地铁运营线路，地铁乘车实现"一码通行"。开行武清至北京客运"定制快巴"，满足两地居

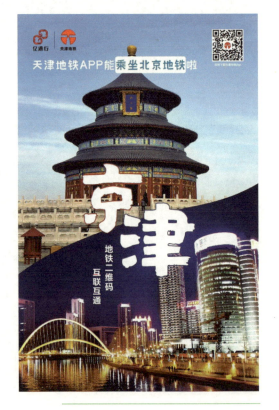

京津两市地铁乘车二维码实现互联互通

民跨省市通勤需求。对来津北京牌照小型、微型客车限行实行同城化管理。

三、增强"动力源"，全面强化协同创新和产业协作

共建协同创新体系。协同打造战略科技力量，高标准建设天津 15 家全国重点实验室，天津大学、南开大学等与清华大学、河北英利集团等联合建设 6 家全国重点实验室。京津冀国家技术创新中心与南开大学、清华高端院等共建 7 个创新平台。清华大学天津高端装备研究院、清华大学天津电子信息研究院等一批研发机构落户。

位于东丽区的清华大学天津高端装备研究院

共绘重点产业链图谱。京津冀三地共同完成高端工业母机等 6 条产业链图谱绘制，梳理出 229 个技术"卡点"、174 个产业链"堵点"，成为投资京津冀的"指南针""导航图"。常态化举办"京津产业握手链接洽谈会"，2023 年累计签约和落地合作项目 44 个，意向投资额 274 亿元。成功举办首届京津冀产业链供应链大会等一系列产业对接活动。三省市联合打造的京津冀生命健康集群获批国家级先进制造业集群。

共促产业成龙配套。在新能源和智能网联汽车产业方面，一批汽车及新能源汽车零部件企业融入北京奔驰、北京现代等整车厂商供应链体系，经纬恒润、百度等一批智能网联车企业来津发展。在高端工业母机产业方面，北京工业母机链主企业在津投资布局，北京精雕集团数控机床天津生产研发基地竣工，通用技术集团机床研究院落户天津。在集成电路产业协同方面，与北京共建天津南港电子化学品战略储备库、北方电子化学品基地。中国汽研中心牵头的中国汽车芯片标准检测认证联盟在津成立，首批120余家链条企业和机构入盟。在算力产业方面，国家超算天津中心累计服务三地1000多家科研单位、企业和政府机构，获批筹建国家新一代人工智能公共算力开放创新。中国联通北方首个工业互联网研究院落地揭牌，中国联通京津冀数字科技产业园完成验收，有力支撑京津冀国家算力枢纽节点和工业互联网协同示范区建设。

四、畅通"大动脉"，加快推进基础设施互联互通

优化"硬联通""软联通"。持续建设"轨道上的京津冀"，高铁城际里程达到410公里，铁路总里程1468公里，路网密度全国第一，初步实现京津雄0.5小时通达、京津冀主要城市1~1.5小时通达。津石、塘承高速等全线贯通，建成津围北二线等省际接口路，与京冀高速公路、普通国省道接口分别达到16个、32个，高速公路网密度居全国第二。优化智慧联通，联通工业互联网研究院落地揭牌；实施千兆5G和千兆光网建设提升工程，5G基站累计建成7.3万个，5G全连接工厂重点项目超20个。

建设世界一流港口群、机场群。打造世界一流智慧港口、绿色港口实现重要突破，建成全球首个"智慧零碳"码头，获评国务院国资委国企建设品牌案例；天津港集装箱航线达到145条，2023年集装箱吞吐量突破2200万标准箱。环渤海内支线运输辐射环渤海主要港口，津冀港口集团签署世界一流港口联盟合作协议，天津港启运港退税政策落地实施。实施天津港口降费提效优化环境专项行动，在全国率先推出"船边直抵"和"抵港直装"改革，口岸营商环境不断优化。加快落实国际航空物流中心定位，天津机场新开加密国际和国内航

全球首个"智慧零碳"码头——天津港北疆港区 C 段智能化集装箱码头正式投产运营

线，航空物流园区大通关基地一期竣工验收，由河北、青海、甘肃、宁夏转运至北京的海运邮件调整至天津国际邮件互换局清关发运，跨境寄递服务辐射作用有效发挥。

五、夯实"绿基底"，深入推进生态环境联防联建联治

大力实施蓝天、碧水、净土工程，全面加强京津冀大气、水、土壤污染协同治理。狠抓燃煤、机动车和扬尘污染治理，2023 年全市 $PM_{2.5}$ 平均浓度比 2013 年下降 57%。强化水环境污染联保共治，推动建设区域一体化水环境监测网络，地表水国控断面优良水质比例达到 58.3%，会同河北省连续实施三期引滦入津上下游横向生态保护补偿协议，引滦入津水质明显改善。优化扩大生态空间，以国家级标准对大黄堡等 875 平方公里湿地进行保护修复，有序推进 736 平方公里绿色生态屏障区建设，以 153 公里海岸线为重点开展渤海湾综合

绿色生态屏障（津南区八里湾）

中新生态城岸段获评全国美丽海湾优秀案例

治理。12 条入海河流稳定消劣，中新生态城岸段获评全国美丽海湾。

六、提升"获得感"，持续加强公共服务共建共享

教育医疗合作深入开展。11 所天津高校与京冀 65 所高校共建 32 个教育联盟，协和医学院天津医院校区开工建设。全面实现京津冀区域异地就医住院、普通门诊和门诊慢特病医疗费用直接结算"免备案"。持续扩大异地就医直接结算范围，天津市开通异地就医住院、普通门诊、门诊慢特病定点医药机构分别达到 458 家、1642 家、617 家。设立京津冀"3+N"全国第一家跨省带量采购区域联盟，完成骨科创伤类等 17 批次医用耗材、5 批次 239 种药品集中带量采购工作。建立京津冀高效统筹疫情防控和经济社会发展"白名单"制度，推动完善京津冀公共卫生和突发事件长效联动机制。协和医学院天津医院一期投入使用。

人才社保服务机制不断完善。推动三地专业技术人员职称资格、外籍人才

协和医学院天津医院一期 2023 年 10 月投入使用

流动资质等互认，共同制定发布全国首个人力资源服务区域协同的地方标准。在京津冀地区推出整建制引进企业职工异地社保"同城化"认定机制。社保卡"一卡通"服务加快推进，已实现社保待遇发放及资格认证、医保待遇结算、政府补助补贴资金发放、交通出行、信用积分、文化体验（博物馆）等方面应用。实施京津冀跨区域养老机构运营补贴拨付政策，三地老年人跨区域养老的便利性不断增强。

文旅协同纵深推进。联合推介京津冀精品旅游线路，联动实施外国人144小时过境免签政策，大力推动长城、大运河国家文化公园建设。深入挖掘河、海、洋楼等特色资源，升级推出42条"津牌"旅游线路，培育"北京最近的海"话题，打造"四季欢乐游 天津常走走"主题产品，上线"乐游京津冀一码通"系统，举办海河文化旅游节、"向海乐活节"等系列文旅活动。

七、激发"新活力"，共建改革开放新高地

推动京津冀区域市场一体化建设。印发实施京津冀区域市场一体化建设21条举措。率先发布京冀企业资质资格在天津市直接生效和可直接认定的31项涉企行政许可事项清单，与京冀共同推出165项资质资格互认清单。发布首批"京津冀＋雄安"自助办事项208项，"京津冀一网通办"服务专区平台累计上线527个事项。与石家庄市开展远程异地评标合作，完成天津市首个远程异地评标项目。"通武廊"区域创新平台共享共用目录纳入80家实验室、孵化器、众创空间等创新平台并向三地企业开放。

扩大高水平开放。天津自贸试验区39项制度创新成果在全国复制推广，三地自贸试验区累计推出179项"同事同标"事项。天津临港综合保税区获国务院批复设立，成为天津市第5个综合保税区。天津国家服务业扩大开放综合试点落地见效，支持快递业提供一体化供应链管理服务等4项经验入选国家服务业扩大开放综合试点示范最佳实践案例。天津茉莉亚学院开学设班。

加强体制机制创新。携手建立京津冀党政主要领导座谈会机制，共同组建京津冀联合办公室，在决策、协调、执行层面构建更加紧密的协同推进机制，凝聚强大工作合力。京津冀三省市党政代表团互访考察，京津"1+7"合作协议、

首批 208 项 "京津冀 + 雄安" 自助办事项发布, 可在智能政务服务自助终端办理

天津茱莉亚学院是茱莉亚学院的第一所海外分院

津冀"1+6"合作协议全面落实，各层级、各领域"动起来""热起来"的局面进一步拓展。京津冀人大常委会围绕协同推进大运河文化保护传承利用、京津冀协同创新共同体建设等重点事项开展协同立法，提供法治保障。京津冀政协主席联席会议、京津冀人才一体化发展部际协调小组会议等活动成功举办，全面协同、深度融入的工作合力加快汇聚。

下一步，天津市将坚持以习近平总书记重要讲话精神为指引，进一步提高政治站位、把握战略定位、认清自身方位，更加自觉地从全局谋划一域、以一域服务全局，凝心聚力推动京津冀协同发展走深走实，齐心协力打造中国式现代化建设的先行区、示范区。

一是在全面深入贯彻落实习近平总书记关于京津冀协同发展重要讲话精神上提升新境界。坚持把推进中国式现代化作为最大的政治，把高质量发展作为新时代的硬道理，落实好党中央、国务院决策部署，把京津冀协同发展作为推动高质量发展的战略牵引，贯彻落实到天津全面建设社会主义现代化大都市的各领域、全过程。聚焦重要时间节点，办好三地党政主要领导座谈会，总结好宣传好京津冀协同发展成效，为协同发展营造良好氛围，凝聚奋进力量。

二是在全力服务北京非首都功能疏解和"新两翼"建设上展现新作为。有选择地错位承接非首都功能疏解。高标准建设滨海新区战略合作功能区，在建设京津冀世界级城市群中发挥重要作用。持续完善管理体制、利益共享和支持激励机制，推动滨海－中关村科技园、宝坻京津中关村科技城、武清京津产业新城等重点平台建设提质提速提效。做强天津港集团雄安服务中心，深化津雄职教集团建设。推动武清、宝坻等区融入通州区与北三县一体化高质量发展。

三是在唱好京津"双城记"上呈现新气象。把北京科技创新优势和天津先进制造研发优势结合起来，支持北京科教资源与天开高教科创园开展对接合作，打造京津冀协同创新和成果转化重要承载地，推动京津冀国家技术创新中心天津中心实体化运行，不断提升"京津产业握手链接洽谈会"等活动影响力。完善首都地区客货运网络，不断拓展天津港国际航线，加强天津港与北京空港、陆港运输衔接，积极开展面向首都的冷链物流等业务。

四是在协同创新和产业协作上开创新局面。协同建设战略科技力量，打造更多"国之重器"；健全科技成果转化对接机制，提升科技成果区域内转化效率和比重。抓好重点产业链图谱落地，围绕技术"卡点"实施协同攻关，围绕产业链"堵点"开展联合招商。做大京津冀新能源与智能网联汽车生态圈，协同培育集成电路、网络安全、安全应急装备先进制造业集群。接续办好京津冀产业链供应链大会，策划开展区域性、专业化特色产业交流活动，引导国内外资源向京津冀布局。

五是在重点领域协同发展上实现新突破。推进一批基础设施"硬联通""软联通"项目，深化生态环境联建联防联治，协同推进京津冀灾后重大项目谋划实施，提升教育医疗、社保养老、文旅体育等领域合作。协同优化区域营商环境，加强京津冀自贸试验区、综合保税区联动发展，共建改革开放新高地。

（天津市）

携手共进起宏图
河北在对接京津服务京津中加快发展

京津冀协同发展是习近平总书记亲自谋划、亲自部署、亲自推动的重大国家战略。战略实施十年以来，河北省深入学习贯彻习近平总书记关于京津冀协同发展的重要指示批示精神，全面落实党中央、国务院决策部署和中央区域协调发展领导小组工作安排，在国家有关部委和京津两市的大力支持下，牢牢牵住北京非首都功能疏解这个"牛鼻子"，大力实施"两翼"带动发展战略，加快推进重点区域和重点领域协同发展，在对接京津、服务京津中加快发展自己，解放思想、奋发进取，推动京津冀协同发展取得明显成效。

一、承接北京非首都功能疏解初见成效

认真贯彻习近平总书记"稳妥有序疏解北京非首都功能"的重要指示精神，坚持全面承接、全域对接，打造承接平台，优化承接环境，落地实施一批标志性承接项目。

一方面，大力推动雄安新区北京非首都功能疏解集中承载地建设。雄安新区建设取得重大阶段性成果，雄安"1+4+26"规划体系和"1+N"政策体系基本建立，"三横四纵"高速公路和对外骨干路网全面建成，京雄城际和雄安站建成投运，京雄商高铁雄安新区至商丘段、京昆高铁雄安新区至忻州段、雄安新区至北京大兴国际机场快线开工建设，环起步区防洪堤初步具备200年一遇防洪能力，容东、雄东、容西片区安置房陆续交付，城市大脑、城市计算机等智能基础设施加快建设，新区城市框架逐步拉开。首批标志性疏解项目陆续在

雄安新区落地，中国星网、中国华能、中国中化总部项目加快建设，北京交通大学、北京科技大学、北京林业大学、中国地质大学（北京）4 所高校雄安校区和北京大学人民医院雄安院区开工建设。另一方面，统筹推动全省其他地区承接疏解工作。加强与国家有关部委和北京市沟通对接，引导非首都功能疏解项目向环京地区、省内其他市县梯度布局，精准定位、错位承接相关产业转移，2023 年，全省引进央企二、三级子公司实现历史性突破。精心培育京冀曹妃甸协同发展示范区、津冀芦台·汉沽协同发展示范区、渤海新区（黄骅市）等重点合作平台，加强基础设施建设，完善公共服务配套，对北京非首都功能疏解项目和人口的吸引力、承载力不断增强，2014 年以来全省累计承接京津转入基本单位 4.3 万余家。

2023 年 11 月中国地质大学（北京）雄安校区开工

二、"三区一基地"建设成效明显

认真贯彻"立足各自比较优势、立足现代产业分工要求、立足区域优势互补原则、立足合作共赢理念"的要求，扎实落实党中央赋予河北的功能定位，加快推进"三区一基地"建设。

一是推进全国现代商贸物流重要基地建设。"一环、两通道、多节点"商贸物流空间格局基本形成，唐山、石家庄、保定、沧州获批国家物流枢纽城市，设立石家庄、曹妃甸、廊坊、秦皇岛、大兴机场、雄安新区6家综合保税区，启动唐山、石家庄、雄安新区、廊坊、沧州跨境电商综合试验区建设，成功举办第六届、第七届、第八届中国国际物流发展大会，支持廊坊现代商贸物流基地建设，2023年全省商贸物流业增加值占GDP比重达15.5%。二是推进全国产业转型升级试验区建设。坚决去、主动调、加快转，超额完成国家下达的钢铁、煤炭、水泥、平板玻璃、焦炭、火电六大行业去产能任务；深入开展"万企转型"行动，大力培育12个主导产业和107个县域特色产业，成功举办四届中国国际数字经济博览会，高新技术产业增加值占规模以上工业比重由2014年的13.1%提高到2023年的21.4%。三是推进全国新型城镇化与城乡统筹示范区建设。着眼与京津共同打造世界级城市群，加强区域中心城市规划建设管理和县城扩容，城镇空间布局结构不断优化，初步形成以7个大城市（石家庄、唐山、邯郸、保定、秦皇岛、张家口、邢台）、5个中等城市（衡水、廊坊、承德、沧州、三河）、20个小城市为主体，县城和小城镇为支撑的多节点、网络型城镇体系，迁安、黄骅、武安、任丘、三河入围工业和信息化部赛迪顾问县域经济研究中心发布的2023中国县域经济百强名单；加强城镇基础设施和公共服务体系建设，大力实施老旧小区和城中村改造；推进宜居宜业和美乡村建设，农业转移人口市民化加快推进，全省常住人口城镇化率由2014年的49.3%提高到2023年的62.8%。四是推进京津冀生态环境支撑区建设。统筹山水林田湖草沙综合治理，深入推进蓝天、碧水、净土保卫战，实施京津风沙源治理、三北防护林、太行山燕山综合治理、地下水超采综合治理等重点工程，塞罕坝林场荣获联合国"土地生命奖"；2014—2023年全省累计完成营造林6869万亩，2022年全省国考地表水断面优良比例首次超过80%，白洋淀进入全国水质优良湖泊行列，《华北地区地下水超采综合治理行动方案》明确的59.7亿立方米治理任务全部完成。

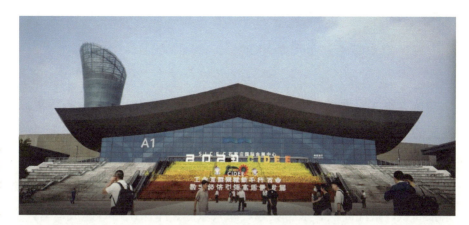

2023 中国
国际数字经
济博览会

承德塞罕坝
国家级自然
保护区风光

青头潜鸭在
白洋淀

三、重点领域协同持续突破

认真落实习近平总书记关于交通、生态、产业、公共服务等重点领域协同发展的重要指示批示精神，全面深化与京津对接合作，努力实现"一加一大于二、一加二大于三的效果"。

一是交通领域。北京大兴国际机场正式通航，打开了通往世界的"新国门"；京张高铁、京沈高铁、京唐城际、津兴城际、津保铁路等建成运营，实现承德、廊坊、沧州等省内城市与省会高铁直通，"轨道上的京津冀"主骨架基本形成；累计打通拓宽对接京津干线公路44条段、2552公里，全省高速公路里程达8421公里，京雄高速、津石高速、太行山高速等建成通车。二是生态环保领域。建立京冀密云水库上游潮白河流域、津冀引滦入津上下游横向生态补偿机制，2023年与北京签订官厅水库上游永定河流域水源保护横向生态补偿协议，京津水源上游重点流域生态补偿已实现全覆盖；实施大气污染联防联控，着力打好散煤治理、清洁能源替代等六大攻坚战，2023年全省 $PM_{2.5}$ 平均浓度降至38.6微克/立方米、比2014年下降57.6%，地表水国考断面优良比例由39.2%提升至85%，国考劣Ⅴ类水体断面全部消除。三是产业领域。京津冀产业联系越来越紧密，精准定位环京津、沿海、冀中南三大区域，错位布局产业链条，与京津共同印发《京津冀重点产业链协同机制方案》，编制机器人、新能源和智能网联汽车产业链图谱等6条产业链图谱，联合发布《京津冀产业合作重点平台目录（2023年版）》，举办廊坊国际经贸洽谈会、京津冀国际生物医药和大健康产业发展大会等对接活动，京津冀生命健康集群、保定市电力及新能源高端装备集群入选国家先进制造业集群，"河北净菜"在首都市场影响力持续提升，张北云联数据中心等项目投产运营，三地产业链、创新链、供应链融合度和稳固度不断提升。四是公共服务领域。推动公共服务共建共享，联合制定京津冀教育协同发展三年行动计划，持续扩大部委属高校在河北省招生规模，引进一批京津优质学校在河北省设立分校，京津冀9所高职院校开展跨省市单独招生，北京四中、史家胡同小学、北海幼儿园雄安校区开学招生；雄安宣武

京雄高速建成通车

国内首列氢燃料混合动力铰接轻轨车在京车智能制造基地下线

第四批国家区域医疗中心——北京中医药大学东方医院秦皇岛医院

医院开诊，北京大学人民医院石家庄医院等8个国家区域医疗中心项目相继落户，京津冀区域实现异地就医医保直接结算免备案，建立京津冀区域联盟药品医用耗材集中带量采购机制，协同建设40个京津冀医联体，实现设区市全覆盖；京津冀社保卡居民服务"一卡通"取得重要突破，交通出行、旅游观光、文化体验、政务服务等7个重点场景已在省内先行先试实现"一卡通"；连续举办七届河北省旅游产业发展大会，上线"乐游京津冀一码通"，2500家文旅企业单位进驻平台、注册用户突破150万，同时实施旅游包车周末、节假日通行河北高速免费政策，"这么近，那么美，周末到河北"成为旅游新时尚。

四、重点区域一体化取得明显进展

认真落实习近平总书记关于北京城市副中心建设和历次考察冬奥会筹办工作的重要指示批示精神，张北地区、廊坊北三县、北京大兴国际机场临空经济区发展步入快车道。

一是借助冬奥会筹办张北地区加快发展。张家口赛区76个冬奥项目全部按时投入使用，科学严谨落实疫情防控措施，全力做好各项基础保障工作，与北京携手向世界奉献了一届"简约、安全、精彩"的冬奥盛会。扎实推进张家口"首都"两区和可再生能源示范区建设，大力发展冰雪运动和冰雪产业，实施易地搬迁、植树造林等工程，《京张体育文化旅游带建设规划》印发实施，累计落地冰雪产业项目107个，投运服务器153万台，可再生能源装机规模达到3291万千瓦，2023年张家口市$PM_{2.5}$平均浓度18微克/立方米，空气质量在全国168个城市中排名第8。二是主动服务北京城市副中心建设，加快推进廊坊北三县与通州区一体化高质量发展。认真落实"统一规划、统一政策、统一标准、统一管控"要求，与国家发展改革委、北京市政府联合印发《北京市通州区与河北省三河、大厂、香河三县市协同发展规划》，构建形成北三县"1+5+12"规划体系，通州区产业、基础设施、公共服务等向北三县延伸布局，10条跨界道路建成通车；通州区与北三县一体化高质量发展示范区执委会挂牌成立，相继召开理事会、执委会第一次会议，真正实现了坐在一起、想在一

张家口国家跳台滑雪中心——雪如意

北京大兴国际机场综合保税区——全国唯一一个跨省市建设的综合保税区

起、干在一起。三是北京大兴国际机场临空经济区建设稳步推进。临空经济区廊坊片区"1+4+13"规划体系构建完成，中央编办批复同意设立临空经济区联合管委会，京冀联合管委会组建完成，临空服务中心、综合保税区（一期）等市政基础及公共服务设施项目全面完工，综合保税区正式运营。

五、体制机制改革和协同创新成果丰硕

向改革创新要动力，发挥引领高质量发展的重要动力源作用，积极探索，先行先试，持续破解制约京津冀协同发展的行政壁垒和体制机制障碍，取得显著成效。

一是完善工作机制。2023 年首次与京津共同召开京津冀党政主要领导座谈会，推动建立健全京津冀党政主要领导、副省（市）长、联合办、专题工作组四个层面工作机制，印发实施各项工作规则，成立京津冀联合办，组建 15 个专题工作组，协同构建了"要事有统筹、任务有督办、落实有专班"的工作体系。二是深化体制机制改革。中国（河北）自由贸易试验区、京津冀大数据综合试验区等跨区域政策平台获批并加快实施，石保廊全面创新改革试验区 32 项改革试验任务全部完成；与京津实现了一批资质认证和检查检验结果互认互通，跨区域组建了京津冀城际铁路投资公司、京津冀协同发展产业投资基金等一批市场主体；京津冀三地协同制定出台机动车和非道路移动机械排放污染防治条例，为全国首部区域协同立法。特别是 2023 年以来，河北省加快梳理破解制约京津冀协同发展的行政壁垒和体制机制障碍，与京津联合颁布了一批重要政策性文件，推动实现京津冀企业公共信用综合评价、交通服务领域政务服务等领域标准统一，最大限度简化京津迁入企业落地手续，三地联合发布 71 项资质资格互认事项，分两批上线开通了"京津冀＋雄安"政务服务跨省通办 231 个自助办事项，12345 热线实现三地"一键互转"，520 家产业链供应链重点企业实现三地海关互认。三是大力推进协同创新。河北与京津高校、科研单位、重点企业共建一批产业技术创新战略联盟和创新平台，联合出台推进协同创新共同体建设的决定，共同组建氢能产业创新联合体，实现京津冀高

新技术企业整体搬迁资质互认、科技创新券互认互通和大型科研仪器开放共享，举办了一批京津科技成果进河北活动，2023 年全省吸纳京津技术合同成交额达 810 亿元，是 2014 年（68 亿元）的近 12 倍。

下一步，河北省将坚持以习近平新时代中国特色社会主义思想为指导，深入落实党中央、国务院决策部署，紧紧扭住承接北京非首都功能疏解这个"牛鼻子"，进一步解放思想、奋发进取，深化与京津务实合作，推动承接北京非首都功能疏解实现新突破，进一步深化重点领域协同和重点区域一体化，持续强化体制机制改革，在对接京津、服务京津中加快发展自己，努力推动京津冀协同发展不断迈上新台阶，以更加崭新的姿态和昂扬的斗志推进重大国家战略实施，坚决把习近平总书记擘画的京津冀协同发展宏伟蓝图变成生动实景，奋力谱写中国式现代化建设河北篇章！

（河北省）

深入学习贯彻习近平总书记重要讲话精神
奋力谱写高标准高质量建设雄安新区新篇章

2017年3月28日，党中央、国务院印发《关于设立河北雄安新区的通知》。4月1日，设立河北雄安新区的消息正式由新华社对外发布。7年来，雄安新区党工委、管委会始终坚持把贯彻落实习近平总书记系列重要讲话和重要指示批示精神这条主线贯穿到雄安规划建设全过程、各环节，全面落实党中央、国务院决策部署和省委、省政府工作安排，以"建设新功能、形成新形象、发展新产业、聚集新人才、构建新机制"为重要抓手，稳扎稳打、善作善战，有力有序有效推动雄安建设发展。紧紧扭住承接北京非首都功能疏解这个"牛鼻子"，高标准、高质量建设雄安新区，强化协同创新和产业协作，持续提高公共服务水平，推动京津冀协同发展不断迈上新台阶。

一、工作进展和成效

（一）承接北京非首都功能疏解方面

雄安新区牢牢把握北京非首都功能疏解集中承载地首要定位，全面落实党中央关于北京非首都功能疏解的总体工作安排，制定配套支持疏解政策，健全疏解服务机制，有力有序推动雄安新区承接疏解项目落地，全力推动标志性疏解项目取得突破性进展。一是疏解配套政策体系基本形成。落实中央层面研究制定激励约束政策工作安排，细化用地、住房、户籍、人才、教育、医疗卫生、社保、医保、金融、企业创新发展等十个方面配套实施方案，雄安新区层面"1+10"疏解配套支持政策体系基本形成。积极落实中央一揽子特殊支持政策，雄安新区住房公积金、养老、医保等政策基本实现与北京标准相衔接。二是党中央、国务院确定的首批疏解项目加快落地。截至 2023 年底,中国星网主体工程已完成二次结构施工,中化总部大楼正在推进主体工程施工,中国华能总部大楼正在开展二次结构施工,中国矿产签订土地出让成交确认书。首批疏解的 4 所高校已全部开工建设,北大人民医院雄安院区建设工程项目开工建设,北京协和医院雄安院区项目正在履行立项程序。三是服务疏解单位成效明显。建立健全"指挥部+管委会+工作专班+综合服务中心"承接疏解工作机制,完善"一个项目、一个团队、一套方案、一跟到底"协调服务机制,形成注册、供地、审批、建设"一条龙""一站式"综合服务模式。出台支持疏解企业落户雄安的若干措施,从落地补贴、经营奖励、住房补助、人才奖励、科技创新等方面,设置专项奖励资金,提供住房保障,加大政策扶持力度。2023 年雄安新区举办各种形式疏解单位对接活动 400 余场次。雄安新区设立以来,中央企业在雄安设立子企业及各类分支机构 200 多家,2023 年 52 家央企二、三级子公司注册落地,疏解集中承载地作用进一步显现。

(二)高标准高质量建设雄安新区方面

雄安新区严格执行上级批复的各项规划,科学精准组织实施,确保雄安建

中国星网总部项目现场

中国中化总部项目现场

中国华能总部项目现场

设经得起历史检验。一是高起点编制规划。雄安新区深入贯彻落实习近平总书记"把每一寸土地都规划得清清楚楚后再开工建设"的重要指示精神，始终坚持先规划后建设，持续完善"1+4+26"规划体系，精心编制《河北雄安新区规划纲要》《河北雄安新区总体规划（2018—2035年）》《河北雄安新区起步区控制性规划》《河北雄安新区启动区控制性详细规划》《白洋淀生态环境治理和保护规划（2018—2035年）》及起步区相关组团、外围组团、特色小城镇、美丽乡村规划，形成"1+5+22+100"的城乡空间格局，为疏解项目落地实施和城市开发建设提供规划支撑。加强城市风貌管控，形成管控规则和实施机制，组建雄安规划委员会，全面提升雄安规划管理水平。二是全力抓好重点项目建设。坚持"成片开发、混合开发、融合开发"，先地下后地上，合理把握开发节奏，现实城市与数字城市同步建设，建立"指挥部+片区管委会+集团专业公司"项目协调指挥机制和领导包联挂钩制度，大规模建设全面提速。雄商、雄忻高铁等重大工程加快建设，启动区重点市政基础设施基本建成，"三横四纵"骨干路网具备通车条件。截至2023年底，累计实施重点项目292个，完成投资6570亿元，开发面积覆盖184平方公里，总建筑面积达4300多万平方米，4000多栋楼宇拔地而起，新建道路712公里，新建地下管廊141公里。城市框架全面拉开，城市肌理不断优化，环城市外围道路、内部骨干路网、生态廊道、城区水系"四大体系"基本成型。集中疏解承接区域、支撑服务疏解产业配套区域、安置居住服务区域三个层面片区融合发展，互相促进，形态开发、功能开发、平台开发三大开发同步推进，雄安新区综合承载能力、要素集聚能力、自我发展能力三个能力不断增强。三是加强生态环境治理和保护。坚持补水、治污、防洪"三位一体"统筹推进白洋淀生态环境治理，科学谋划近五年重点任务和到2035年工作目标，加强白洋淀生态环境治理和保护的制度设计。协同推进水资源、水环境、水生态治理，统筹实施污染治理、清淤疏浚、生态补水、生态修复，白洋淀生态环境治理和保护成效得到进一步巩固和提升。积极构建多源补水有效体系，截至2023年底，累计入淀水量超18亿立方米；完成白洋淀生态清淤四期工程，常态化开展水草打捞；深化农村生态环境综合整治，实行淀中村、淀边村生态治理以奖代补政策，常态化开展联合执法，农

雄安站

白洋淀码头

白洋淀长廊

雄安千年秀林

村黑臭水体保持动态清零，农村人居环境不断提升。强化生物多样性保护，白洋淀淀区总体水质保持在Ⅲ类。截至2023年底，白洋淀野生鸟类增至275种，较雄安新区设立前增加69种，重现淀水清澈、鸥鸟翔集的美丽画卷。持续抓好植树造林，截至2023年底，雄安新区累计新造林47.8万亩，各类造林绿化面积达到73.8万亩，成林后雄安森林覆盖率将提升到34.9%。

（三）强化协同创新和产业协作方面

实施创新驱动发展战略，以科技创新引领现代化产业体系建设。一是不断完善创新工作思路。组建以雄安新区分管同志为组长的科技创新工作专班，不断强化对科技创新的统筹协调。以"四个三"科技创新体系建设为牵引，重点发展新一代信息技术、现代生命科学与生物制造和新材料产业，积极建设国家级前沿创新平台、产业孵化创新平台与成果转化创新平台，持续打造启动区及第五组团联动容东片区、自由贸易试验区、国家高新区三个创新集聚区，统筹构建疏解单位、未来产业、未来城市三个协同创新场景，研究制定《关于打造创新高地和创业热土聚集新人才的若干措施》等一批创新管理的政策文件近

20 个。二是集中打造创新平台。建强中国科学院创新研究院等十余个重要创新和产业平台，打造自主创新和原始创新重要基地。雄安创新研究院科技园区加快推进交付准备工作，科创中心（一期）已投入使用，京津冀科创板企业培育中心（雄安）在科创中心挂牌。空天飞行技术全国重点实验室挂牌，中国空天信息和卫星互联网创新联盟加快组建。积极组建协同创新联盟，雄安高校协同创新联盟成立大会暨科技创新引领雄安新区高质量发展论坛成功举办，雄安高校协同创新联盟正式成立。谋划打造雄安未来之城场景汇，启动雄安国际服务机器人大赛等 9 项前沿技术大赛，推动重点领域最新技术、最新产品在雄安孵化转化产业化场景化。三是全力服务创新主体。2023 年认定国家科技型中小企业 404 家，2023 年有效期内的国家高新技术企业共 323 家，雄安新区省级专精特新企业达到 78 家，国家级专精特新"小巨人"企业 2 家。雄安新区成立以来，累计引进各类创新创业人才约 7.9 万人，发放雄才卡 9000 余张。高质量举办中关村论坛雄安智能城市平行论坛、第四届雄安"智绘未来"创新创业大赛、首届"智绘未来"科技活动周、京津冀第一届医药创新发展大会、雄安新区 2023 软件和信息技术服务产业创新发展专题活动、工业和信息化部 2023 科技产业金融一体化专项路演（雄安站）等系列科技创新活动，邀请"两院"院士、海外院士等国内外顶级专家来雄安指导超百人次，组织"首都大学生雄安行"等各类活动，多场活动被央视《新闻联播》报道。四是全力促进产业协

雄安创新研究院

雄安科创中心

雄安新区中关村科技园

作。聚焦空天信息、网络安全等京津冀优势特色产业，集聚产业要素，软通动力、天融信等龙头企业落地布局。雄安新区中关村科技园正式揭牌运行，2023年组织开展"千企雄安行""百家科研院所雄安行"系列活动，累计2000余家企业到雄安新区参观，意向签约企业35家；120家科研院所集中发布150项前沿科技成果，17家雄安新区科技成果转化基地揭牌，12个产学研项目签约。

（四）不断提高人民群众获得感方面

一是推进政务服务京雄"同城化"。雄安新区管委会与河北省数据和政务服务局、省教育厅、省公安厅、省人社厅、省住建厅、省医保局等部门联合印发《北京与雄安新区公共服务同城化事项清单（第一批）》，围绕公积金、社保、医保、就业、教育、公安等公共服务重点领域，梳理出第一批同城化服务事项33项，实现"北京的事雄安能办、雄安的事北京能办"。在政务服务大厅开设"京津冀服务专窗"，与北京市政务服务管理局互设窗口、互派人员，通过线下"异地代收代办"、线上辅助申报等形式，实现北京政务服务事项在雄安全量可办，有效解决企业异地办事"两头跑""折返跑"等问题。二是加快提升教育教学质量。北京四中雄安校区、雄安史家胡同小学、雄安北海幼儿园已

雄安北海幼儿园

雄安史家胡同小学

北京四中雄安校区

雄安宣武医院

雄安政务服务中心设置京津冀自助机

于 2023 年秋季顺利开学，通过双师课堂、资源共享、跟岗实习等形式推动两地校区协调发展。59 所京津冀优质学校与雄安新区建立帮扶合作关系，容东、容西、雄东片区已开办学校 38 所，保障了 2 万余名回迁子女顺利入学。加快补齐农村教育短板，从 2023 年起每年投入近 1 亿元开展乡村基础薄弱学校改造工程、校长基金激励工程、乡村特色学校创建工程。三是推动医疗卫生协同发展。雄安宣武医院已于 2023 年 10 月开诊，65 家京津冀高水平医疗机构与雄安新区建立帮扶合作关系，雄安符合条件的 66 家定点医疗机构全部实现跨省异地就医门诊和住院费用直接结算。积极开展医疗救助，新建片区 8000 余名慢性病患者纳入社区健康管理，开展上门服务。

二、下一步工作安排

（一）继续落实北京非首都功能疏解任务

按照国家统一部署安排，全面落实承接北京非首都功能疏解任务要求，加快首批疏解项目建设，支持中国星网、中国中化、中国华能总部办公楼，4 所疏解高校和北大人民医院雄安院区项目建设。吸引落地更多市场化疏解项目，主动靠前服务疏解单位，全力保障央企二、三级子公司及创新业务板块落户雄安。推动中央一揽子特殊支持政策落地见效，配合国家层面完善疏解激励约束政策体系，认真落实已出台的北京非首都功能疏解政策和配套实施方案，切实增强对北京非首都功能项目和人口的吸引力。

（二）加快推进交通基础设施建设

全力推进雄安至大兴国际机场快线（R1 线）建设，配合推进京雄商高铁京雄段规划建设，深化与各方沟通协作，推动完善区域交通网络，促进雄安更好融入"轨道上的京津冀"，充分发挥雄安京津冀交通一体化的重要节点作用。

（三）不断深化公共服务对接

充分发挥"三校"示范引领作用，提升基础教育质量，与京津深度开展基础教育合作，用好京津优质社会职业培训资源。提高医疗卫生服务能力，充分发挥京津优质卫生资源的带动作用，持续巩固、深化与京津医疗卫生机构对接，通过邀请医疗专家开展业务指导等方式，推动雄安医疗机构发展。继续推进政务服务京雄"同城化"，加快推进政务服务事项同标、数据同享、水平同质。

（四）全力推进科技创新及产业协作

按照建设京津冀协同创新共同体要求，加强与京津科技创新合作，共同推进布局科技创新链，探索共建重大科研基础设施、产业技术创新平台，推动在大数据系统、人工智能等新技术成果互认合作。争取国家级科技创新平台在雄安布局，加快科创中心、中关村科技园建设运营，推进雄安高新区建设。支持空天信息和卫星互联网产业发展，构建新材料、金融科技等产业链创新链。精心打造雄安未来之城场景汇，推动更多高成长性科技企业向新区转移。持续开展"雄安行"系列活动，吸引更多人了解雄安、来到雄安、扎根雄安。

（五）全面加强人才交流合作

结合雄安新区需求，推动京津选派优秀干部到雄安挂职，吸引高层次专业技术人才、高技能人才到雄安工作，组织雄安管理人员赴京津培训学习，为雄安规划建设和发展提供智力支持和人才支撑。

（雄安新区）

北京城市副中心高质量发展步伐加快

京津冀协同发展战略实施十年来，城市副中心深刻学习领会习近平总书记关于"建设一个什么样的首都，怎样建设首都"重大时代课题的重要论述和重要指示批示精神，坚决扛起服务国家战略的历史使命，对内服务保障首都内部功能重组，对外辐射带动周边区域协同发展，实现一步步从"愿景图"到"实景图"的转变。城市副中心控制性详细规划实施五年来，我们完整准确全面贯彻新发展理念，在服务京津冀协同发展战略中主动作为，坚持一年一个节点、每年都有新变化，走过"打基础、补短板，有序拉开城市框架"的开创阶段，迈入"立长远、强功能，全面上台阶"新阶段，探索出一条以绿色发展为鲜明特色的高质量发展道路，成为新时代首都发展深刻转型的生动缩影。2019年12月31日，习近平主席在二〇二〇年新年贺词中赞许"北京城市副中心生机勃发"。2023年5月12日，习近平总书记在主持召开深入推进京津冀协同发展座谈会上肯定"北京城市副中心高质量发展步伐加快"。

一、工作成效

在党中央和市委市政府的坚强领导下，城市副中心坚定不移以习近平新时代中国特色社会主义思想为指导，立足京津冀协同发展大局和新时代首都发展全局，牢牢牵住疏解北京非首都功能"牛鼻子"，着力聚焦答好"二十年之问"，坚持规划引领、推进重大工程、突出绿色发展、增进人民福祉，城市框架有序拉开，城市功能有效提升，正在奋力打造中国式现代化进程中的城市发展样板。

（一）深入贯彻落实习近平总书记"要坚持先规划后建设的原则，把握好城市定位，把每一寸土地都规划得清清楚楚后再开工建设"的重要指示精神，坚持规划引领，形成规划和政策体系"四梁八柱"

精心编制城市副中心控规，经由党中央、国务院批复，市委市政府制定控规实施工作方案，明确100项重点任务并细化为278项具体任务和503项重点工程项目，有力保障副中心控规落地实施。持续深化细化规划体系，编制完成12个组团控规深化方案和拓展区规划，划定470余个细分单元和5800余个地块，建立"街区－细分单元－地块－建筑"逐级传导的规划管控体系，在全市率先实现区、镇、村三级规划体系全覆盖。坚决维护规划的严肃性和权威性，建立控规实施"一年一体检、五年一评估"管控机制，确保一张蓝图干到底。国务院出台《关于支持北京城市副中心高质量发展的意见》，市委市政府配套制定实施方案和政策、任务、项目清单，副中心高质量发展态势逐步形成和扩大。通州区与北三县一体化高质量发展示范区和北京城市副中心建设国家绿色发展示范区两个方案得到正式批复和审议通过，"两个示范区"建设实现清单化管理、项目化推进。高标准制定副中心"十四五"规划和各专项规划，明确了副中心高质量发展"施工图"。

（二）深入贯彻落实习近平总书记"要加快重大基础设施建设，配置教育、医疗、文化等公共服务功能，提高副中心的承载力和吸引力"的重要指示精神，聚焦重大工程建设，城市功能持续增强

按照"一年一个节点，每年都有新变化"的要求，副中心持续强化投资力度，连续四年保持千亿元以上投资力度。一批标志性重大工程拔地而起，行政办公区一二期建成投用，广渠路东延建成通车，城市绿心森林公园开园迎客，环球主题公园盛大开园，北京艺术中心、北京城市图书馆、北京大运河博物馆三大文化设施全面开放，轨道交通6号线、7号线建成通车，地铁1号线、八通线实现贯通，"通州堰"三大防洪骨干工程实现竣工，副中心政务服务中心开厅运行，北海幼儿园、北京学校、第一实验学校等投用招生，北大人民医院、友谊医院通州院区等实现开诊，安贞医院通州院区建设完工，潞城全民健身中心具备运营条件，副中心站综合交通枢纽、东六环入地改造等重大项目全速推

环球影城盛大开园

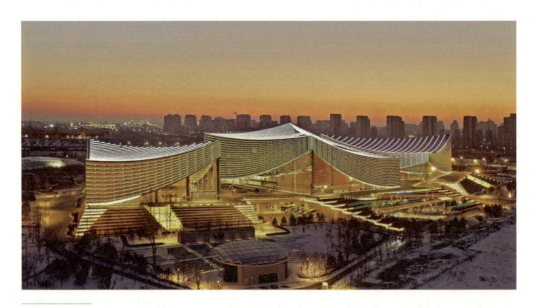

北京艺术中心

进，城市副中心城乡面貌日新月异。

（三）深入贯彻落实习近平总书记"必须牢固树立和践行绿水青山就是金山银山的理念，站在人与自然和谐共生的高度谋划发展"的重要指示精神，持续强化主导功能，绿色发展特色凸显

地区生产总值迈上千亿元台阶，三次产业结构持续优化，金融业对 GDP 贡献率近 30%。绿色产业结构加快构建，以绿色金融、财富管理为重点的运河商务区，累计完工面积超 470 万平方米、入驻企业超 2 万家；以主题公园、文旅商融合为重点的文化旅游区，环球度假区累计接待游客千万人次，城市运动中心、海昌海洋公园签约落地；以创意设计、城市科技为重点的张家湾设计小镇，注册落地创新型企业近 500 家，北京国际设计周永久会址正式启用；以智能制造、高端装备为重点的台马组团，抓住"两区"建设契机为主导产业发展壮大注入开放活力。绿色发展底色更加凸显，生态品质大幅改善，蓝绿交织、水城共融的城市风貌基本形成，大运河京冀段全线 62 公里旅游通航，成功创建北京平原地区首个"国家森林城市"，森林覆盖率近 35%。成为全国首批气

运河商务区

蓝绿交织 水城共融

北京城市副中心绿色发展论坛

候投融资试点地区和林业碳汇试点城市，国家级绿色交易所启动建设，全国首支 ESG 主题股权投资基金设立完成。在全市率先实现新建公共建筑执行绿建三星级标准，建成绿色建筑面积超 1000 万平方米。持续办好绿色发展论坛，打造副中心实践和传播习近平生态文明思想的重要示范品牌，推动绿色发展成为副中心上下的思想和行动自觉。

（四）深入贯彻落实习近平总书记"要处理好同雄安新区的关系，'两翼'要协同发力；要处理好同中心城区的关系，实现以副辅主、主副共兴；要处理好同周边地区的关系，带动周边交界地区高质量发展"的重要指示精神，统筹兼顾疏解承接，承载力和辐射力稳步增强

坚决拆除违法建设和淘汰落后产能，累计拆除违建、腾退土地数量稳居全市前列，为非首都功能疏解提供优质空间。有序承接中心城区功能转移，全力做好市级机关搬迁入驻服务保障，两批市级机关顺利入驻，人民大学通州新校区首批建设项目竣工，清华大学人才培养基地加快建设。深化与雄安新区对接工作机制，就功能疏解、政策创新、产业协作、公共服务等互促共进领域签署战略合作协议，相互开展调研学习，强化对标对表、"两翼"齐飞的主动意识，共同发挥好非首都功能集中承载地作用。与北三县一体化高质量发展顶层设计

北京城市副中心政务服务中心一体化办事大厅（廊坊·大厂）

不断深化，示范区理事会、执委会相继成立，"四统一"机制不断夯实，交通、产业、公共服务、生态环境等领域一体化发展取得多点突破，燕潮大桥建成通车，京唐城际铁路开通运营，平谷线、厂通路加快建设，连续举办五届项目洽谈会，累计签约项目210余个，意向投资额超1500亿元，与廊坊北三县签订《政务服务"区域通办"联动机制的框架协议》，副中心政务服务中心一体化办事大厅在河北大厂、天津武清揭牌运行，在全国率先实现政务服务跨域通办，服务事项达3600余项，副中心协同发展辐射力明显增强。

（五）深入贯彻落实习近平总书记"人民城市人民建、人民城市为人民"的重要指示精神，一刻不忘民生，群众获得感持续增强

坚持减量集约发展，突出系统织补和有机更新，"城市双修"稳步推进，南大街腾退保护更新北部试点片区启动实施，在全市率先引入老旧小区改造"评定分离"招标模式，首个家园中心竣工投用，北人厂（南区）老旧厂房改造提升、北小园老旧小区综合整治、设计小镇建设等项目分别入选北京城市更新"优秀案例"和"最佳实践"。"基层治理年"成效明显，市民热线和网格管理并轨运行，接诉即办运行机制不断优化，区域公交线路全部纳入市公交系统统一运营管理，一批百姓急难愁盼问题得到有效解决。教育医疗等优质资源加速落

中仓社区家园
中心

黄城根小学通州校区

地，引入史家小学、黄城根小学、首师大附中等十余所优质教育资源，东直门医院、北大人民医院、友谊医院等医疗资源服务副中心及周边地区群众。以绿色生态空间拓展增添百姓"微幸福"，建成各类精品公园50余处，河湖水清岸绿、公园生机盎然，副中心连续五年通过国家文明城区创建复审，城市环境实现由蓝图到风景的华丽转变。

（六）深入贯彻落实习近平总书记"通州有不少历史文化遗产，要古为今用，深入挖掘以大运河为核心的历史文化资源"的重要指示精神，保护传承绽放魅力，文化名片大放光彩

坚持保护好、利用好以大运河为核心、多类型文化并存的历史文化资源，着力打造古今同辉的人文城市。做好"大运河"文章，发布大运河文化带保护建设三年行动计划，打造凸显运河记忆的文化艺术场所，形成点、线、面相结合的副中心历史文化景观体系，北京（通州）大运河文化旅游景区拟确定为国家5A级旅游景区，通州古城"三庙一塔"整体修缮、重装亮相，路县故城遗址公园一期工程建设完成，张家湾古镇遗址及通运桥文物保护与修缮工程即将竣工，"一河三城"历史文化保护与传承焕发起千年之城的崭新风采。环球度假区盛大开园，国内外游客纷至沓来，成为文化旅游新地标，城市大道入选北京十大商业模式创新品牌。北京艺术中心、北京城市图书馆、北京大运河博物馆三大文化建筑正式开放，成为京津冀市民最新的热门打卡宝地。营造文化体育氛围，举办"运河有戏"演出季，推动马拉松、桨板、骑行、飞盘等市级国家级体育赛事落地，副中心文体影响力持续提升，举办全球发展论坛、全球财富管理论坛、运河文化节等一系列品牌活动，副中心"近悦远来、心向往之"的魅力值和美誉度不断增强。

"三庙一塔"古建筑群

（七）深入贯彻落实习近平总书记"惟改革者进，惟创新者强，惟改革创新者胜"的重要指示精神，体制机制持续加强，改革创新纵深推进

北京市委市政府注重运用改革创新方法指导推动城市副中心体制机制创新、深化制度改革，支持副中心先行先试，为副中心高质量发展注入强劲动力。成立市委市政府城市副中心建设领导小组，高位谋划推动副中心建设，设立城市副中心党工委管委会，作为市委市政府派出机构，与通州区委区政府合署办

公，统筹组织推进副中心规划建设管理各项工作，形成了"市委市政府决策部署、党工委管委会牵头抓总、属地和各方有力落实"的高效体制。坚持以改革破解难题、推动发展的鲜明导向，创造性实施六大领域50余项改革创新举措，为高质量发展注入强劲动力。集体产业用地加快盘活，宋庄瞳里等集租房项目试点建设；探索重大项目全程代办高效模式，博格华纳新工厂项目跑出产业用地审批"新速度"；优化土地审批新模式，东小马地块实现"交地即交证"，邓家窑地块实现"拿地即开工"；高标准建设运行副中心政务服务中心，推行智能终端办事新模式，树立政务服务新标杆；承接运行308项市级赋权，有力强化"副中心的事副中心办"；创新建立新闻发布机制、讲好副中心故事，累计召开新闻发布会29场，系统创建全新的"一报三台"新闻报道主阵地，精心策划拍摄《生机勃发的未来之城：北京城市副中心》宣传片，组织编写《文明·北京城市副中心》特刊等，全视野立体化展示副中心形象和发展成果。一系列改革创新举措成为副中心高质量发展的重要组成部分，也为推动经济社会高质量发展注入了强劲动力。

回顾过去十年的工作，副中心规划建设发展所取得的成果，是习近平总书记亲自谋划、亲自部署、亲自推动的结果，充分彰显了习近平新时代中国特色社会主义思想的理论伟力和实践伟力；是北京市委市政府牢记嘱托、身体力行、久久为功的结果，充分体现了市委市政府的高度政治自觉、强烈担当意识和持续改革韧劲；是全市上下特别是副中心干部群众齐心协力、拼搏奋斗的结果，充分展示了干部拼搏奉献的精神风貌和人民群众共建共治共享美丽家园的主人翁姿态。做好副中心工作，必须以习近平总书记对北京重要讲话精神和对副中心重要指示批示精神作为根本遵循，完整准确全面贯彻新发展理念，牢牢把握高质量发展这一首要任务，牢牢牵住疏解北京非首都功能这个"牛鼻子"，紧紧围绕处理好同雄安新区、中心城区、周边地区"三个关系"，奋力推动京津冀协同发展战略走深走实；对照习近平总书记对京津冀协同发展作出的新指示，还要在学深悟透上下更大功夫，在统筹兼顾上下更大功夫，在深谋细抓上下更大功夫，在锤炼作风上下更大功夫，要以改革创新为动力，努力在各项工作中实现更大突破、取得更大成效。

北京城市副中心马拉松

北京城市副中心承接新一批市级赋权新闻发布会

二、下一步工作安排

以习近平新时代中国特色社会主义思想为指导，认真贯彻北京市委十三届四次全会精神，紧紧围绕处理好"三个关系"这一总遵循，有力把握好高质量发展这一首要任务，牢牢抓实"两个示范区"建设两大抓手，突出各方面工作更有突破、更见成效的目标导向，以更全面扎实的成果回答好"二十年之问"。

一是加快承接中心城区非首都功能疏解，更好服务首都"四个中心"功能。继续加强承接，服务保障好第二批市属行政事业单位搬迁，持续深化"四区"结对等机制，确保北投大厦竣工投用、首旅集团总部大厦主体结构完工，力促第二批市属国企搬迁尽早启动。加强与雄安新区对接合作，共同探索产业承接、投资融资、土地管控等方面的创新政策和改革试点。

二是深入落实副中心控规，推动高质量发展迈入新阶段。进一步拓展城市框架，深入落实新一轮副中心控规实施工作方案，梯次推进重大工程项目建设，力促温潮减河工程全面开工，推动副中心站综合交通枢纽主体工程基本完工、东六环入地改造具备通车条件、通马路综合交通枢纽和环球影城北综合交通枢纽主体结构完工，不断提升副中心综合承载力。做好高水平城市管理，持续完善城市建设实施导则体系，大力构建具有副中心特色的城市家具标准体系。深入实施副中心及周边地区综合交通一体化提升规划、行政办公区交通优化提升方案，加快次干路及支路等路网"毛细血管"建设，大力推进路口渠化等"微改造"，不断提高城市道路规划实现率。强化重大项目建设资金保障，探索建立与副中心发展需求相适应的投融资新模式，并提前谋划储备市级重大项目，接续支撑副中心每年千亿级投资规模。

三是加快"两个示范区"建设，做好协同和绿色两篇文章。全力推进与北三县一体化高质量发展示范区建设。充分发挥理事会、执委会作用，聚焦一体化交通、产业协作、管理服务、优质资源布局等重点，推动轨道交通22号线建设全面提速，实现厂通路通车，力促六环过境货运交通功能外移；健全完善一体化联合招商机制，共建跨区域产业合作平台；率先推进监管执法、政务服务同规则、同标准；加快推进潮白河国家森林公园先行启动区建设，促进教育、医疗、养老、文旅等资源向周边地区延伸布局。深入落实国家绿色发展示范区实施方案，支持北京绿交所强化自愿减排交易市场能力建设，统筹开展气候投融资试点，加快打造全球绿色金融与可持续金融中心；提高装配式建筑占新建建筑面积比重，并完成一批既有公共建筑绿色化改造；继续实施公交优先战略；组织开展好行政办公区年度绿电交易，率先建成近零碳排放示范区；加快绿色发展标准体系建设，适时推出 ESG、市政基础设施等一批具有副中心特色、国内领先标准；积极开展"无废细胞""无废城市"建设，狠抓蓝天、净水、扩绿。办好北京绿色发展论坛，不断提升影响力。

四是着力提升产业能级，进一步增强发展内生动力。聚焦文化旅游区发展，加快谋划推动环球主题公园二期，实现"湾里"项目完工，力促城市运动中心等项目落地开工，不断延伸文旅产业链条。聚焦运河商务区发展，加快在施项目建设，完善商务服务配套，持续增强吸引力。聚焦台马板块发展，持续深化通亦协同，保障小米汽车智能制造产业基地实现量产，推进北京数据基础制度先行区文旅数据专区、金融数据专区建设，做强科技创新功能。聚焦优化产业生态，完善园区基础设施、公共服务配套，动态更新产业空间地图，优化升级产业政策体系，全力推进重点产业集群化、数字化、生态化发展。

五是统筹推进新老共荣、城乡协同发展，加快实现全域共兴。创新城市更新模式，积极稳妥谋划推进城中村改造，加快南大街及周边片区腾退保护更新等在施项目，鼓励社会资本参与家园中心建设，完成一批老旧小区改造提升、背街小巷精细化治理，持续提升老城功能品质。深入实施"百村示范、千村振兴"工程，加快补齐农村地区基础设施和公共服务短板，利用好集体建设用地入市试点政策，充分发挥特色小镇的桥梁作用，带动城市功能和优质资源加快向农村地区延伸布局。

六是进一步深化改革创新，为高质量发展蓄势赋能。有序开展市级赋权成效评估，稳步扩大赋权，充分发挥"副中心的事副中心办"体制机制优势。用足用好各类先行先试政策，扎实推进气候投融资、林业碳汇、"两区"建设等改革，围绕项目审批制度等重点领域，再争取一批"解渴管用"的改革授权，切实将改革成效和政策红利转化为推动高质量发展的现实路径。

七是积极做好宣传工作，持续激发城市活力。统筹用好各级各类宣传平台和新闻发布机制，讲好副中心故事。学习对标"顶流城市"的做法，用好环球主题公园、三大文化建筑、大运河文化旅游景区等资源，充分利用新媒体的影响力，深入挖掘展示副中心的人文底蕴和独特魅力。

（北京城市副中心）

加快推进通州区与北三县一体化高质量发展
全力打造中国式现代化建设的先行区、示范区

　　京津冀协同发展是习近平总书记亲自谋划、亲自部署、亲自推动的重大国家战略。党的十八大以来，习近平总书记等中央领导多次作出重要批示指示，明确提出了京津冀协同发展工作的总体要求和目标任务，对加快推进通州区与北三县一体化高质量发展指路领航、把脉定向，为通州廊坊两地做好各项工作提供了强大政治引领和科学行动指南。北京城市副中心作为京津冀协同发展的前沿阵地和桥头堡，近年来在习近平总书记关于京津冀协同发展系列重要讲话精神的指引下，在北京市委市政府的坚强领导和国家发展改革委的有力指导下，始终坚持从大局出发，将带动周边地区协同发展作为应有之义、分内之责，与通州区、廊坊市及北三县加强协同联动，认真贯彻落实党中央、国务院和有关文件指示要求，进一步细化目标任务，实化推进举措，逐级压实责任，抓好工作落实，在多个方面取得了积极成效。

一、工作进展和取得成效

（一）一体化发展机制不断深化做实

　　一是建立健全常态化工作协调机制。2021 年 3 月，城市副中心、通州区与廊坊市两地三方共同印发《关于完善一体化发展工作协调机制方案》，建立了主要领导定期会晤、牵头部门对接调度、地区常态化沟通、信息报送和联合宣传等工作机制，地区常态化沟通机制顺畅有序。

　　二是组建一体化示范区管理机构。2023 年 9 月 22 日，示范区执委会正式

通北示范区执委会揭牌
仪式

挂牌成立，12月12日、12月20日分别召开执委会第一次全体会和理事会第一次会议。

三是明确任务目标和实施方案。联合印发《北京市通州区与河北省三河、大厂、香河三县市协同发展规划实施意见》《关于认真贯彻落实〈国务院关于支持北京城市副中心高质量发展的意见〉若干措施》等多项贯彻落实文件。结合通州区与北三县发展需求，连续三年做好年度工作要点编制工作，明确目标任务、部门分工，有序调度推进工作落实。

（二）蓝绿交织的区域生态空间加速构建

一是加快形成纵横交错的生态绿廊。积极推动潮白河国家森林公园规划编制，统筹开展森林公园控制性详细规划、国家级植物园及山水林田湖草沙一体化治理先行示范项目方案设计工作。《潮白河生态绿带（通州区与北三县交界地区）规划（2021年—2035年）》审议通过，以建设北运河－潮白河大尺度生态绿洲为重点，大力实施造林绿化提标扩面工程，总面积约31075.95亩的通州区潮白河森林生态景观带建设工程完成，区域生态环境品质不断提升。

二是全面实施水生态综合治理。编制完成潮白河流域水生态保护修复规划，北运河通州段综合治理工程，通州堰涉及的温榆河、宋庄蓄滞洪区（二期）等工程均已完成，全线62公里的北运河京冀段于2022年6月24日实现互联互通，2条游船航线被列入北京市10条"美好生活"主题游线路。强化跨区域河流水环境治理联席机制，建立通州区、廊坊市生态环境与水务部门四方联动机制，在潮白河下游沿途选定 5 个监控断面，每月监测并共享主要污染物浓度数据，动态掌握水质变化情况。

三是跨界污染源巡查持续推进。围绕重大活动期间空气质量保障及污染过程应急应对，多次组织"通武廊"、北三县召开大气污染防治联席会议，健全空气质量会商研判、重污染应急联动机制。持续开展进京和过境柴油车检查执法工作，联合建立超标车辆信息通报机制，将区内超标车辆信息每月向车辆属地通报。北京冬奥会赛事期间，两地通过"联防、联控、联治"降低区域污染传输影响，通州区 PM$_{2.5}$ 平均浓度实现 26 微克 / 立方米，达到同期最优水平。

大运河杨洼船闸

（三）互联互通的交通一体化格局加快形成

一是加快延伸联通轨道交通。研究编制《北京城市副中心及周边地区综合交通一体化提升规划》；京唐城际铁路于 2022 年底通车运营，北三县正式步入"高铁时代"；平谷线通州段车站完成 46% 工程量，三河段神威大街、潮白大街 2 个站主体结构已封顶；轨道交通 M101 线编制完成资金测算表，加快

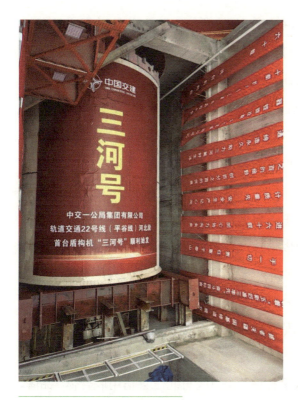

平谷线河北段"三河号"盾构机

推进地上物腾退工作。

二是不断完善区域连通道路体系。厂通路道路段主体完工，厂通路跨潮白河大桥水面以下工程全部完工，正在进行桥梁上部结构施工；安石路王家摆大桥2023年9月26日完工通车；石小路2023年12月27日正式开工建设；通宝路、姚家园路东延等跨界道路前期工作正加快推进。通州区"十一横九纵"、北三县"五纵八横"路网格局加速形成，密涿高速大厂东连接线、梁家务连接线竣工通车，G230钳屯弯道至老夏安线段、李大线三河段等内部道路加快施工。

三是持续加大跨区域交通管理力度。依托"京警入冀""冀警入京"区域警务合作机制，完善检查站联动机制，细化"白名单"免检通行流程，设置白庙北、谭台综合检查站公交专用道，提升两地公交运行效率；结合北三县通勤需求，不断优化进出京公交线路，开通北三县至北京国贸、望京地区通勤定制快巴线路14条，运营车辆54部，日均运送旅客5000余人次，引进北京公交线路22条，日客运量约13.75万人次，实现1小时快速直达。建立城际轨道、公交运营补贴分担等机制，北京市与北三县公交已实现"一卡通"互联互通。

（四）协同创新的产业链融合持续推进

一是制定完善差异化产业协同政策。京冀两地协同办联合编制《通州区与北三县一体化高质量发展示范区新增产业禁限目录》，加快推动印发实施；联合印发《引导北京市产业加强与北三县协同发展工作方案》，推动构建"研发试验－成果转化－科技孵化－产业化"一体化产业链条。

二是推进产业链向北三县延伸布局。连续举办 5 届北京通州·河北廊坊北三县项目推介洽谈会，累计签约项目 211 个，总体落地率 89%，其中 161 个实体项目已完成投资 296.3 亿元，有研稀土新材料、中航试金石等 58 个项目建成投产，中冶总部基地、中视科创园等 81 个项目落地实施。廊坊市北三县对接城市副中心主导功能，打造"科创燕郊、智造三河、商务大厂、文旅香河"县域经济特色名片，以优质项目建设作为突破口和切入点，推动产业与副中心错位融合、联动发展。

三是扎实推进园区合作共建。中关村通州园管委会通过组织协办一体化招商、联合宣传推介等各类活动，积极搭建产业协同平台，实现招商信息共享互通。在副中心举办 2023 年"融合创新·一体发展"——河北大厂高端装备产业链招商推介会，举办大厂县平台公司财信集团与中关村通州园一级平台公司通州发展集团交流座谈会，探索实现资源共享、合作共赢。

四是持续优化区域营商环境。共同制定《通州区与北三县守信联合激励行动实施方案（2022—2024 年）》，联手打造"通州区与北三县信用联合体"品牌，发布三批次守信"红名单"，累计 150 家企业上榜；联合制定《2022 年推动市场主体登记"同事同标"深化通州区与北三县一体化高质量发展示范区建设工作方案》，以有限责任公司设立登记、食品经营许可等高频审批事项作为试点，持续优化两地市场主体登记办理流程。提升"区域通办"服务能力，通州区与北三县签署《政务服务"区域通办"2.0 框架协议》，实现北京市 3600 余项市、区、街（镇）级政务服务事项和 266 项便民服务事项、北三县 453 项便民事项和 294 项涉企经营许可事项"区域通办"，有效降低企业群众跨地域办事成本。北京城市副中心政务服务中心一体化办事大厅（试点）在大厂县正式揭牌运行，在全国率先实现政务大厅跨域融合。

（五）共建共享的公共服务合作稳步实施

一是持续拓展深化教育协同。2023 年 10 月 8 日，京津冀三省市教育厅共同签署《京津冀教育协同发展行动计划（2023 年—2025 年）》，通过实岗锻炼、挂职交流、示范教学等方式，加快推进北京教育资源向北三县延伸布局。廊坊北三县与通州潞河中学、北京实验学校等 14 所北京市中小学、幼儿园开展深度战略合作，建成北京潞河中学三河校区、北京实验学校三河校区、北京五中大厂分校、北京景山学校香河分校等优秀北京教育分支机构；大厂县职教中心与北京财贸职业学院共同开展京冀跨省"3+2"招生培养工作；三河市成功引入国家应急管理部干部培训学院培训基地项目，加快筹建应急管理大学，新校区选址初步完成。

二是区域医疗合作成效显著。印发实施《推进北京医疗卫生资源与廊坊北三县合作实施方案（2023—2025 年）》，组织北京安贞医院、通州潞河医院等 39 家北京医疗机构与北三县医疗机构开展技术合作，通州区妇幼保健院以"整体托管"形式与大厂县妇幼保健计划生育服务中心签订合作协议，71 家定点医疗机构开通跨省异地住院及普通门诊直接结算，更好满足两地百姓就医需求。

三是完善异地养老服务体系。制定针对北三县特点的养老从业人员技能提升教程并组织实地培训，为北三县培训养老服务人员 1383 人，三河燕达养护中心、香河大爱城等养老机构服务能力持续提升，目前北三县累计接纳京籍老人 5000 余人。

四是加快推进职住平衡研究。开展"北三县住房一体化促进职住平衡实施路径"课题研究，聚焦北三县存量住房和土地资源，探索多元协同实施路径，为疏解人员提供集中管理、配套完善的定制化住房服务。

五是积极提供就业创业服务。2020 年以来，立足区域协同，深入推进通州－北三县、"通武廊"等就业公共服务一体化，带动北三县劳动力共同就业，累计举办专场招聘会 70 场，提供就业岗位 18.17 万个。高标准做好创业带动就业工作，开展"创业一件事"集成服务，成功举办第三届通州区电商主播大赛暨通州－北三县专场活动，抖音平台话题热度超 260 万次。共同签署《通武廊人力资源和社会保障战略合作协议》，京津冀人力资源服务产业园建设完成，签订入驻人力资源服务机构 43 家（含百强机构 13 家）。

二、下一步工作安排

通北一体化示范区将深入贯彻落实习近平总书记对京津冀协同发展的重要指示批示精神，发挥理事会、执委会机制优势，积极协调京冀两地有关部门，全力打造中国式现代化建设的先行区、示范区。重点抓好以下六方面工作。

（一）健全一体化工作机制

做实做强示范区管理机构，持续完善工作规则、干部管理办法和协调机制，以示范区名义共同向上级争取一批突破性政策，积极借鉴区域协同发展成功经验和做法，打造"制度创新试验田"。

（二）畅通一体化交通网络

编制交通一体化提升规划及实施方案，加紧推进地铁平谷线建设，2024年9月实现厂通路、潮白河大桥整体完工，力促春明路开工建设。持续优化交界检查站布局，逐步推动两地治安趋同，年底前治安趋同完成率达到80%。

（三）构筑一体化生态屏障

持续织密交界地区生态绿带，加快建设潮白河国家森林公园先行启动区，健全环保联合执法机制，做好重大活动服务保障和重污染天气联防联控，组织企业实施强制性清洁生产审核，提升"一厂一策"精细化管理水平。

（四）构建一体化产业格局

深入梳理示范区重点产业链图谱，积极争取央企二、三级子公司在示范区布局，继续联合举办招商活动，发挥京津冀国家技术创新中心通州中心作用，优化创新链、产业链布局，实现资源合理配置。

（五）提升一体化公服水平

加快推进教育、医疗、养老等资源向北三县延伸，支持北三县新改扩建一批中小学、幼儿园，力促与北三县医疗卫生一体化高质量发展。引导更多优质养老资源向北三县拓展，为京籍老人异地养老、回乡养老提供更多选择。

（六）加快一体化要素保障

启动一体化规划管控三维智慧信息平台建设，建立全覆盖统一数据库。探索建立市场化的投资管理平台，积极引导社会资本参与区域建设，借鉴"两区"建设典型案例，推进先行先试改革，实现"区域通办"迭代升级。

（通州区与北三县一体化高质量发展示范区）

勇担使命 善作善成
滨海新区奋力谱写京津冀协同发展"滨城"篇章

京津冀协同发展战略是习近平总书记亲自谋划、亲自部署、亲自推动的重大区域发展战略。滨海新区认真落实习近平总书记对天津工作"三个着力"重要要求和历年对京津冀协同发展工作的重要指示批示精神,深入贯彻《京津冀协同发展规划纲要》,着力稳增长、优结构、惠民生,全力打造"一基地三区"核心区、实施滨海新区高质量支撑引领行动,全力建设京津冀协同发展战略合作功能区,走出了一条推动京津冀协同发展不断走深走实的新路径。

滨海新区作为京津冀协同发展的战略合作功能区,参与其中、服务其中、受益其中。我们着眼大格局、秉持大胸怀、融入大战略,构建了载体支撑的新格局,滨海-中关村科技园、京津合作示范区等平台承载力吸引力持续增强,滨海-中关村科技园累计吸引北京投资企业1009家,注册企业达到4900余家,注册资本2100亿元。形成了项目集聚的新格局,据不完全统计,仅最近三年,已累计引进北京资源在津落地重大项目167个、总投资1974亿元。打造了联动发展的新格局,天津港京冀营销网点达40家,集装箱吞吐量突破2200万标准箱、年均增长6.6%;天津自贸试验区累计向京冀自贸试验区推送192项试点经验案例,京冀企业共享FT账户政策、业务规模约2亿元。港口间区域协作加快,建立了天津港雄安新区绿色通道,设立了北京CBD—天津港京津协同港口服务中心。与河北港口集团签署《津冀世界一流港口联盟合作协议》。打造以天津港为中心的环渤海内支线网络,19条内支线覆盖环渤海主要港口。强化了社会协同的新格局,228家京津冀异地就医普通门(急)诊实现直接结算,70家定点医疗机构试点开通异地就医门诊慢特病直接结算,京冀执业医师在新区实行多机构备案，实施京津冀社会保险经办服务协同合作协议。这些成绩的取得，充分说明习近平总书记谋划京津冀协同发展这个大战略是英明正确的，充分说明新区落实重大国家战略是坚决有力的。

十年来，我们以习近平总书记的批示、指示精神为指引，强化推动京津冀协同发展走深走实的战略担当，将"施工图"转化为"实景图"，全力打造服务京津冀协同发展示范区。

一、聚焦打造京津冀世界级先进制造业集群，做好"产业协同"大文章

习近平总书记指出，京津冀要巩固壮大实体经济根基，把集成电路、网络安全、生物医药、电力装备、安全应急装备等战略性新兴产业发展作为重中之重，着力打造世界级先进制造业集群。一是强载体。滨海新区高水平打造滨海－中关村科技园、京津合作示范区、"于响"片区总部基地等承接平台，高标准建设逸仙智创园、绿色石化基地、北塘湾数字经济产业园等重点载体，通过提升功能、丰富场景、完善生态，增强项目承载力。京津冀特色"细胞谷"工程启动实施、京津冀国家技术创新中心天津中心落地揭牌、联想智慧产业园首座生态级"零碳工厂"正式投产，渤化南港新材料产业园一期、北燃 LNG 一期等百亿级产业项目投产运营。出台"于响""黄金十条"政策，支持打造总部型企业聚集区，2023 年引进项目 471 个、产业人口达 2.3 万人。二是明方向。市场化服务承接北京非首都功能。积极"跑央企、引项目"，对照优先疏解非首都功能的方向，承接主导产业串链补链强链和央企二三级公司、创新业务板块项目。支持区域"专精特新"企业发展，加强三地主导产业链对接，提高供应链稳定性。南港工业区依托上游石化原料优势，全力打造京津冀电子化学品产业基地，助力京津冀集成电路产业发展。三是优机制。坚持行政引导，发挥天津市推进京津冀协同发展领导小组作用，对标京津冀联合绘制的产业链图谱，强化项目调度，创新利益共享机制。滨海－中关村科技园以"划定分成区域、分成主体和迁转范围"的方式，对符合标准的企业不再需要迁出地和迁入地双

方互认，载体使用率从 2019 年底的 65% 提升到 80% 以上。四是重市场。推出京冀人才购房、子女就学等便利政策，特别是加大对疏解项目特殊优惠政策支持力度，使疏解单位人员在新区享受的创业条件、居住条件、福利待遇总体不低于留京水平，推动疏解项目职工整建制落户新区。

二、聚焦建设京津冀国家技术创新中心，做好"创新协同"大文章

习近平总书记指出，要把北京科技创新优势和天津先进制造研发优势结合起来，加强关键核心技术联合攻关，共建京津冀国家技术创新中心，提升科技创新增长引擎能力。创新中心累计引进北京领军人才 263 人、占全市总数的 22.5%，落地清华电子信息研究院等一批重大创新平台。要强化"以用立业、由智变金"导向，构建"技术研发在京、创新应用在津、产业转化在滨、循环在港口"的深度协同模式。一是强化技术联合攻关。在加强三地重大科研基础设施、产业技术创新平台建设基础上，发挥跨区域产业（人才）联盟、产教联合体平台串联作用，推动北京中关村、天津天开园、滨海自创区等强强联合，聚焦人工智能、生物医药、新能源新材料等重点领域关键环节，协同开展跨区域、跨学科、跨领域科技创新。签署《高质量服务天开高教科创园战略合作协议》，围绕共同打造科创走廊、支持重点研发平台布局建设、推动资源开放共享，支持开放应用场景和全面深化产教融合等五个方面深化局区合作，统筹协同发力。打造"滨科荟·数字科创服务平台"，提升科技成果转化全链条服务能效，2023 年北京流向滨海新区技术合同成交额（吸纳北京技术合同）超过 105 亿元，同比增长 4 倍，占全市 71.5%。二是推动创新成果转化。建立完善科技成果转化供需对接清单机制，打造一批中试熟化和概念、技术、商业化验证平台，完善全链条全流程科技服务体系，助力科技成果从北京"实验室"快速走向新区"生产线"。持续推进国家重点实验室建设，累计获批国家级重点实验室 17 家，取得显著科技成果，超算天津中心多模态千亿参数模型产业服务平台入围工业和信息化部揭榜计划，飞腾公司新一代微处理器量产，"星光麒麟"填补了万物互联操作系统空白。持续深化与北京科研院所合作，与清华电子院合作更加

紧密，累计挖掘清华电子信息类成果转化项目近 120 个，在津孵化聚集科技企业 131 家。以滨海－中关村科技园为依托，依据创新创业全要素、全流程、全周期的特点，着力完善各项综合配套服务，织密创新成果转化服务网，促进一批科技型企业迅速做大做强。三是完善科技创新生态。提升各类创新要素供给水平，增强创新专业服务力，促进各类创新主体聚集、成长。金融方面，加快引进、设立天使基金、种子基金，推广创新积分贷、创新积分投等特色金融产品，加强科技型企业上市培育，提供覆盖全生命周期的金融服务；土地方面，探索 M0 新型产业用地模式，滨海－中关村科技园已实现首宗成规模 M0 用地出让；知识产权方面，依托 2 家知识产权运营中心，设立知识产权股权投资基金，支持企业开展知识产权质押融资。

三、聚焦构筑全国高水平对外开放新高地，做好"港口协同"大文章

习近平总书记指出，要持续推进京津冀世界级机场群、港口群建设，进一步推进体制机制改革和对外开放，打造全国对外开放高地。新区依托港口优势，把交通互联互通作为推动京津冀协同发展的突破点，发挥自贸试验区先行优势，全力支持"新两翼"建设。一是提升港口能级。打造世界一流智慧港口、绿色港口，建设天津港"智慧零碳"码头，充分应用"数字孪生"系统，结合码头物联网技术，在泊作业效率已提升至每小时 199 箱。利用码头风力发电机与自动化码头智控中心，实现码头运营全过程零碳排放。加快天津港 30 万吨级主航道、机场三期改扩建等工程建设，争取拓展天津港远洋航线密度和货运航线支持政策，远洋航线达到 145 条，引育一批港航服务企业和全货机基地航空公司。二是提升服务能级。天津港持续优化京津冀绿色通关机制，升级大通关一体化功能，打造环渤海"天天班""两港一航""海上高速 FAST"等品牌，拓展内陆"三线十区百店"物流网络，提升天津港集团雄安服务中心功能，打通国内"大循环"货物流通关键节点，打造京津冀"海上门户"，天津港发起组建中国内贸集装箱港航服务联盟，开通吉林长春、甘肃敦煌、河南安阳海铁联运通道。目前北京 70% 的进出口业务经由天津口岸，天津港已成为京津

冀便捷高效"出海口"。三是提升保障能级。在京津冀大港口大物流体系建设基础上，推动三地创新政策共享共用，促进适港工业高质量发展，推进服务业扩大开放综合试点，探索"保税＋""贸易＋"等新业态联动发展，高效聚集国际国内资源，保障京津冀生产和生活物资供应。目前，天津港水果、冻肉等冷链产品进口量约占全国 1/4；平行进口汽车业务规模占全国 80% 左右、其中 10% 左右销往京津冀；南港 LNG 码头保障华北地区 1/4 以上的燃气供应，保税燃料油跨关区直供河北四港，氢能示范应用于京津冀城际物流运输路线。

四、聚焦建设京津冀世界级城市群，做好"社会协同"大文章

习近平总书记指出，推进京津冀协同发展，最终要体现到增进人民福祉、促进共同富裕上。我们把公共服务领域协同作为推动京津冀协同发展的本质要求，立足新时代宜居宜业宜游宜乐美丽"滨城"建设，深度推进重点领域协同，在建设京津冀世界级城市群中发挥示范作用。一是强化社会事业协同。依托京津冀教育协同发展共同体，与北京学校开展校际结对交流共建，引进北京名师名课名科，打造京津冀协同发展教育合作创新样板。深化产教融合、科教融汇，京东产业学院落实落地，搭建高素质商贸物流人才培育平台。加快五中心医院儿童疾病诊疗中心、肿瘤治疗中心建设。推动更多医疗机构纳入异地就医门诊费直接结算范围。签署《关于推进京津冀三地先行区（市）医保协同发展合作框架协议》，推动医保公共服务共建共治共享，不断加强医保基金异地协同监管，促进京津冀医保一体化协同发展。全面打好污染防治攻坚战，共同开展区域环境保护联防联治工作。二是强化文旅协同。第十三届中国旅游产业博览会、直博会等一系列文旅活动在新区举办。"梦想号""地中海号"在天津国际邮轮母港启航。拥有国家 A 级景区 8 家，大型商业载体 69 个，三星级以上酒店 22 家，为京津冀游客提供了一流的餐饮、购物等消费体验，成功打造滨城"向海乐活节"文旅品牌，为京津冀游客提供了别具特色的海洋文化旅游体验，2023 年累计接待各地游客突破 2600 万人次，京冀游客占比 50%。三是强化生态协同。深入践行习近平生态文明思想，坚持"绿水青山就是金山银山"，强化生

态环境联建联防联治，接续打好污染防治和渤海综合治理攻坚战，天蓝地绿水清成为常态。实施大气污染治理工程和雨污分流改造工程，重点强化工地扬尘、高排放车辆等专项整治，2023 年空气质量优良天数超过 200 天，16 个地表水考核断面达标率 100%，近岸海域优良水质比例达到 71.4%。12 条入海河流在全面消劣的基础上，11 条累计达到地表水Ⅳ类水质。四是强化政务协同。在179 项自贸试验区"同事同标"政务服务事项、162 项"跨省通办"高频事项、208 项"京津冀＋雄安"自助办事项基础上，提升交通通信、身份认证、社会保险、住房保障等领域协同效能。作为北方唯一上线 FT 账户的自贸试验区，新区创新推出"FT 分公司"模式，支持"三北"地区企业开立 FT 账户。"滨城十条"中涉及户籍政策的《滨海新区户籍制度实施细则（试行）》正式印发，其内容涉及京冀企业人员在新区购房、落户政策落地办理；京冀企业员工和人才随迁子女接受学前教育、义务教育安置工作等事项，有效提升了三地政务协同效能。

潮起渤海湾，风正一帆悬。在习近平新时代中国特色社会主义思想指引下，滨海新区将不忘初心、牢记使命，撸起袖子加油干，坚定不移推进高质量发展，国家赋予的功能定位必将早日实现，一座繁荣宜居智慧的现代化海滨城市必将巍然屹立于渤海湾畔！

（天津滨海新区）

全面融入京津冀协同发展大局
宝坻区奏响高质量发展"协奏曲"

　　京津冀协同发展是习近平总书记亲自谋划、亲自部署、亲自推动的重大国家战略，十年来，习近平总书记多次到京津冀三省市视察指导，多次召开重要会议部署推动，多次发表重要讲话，在不同时段和关键时刻给予关键指引，为我们做好京津冀协同发展工作指明了前进方向、提供了根本遵循，推动京津冀协同发展从顶层设计到基层实践，从重点突破到全面推进，让宏伟蓝图一步步转化为火热实践。

　　宝坻区位于天津市北部，地处京津唐几何中心，区位优势明显，生态资源丰富，人文底蕴深厚。十年来，宝坻在市委市政府的坚强领导下，坚决贯彻落实习近平总书记关于京津冀协同发展的重要讲话和重要指示批示精神，抢抓战略机遇，主动服务天津"一基地三区"建设，深度融入京津冀协同发展大战略。一是在顶层设计上，始终秉持着"一盘棋"思想，坚持从全局谋划一域、以一域服务全局，先后制定实施了《中共天津市宝坻区委关于实施"六大工程"深入推进京津冀协同发展的意见》《宝坻区京津冀协同发展走深走实专项工作方案》，绘就协同发展路线图、任务书。二是在组织推动上，成立由区委、区政府主要领导担任双指挥的协同发展工作领导小组，设置专项推动组，定期调度工作，统筹多元目标抓推动。三是在落实举措上，依托京唐、京滨高铁，首倡提出建设"京东黄金走廊"，得到了通州、唐山等地积极响应，并纳入了国家《京津冀协同发展"十四五"实施方案》和京津冀三地共同推进事项清单。与北京中关村共同探索建立"高层联席、部门对接、项目合作"机制以及高层联席会、科技城管委会、科技城发展有限公司"三层管理架构"，在解决事关京津中关村科技城发展重大问题过程中发挥了重要作用。

十年来，宝坻砥砺奋进、实干争先，各领域协同发展成果丰硕、亮点频现。

一、聚焦"产业圈"，以积极主动的姿态承接北京非首都功能疏解，密切了产业发展协同协作

始终坚持把宝坻产业体系纳入协同发展版图，围绕承接北京非首都功能，以对接京津冀产业规划为切入点，以京津中关村科技城为主抓手，集聚高端要素，打造产业升级版。

一是京津中关村科技城"主载体"作用突显。与中关村管委会、中关村发展集团联合建设京津中关村科技城，由北京中关村方面"带理念、带品牌、带资金、带项目、带团队"参与建设，打造跨区域产业协作发展平台，成为首个中关村在京外重资产投资的跨区域合作项目。科技城以建设宜居宜业宜游宜乐的融合发展"新样板"为目标，全面推进"产城人景文"协调发展。顶层规划不断完善，编制科技城面向 2035 年的战略发展规划和支持高质量发展的政策体系，与中关村发展集团签订深化合作共建协议，综合招商平台等十个服务平台雏形显现。配套设施加快建设，在高标准完成一期 4.19 平方公里基础设施开发建设的基础上，启动了二期 5.25 平方公里市政设施开发建设，推动南开中学科技城学校等一批重点工程开工，承载能力不断提升。持续强化联合招商，坚持惟高惟新，引进卡酷思等市场主体 1500 多家，其中实体企业 147 家，承接北京方向企业中国家高新技术企业占比近 85%，累计完成固定资产投资 120 亿元，提供就业岗位 3000 人。目前，京津中关村科技城已被纳入《京津冀协同发展规划纲要》、京津冀协同发展"2+4+46"承接平台、《京津冀产业合作重点平台目录》和深入推进京津冀协同发展三年行动计划，成为唱好京津"双城记"的首位平台、滨海国家级高新技术产业开发区扩容区，是全国首批"科创中国"创新基地（创新创业孵化类）。"创新研发在北京、验证转化在宝坻"产业链创新链双向融合、利益共享的"宝坻模式"不断完善，京津中关村科技城作为宝坻产业协同发展"主载体"作用日益显著。

京津中关村科技城

　　二是北京非首都功能"疏解地"硕果累累。紧紧抓住北京非首都功能疏解这个"牛鼻子"，围绕央企二三级总部、上市公司、总部经济、重点产业链企业，有效链接中关村、高校、商会、协会、产业联盟等各方资源，积极推动产业对接协作，安泰天龙、国安盟固利、勇猛机械等项目落户宝坻。近年来，先后引进了中交等一批央企三级公司和中关村医疗器械园、林德英利、中科拜克生物制药等180多个北京方向实体项目，计划总投资700多亿元，形成了以安泰天龙、瑞源电缆、首瑞电气等为龙头的智能装备产业链，以国安盟固利、荣盛盟固利等为龙头的动力电池产业链，以林德英利、联恒工业等为龙头的汽车配件产业链，宝坻产业链条的稳定性和竞争力得到了进一步提升。而宝坻广阔的发展空间和良好的营商环境，也促进了企业在宝坻的发展壮大。2023年，天津国安盟固利新材料科技股份有限公司成功登陆深交所创业板，创当年深交所新股单日最大涨幅，实现上市企业零突破。

　　三是协同创新成果转化"孵化器"日趋完善。签署了《通宝唐区域人才合作框架协议》，搭建服务智慧平台，实现人才服务信息、人才政策的互通

天津国安盟固利新材料科技股份有限公司

互享。成功举办首届天津·宝坻人才发展大会暨人才助推"十项工程"论坛。开展"通宝唐"区域人才交流合作，学习借鉴先进地区经验做法，选派优秀干部到国家部委、中央机关、中关村集团等有关单位交流挂职。充分利用北京科创资源，签署《"通宝唐"科技合作协议》，在开展校企交流、科技成果对接、科技发展服务互联互通等方面加强合作。每年组织召开"通宝唐"科技创新联席会议，发布《"通宝唐"区域创新平台共享共用目录》。开展"走进中关村"学习交流活动，全面提升通宝唐三地协同创新水平，助力企业高质量发展。区域协同创新能力和创新成果转化率明显提升，国家高新技术企业达到350家，动力电池材料产业成功入选全国中小企业特色产业集群，国家现代农业产业园、国家农业科技园顺利通过验收，培育了一批市级企业技术中心等科创平台。

四是服务京津冀城市"消费圈"亮点纷呈。围绕服务京津市场，持续推动面向京津的"菜篮子"和"米袋子"保供基地建设，每年供应京津地区特色蔬菜1.5万吨、猪肉2.5万吨、鸡蛋2万吨、水产品4.5万吨，打响了"劝宝韭菜"

品牌，"光辉""欣家润"等系列西红柿在京津地区具有一定的影响力，传统"三辣""小站稻"品牌享誉全国。依托国家级电子商务示范基地，引进了计划总投资 40 亿元的"区域性农产品冷链物流加工交易集散中心"项目，打造保障首都、服务京津冀的"绿色粮仓、绿色菜园、绿色厨房"。与北京、河北等地共同建立"京东文旅圈"，宝坻区晶宝温泉农庄、旭辉股份红色文化收藏馆、士国庄园、小辛码头村、董塔村等纳入其中。举办"遇见宝坻·印象潮白"宝坻区首届潮白河四季欢乐旅游节暨来福好事·潮白河畔音乐嘉年华，塑造"印象潮白"品牌。多次举办京东大鼓星火日、京津冀徒步大会、京津冀陆上赛艇大赛、中华垂钓大赛等赛事活动，逐步形成优势互补、互利共赢的文旅协同发展新格局。

二、聚焦"交通圈"，以奋发有为的状态构建"轨道上的京津冀"，促进了基础设施互联互通

始终坚持把交通一体化作为推动协同发展的突破口，主动衔接规划、连接交通，着力打通"大动脉"、畅通"微循环"。宝坻境内京哈、塘承、津蓟三条高速与规划建设的唐廊高速二期，呈"井"字形综合穿越宝坻全境。2023年京唐、京滨城际铁路通车运营，宝坻正式融入"轨道上的京津冀"，跨进了京津冀主要城市 1~1.5 小时交通圈。京唐、京滨两线在宝坻站经停列车增至 21趟次，新增秦皇岛、锦州北、沈阳等站点，促进资源要素与河北、辽宁等地深度融合互补。九园公路顺利通车，新开通京津中关村科技城通达高铁宝坻站快速直达线路、快速公交线路、普速便民线路 3 条公交线路。京哈高速跨线桥改建工程完工，持续推进宝武公路改建工程。随着交通体系不断完善，给沿线群众出行带来便利，人、财、物等要素加速流转，群众生活质量得到改善，基础设施不断与京津唐等大城市接轨。十年来，改造老旧小区 33 个，累计搬迁城中村 73 个、平房宿舍区 24 个，全市最大规模的棚户区改造基本完工，10 万名群众喜迁新居，全面促进宝坻与京津冀各地的联系交流与共同发展。

京唐、京滨城际铁路宝坻站

三、聚焦"生态圈"，以有力有效的举措筑牢首都生态安全屏障，推动了生态环境联建联防联治

始终坚持把维护良好的生态环境作为协同发展的大事来抓，大力实施"护蓝、清水、净土"行动，高标准落实"双碳"任务，实行最严格的生态环境保护制度。坚决打好污染防治攻坚战，与周边地区围绕生态环境保护，强化联合执法、协同治理以及联合应急演练，凝聚区域协同作战强大合力。建立起了高效顺畅的工作格局，先后签订《区域生态环境保护协同机制框架协议》《宝廊跨省流域上下游突发水污染事件联防联控合作协议》等，建立完善生态环保联防联治合作机制，共同应对和处理跨界突发环境事件及污染纠纷。全区环境质量持续提升，国家储备林、京津风沙源治理工程、潮白河国家湿地公园等生态屏障建设顺利，获评国家生态文明建设示范区，在提升自身的同时也为推进京津冀生态协同作出了宝坻贡献。地表水考核断面平均水质达到Ⅳ类水体及以上，2023年宝坻区潮白新河流域被生态环境部授予"绿水青山就是金山银山"实

潮白河国家湿地公园

践创新基地，成为全国首个整流域创建案例。在一体化保护生态环境的同时，共用共享水资源，满足上下游农业用水需求，密切上游水情信息共享，共同做好汛期防汛工作，确保群众生命财产安全。

四、聚焦"功能圈"，以浓厚强烈的情怀保障改善民生，加快推进了公共服务共建共享

始终坚持把增进民生福祉作为协同发展的出发点与落脚点，用心用情答好协同发展"民生答卷"。

一是公共服务协同持续深化。消除行政区域壁垒，2021年通宝唐三地签署《政务服务"跨省通办"合作协议》，为有异地办事需求的企业群众提供网上查询、代收代办、多地联办服务。进一步加深"跨省通办"合作，91项事项纳入北京城市副中心统一接件受理平台，方便企业和群众办事。

二是教育事业合作深入开展。2020年，宝坻艺术中学与中央美术学院附属实验学校、唐山艺术高中等京津冀艺术类高中签署《京津冀艺术类高中协同发展框架协议》，召开三校美术教学交流研讨会，通过学术交流、经验介绍，促进了专业成长，提升了办校办学水平。借助"密宝唐"职教联盟，组织开展"密宝唐"三地职业技能大赛，三地中职学校互学互鉴，提高职业教育教学质量。

三是医疗医保协作有序推进。在全市率先实现京津冀异地门诊联网直接结算，目前，我区累计开通56家机构异地就医门诊直接结算和42家机构异地门诊特慢病直接结算，跨区域合作深入开展。宝坻区中医医院与北京中医药大学第三附属医院开展医疗技术合作签约，深化在技术指导、人才培养、资源共享等方面的合作。

（天津市宝坻区）

十年奋进路 协同著新篇
武清区深入推进京津冀协同发展走深走实

京津冀协同发展是习近平总书记亲自谋划、亲自部署、亲自推动的重大国家战略，是天津市全面建设社会主义现代化大都市的主战略、大战略，同时也是武清区实现高质量发展最重大、最现实、最紧迫的战略机遇。十年来，武清区委、区政府始终坚持把推进京津冀协同发展作为政治之责、强区之要，以承接非首都功能为主攻方向，以"通武廊"改革试验示范为率先突破口，以深化区域一体化体制机制创新为主抓手，下好"先手棋"、种好"试验田"、打好"主动仗"，全力做好融入、服务、对接、联动文章，在全区上下的共同努力下，武清区经济社会高质量发展，产业结构持续优化，人民生活水平显著提高。

一、完善机制，顶层设计高位推动

武清区坚决贯彻习近平总书记关于京津冀协同发展的重要讲话和重要指示批示精神，认真落实党中央决策部署和市委市政府部署要求，全区上下在认识上不断深化、行动上不断深入，以实绩实效推动京津冀协同发展走深走实。2014 年，习近平总书记提出唱好京津"双城记"重要指示后，武清区即成立由区委、区政府主要领导双牵头的京津冀协同发展领导小组，高位推进、高效谋划、高质落实，坚持"跳出武清看武清"，站在京津之间"一轴四城"的战略高度，着眼再造武清发展新优势，高标准编制 2035 年远景目标纲要，谋划制定具体性、操作性、行动性强的工作落实举措，全力加快京津明珠、幸福武清建设。

为加速融入服务北京"新两翼"一体化高质量发展，2017 年 2 月，"通武廊"三地在北京市通州区签署推进"通武廊"战略合作框架协议，确定了八个方面务实合作内容，进一步加快推进体制机制创新，努力实现优势互补、良性互动、互利共赢。2023 年 5 月，三地再次签署"通武廊"区域一体化高质量发展试点示范合作协议，积极探索毗邻地区一体化发展路径，着力破除制约区域一体化高质量发展的体制机制障碍，共同打造京津冀协同发展试点示范新高地。武清区联合廊坊市，组建武清·廊坊推进"通武廊"区域合作联合办公室，共同研究出台区域合作"一方案三清单"，项目化、清单化推进区域合作事项，不断提高三地居民群众获得感、幸福感、安全感。同时，加强与廊坊北三县、通州区与廊坊北三县一体化高质量发展示范区执委会对接沟通，不断推动区域产业、交通、公共服务等积极融入北京城市副中心与北三县一体化高质量发展。

二、筑巢引凤，建强载体引聚资源

武清区以京津产业新城规划建设提质升级为引领，以"一城一带一商圈"建设为抓手，抢抓京津冀协同发展重大战略机遇，狠抓市委市政府"十项行动"落实。编制京津产业新城规划建设方案并获市政府批复，编制并发布核心区产业规划、城市设计和政策措施，签约落地总投资超 70 亿元的 34 个优质项目。规划建设大运河文化生态发展带，"福运武清都市农业公园"品牌完成设计，适宜河段通航工程有序开展，签约落地总投资超 50.9 亿元的 36 个产业项目。推动总投资 120 亿元的 33 个"新商圈"重点项目，其中 15 个投入运营，"赛展演食住购乐训游"全消费场景深度拓展，"新商圈"年接待游客超千万人次、67% 以上来自京冀，营业收入超 50 亿元。充分发挥驻北京工作部及各园区产业协同创新中心、离岸协同平台等驻京产业引育端口作用，广拓信息资源，一大批具有较强竞争力的优质企业项目落地发展。2016 年以来累计引进北京项目 1700 余个，引资到位 808 亿元。拥有"四上"企业 2303 家，较 2014 年增加 2.1 倍。

三、优势互补，产业协作纵深推进

紧扣天津"一基地三区"定位，深挖区域产业合作点和互补点，积极搭平台、促融合，协同构建现代化产业体系。与北京海淀区、北京经开区、北京大兴机场临空经济区、天津经开区、天津港集团、国家会展中心（天津）签署战略合作，围绕智能制造、新一代信息技术、生物医药、新能源汽车等重点产业，全面加强区域内重点产业园区间的协同协作、联合招商，常态化开展区域产业对接撮合。区内现有北京产业链、供应链配套企业254家，"四上"企业107家，2023年交易额304.29亿元，其中为北京奔驰配套企业47家，农业领域重点供应链企业37家，商贸物流重点供应链企业13家；中国联通京津冀数字科技产业园一期、中国电信京津冀智能算力中心二期、中铁信二期竣工，清数科技园投入运营，为区域数字经济发展提供有力支撑。

四、借智借力，协同创新活力迸发

用足用好京津冀高校院所集聚资源，持续深化"政产学研用金介服"合作，探索"大院大所或名校服务带动引领产业链"模式，深化与中国科学院、中国铁道科学研究院、北京交通大学（简称北交大）、南开大学（简称南开）、天津大学（简称天大）、河北工业大学、中国技术交易所、北京科学技术研究院（简称北科院）等高校院所、科技服务机构对接合作，做大产业创新联盟、开展协同技术攻关，打通校企握手、成果转化"两个通道"，助力前沿技术孵化转化产业化。联合中国技术交易所搭建武清区线上成果转化平台，有效链接北京、天津等各地高校院所科技成果，服务科技成果转移转化。推动天津大学、北京化工大学（简称北化工）、中国技术交易所等49家高校院所与区内企业开展103项产学研合作项目，实现成果转化77项。2023年技术合同交易额已达104亿元，是2014年（14亿元）的7.4倍。北化工产学研基地、北交大超导电气项目、北科院营养源项目、天大合成生物产业集群、南开生物医药转化基地等优质项目落地。新入库国家科技型中小企业1010家，新认定市级雏鹰、瞪羚、科技领军企业554家。交控技术装备、元一生物、九天基因、航宇卓然等13家单位分别获批天津市科技领军企业重大创新项目、京津冀协同创新项目、院市合作项目，有效助推主导产业链升链补链。此外，大美良田、雍航农业等 10 余家经营主体与北京市农林科学院林业果树研究所等科研院所合作，引进新品种 100 余种、新技术试验 200 余项。

五、互联互通，立体交通加速构筑

武清区坚持把推进交通互联互通作为加强与京津冀各地沟通联络、再造武清发展新优势的战略举措，按照"外联一体、内聚成核"的思路，持续完善以轨道交通和高速公路为骨架、以区内道路为主体、以乡村公路为补充的路网体系，推动道路通达能力和承载水平不断提升。抢抓"轨道上的京津冀"建设机遇，加速融入京津"通勤圈"，京津城际列车实现扩容，经停车次增至 32 对，接发北京旅客由每天 9000 人增至 1.5 万人。通武廊市域（郊）铁路项目经全力推动，现已纳入《京津冀协同发展交通一体化规划》和《天津市市域（郊）铁路专项规划》，正在稳步推进相关前期工作。持续推进公路联通工程，武清区高王路与通州区通清路已于 2024 年 1 月 16 日正式通车运行。借势京津塘高速公路改扩建工程，积极对接招商局集团，增设京津塘高速杨村西出入口，大王古庄出入口正在进行路基填筑及桥梁施工，预计 2025 年建成通车。大力提升通勤便利化水平，在三地率先实现公交地铁"一卡通""一码通"互联互通的基础上，京津首条"定制快巴"通车运营，每日接发 10 班次、服务通勤人员 300 余人次，实现京津通勤更快联动。武清·廊坊首条定制通勤公交线路已签订协议，拟于近期开通运营，提升三地通勤效率。以城际铁路、高速公路为骨干、以跨省公交为补充的"环京通勤圈"持续完善。

六、联防联治，生态环境持续改善

深入践行"两山"理论，共同打好蓝天、碧水、净土保卫战，联手打造京津冀生态涵养区，筑牢区域生态廊道、生态屏障。先后与北京市通州区、河北省廊坊市等地区建立了生态环境保护协同机制，明确了定期会商、协同治污、联合执法、环境事件应急联动等具体举措。强化三地环保、水务等部门沟通联动，联合"河长制"进一步落实，与廊坊市建立定期联合执法巡查、跨界监测等监管机制，持续提升跨界河流协同治理水平。2023 年全区 $PM_{2.5}$ 年均浓度比 2014年改善 55.43%，水环境综合污染指数比 2016 年改善 40.9%，北运河、永定新河等重点水系水质已由 2016 年的劣 V 类提升至 IV 类。国家级大黄堡湿地自然保护区完成核心区和缓冲区 70.47 平方公里生态修复，建设总长 55 公里的绿色围网，实现全封闭管理，生态移民工程部分主体完工，生物多样性显著提升，"京津之肾"生态涵养功能显著增强，2022 年生态环境质量指数相比 2017 年上升 6.96%，植被覆盖度较 2017 年提高 10.76%，鸟类种类进一步增加，重点保护和珍稀濒危鸟类种类更为丰富，宁静大美风光在《新闻联播》全方位展示。协调区域水资源统一调配，引调上游水源 3.4 亿立方米，多元互济的水资源保障格局初步建立。建成永定河故道国家湿地公园、翠亨路生态绿廊，全区林木覆盖率达 39.3%、城市绿化覆盖率 37.5%、蓝绿空间占比 74%。

七、先行先试，改革试验守正出新

为持续推进京津冀协同发展走深走实，坚持以"通武廊"改革试验为突破口，着眼打破公共服务资源地域限制，以深化一体化体制机制创新为主抓手，以合作共建、信息共享、资源共用为方向，下好"先手棋"，种好"试验田"，打好"主动仗"，全面提升"通武廊"公共服务普惠化、均等化、标准化、便利化水平，全力做好融入、服务、对接、联动文章，在产业、交通、环保、社会管理、公共服务等领域累计签署 102 项合作协议，全面开展协作，取得扎实成效。

一是强化党建协作。认真贯彻落实习近平总书记在深入推进京津冀协同发展座谈会上的重要讲话精神，按照京津冀三地党政主要领导座谈会安排部署，坚持围绕中心、服务大局，积极探索毗邻地区党建合作新模式。牵头组织召开第一届"通武廊"机关党建工作研讨会，积极探索机关党建区域机制共建、资源优势互补等方面的思路举措，签订了《"通武廊"机关党建服务保障京津冀协同发展合作协议》，建立了党建资源共享、党建工作交流等机制，持续以高质量机关党建服务助力京津冀协同发展。2023 年 6 月底，武清区委组织部联合廊坊市广阳区委组织部、安次区委组织部，以党建引领基层治理为切入点，指导武清区东马圈镇与广阳区北旺镇、安次区落垡镇三个接壤口子镇共同签订《党建结对共建框架协议》，小枣林村、东马圈村、落垡村等17个接壤口子村共同签订《党组织结对共建协议书》，在基层党建、安全生产、乡村振兴等领域开展深度合作，进一步推动镇域治理共建共享、共治共赢。

二是强化政务服务协作。"通武廊"三地积极推进"跨省通办＋结果互认"服务，进一步统一服务规范、优化办理流程，全面开展异地事项"本地化"办理服务。携手北京市通州区、河北省廊坊市共同搭建京津冀"区域通办"业务平台，在落实当前155项全国"跨省通办"项目基础上，围绕资质资格互认、高频事项同事同标、全程网办、证照联办等多个主题，细化合作清单，三地共同签订《政务服务"区域通办"合作协议》，累计320项高频办理事项纳入"区域通办"平台，逐步实现"一地受理、异地审批"。完成区政务服务中心综合窗口改革，"一窗通办"率达90%以上，积极推动工程建设项目"多证联发""拿地即开工"。推出21项"倒计时"审批改革举措，压减审批时限90%以上。

三是强化医疗协作。由国家市场监管总局、国家发展改革委、财政部联合组织开展的"通武廊"医疗卫生协调联动基本公共服务标准化试点项目，经过2年的规划建设，构建"一中心六站点"（即武清区人民医院标准化代谢性疾病管理中心，黄花店医院、大良医院、徐官屯街卫生院、黄庄街卫生院、梅厂医院、城关医院等6个基层站点）格局，全面实现"通武廊"三地代谢性疾病精细化和全面化的医疗数据共享，优化医疗资源，提升服务质量，并顺利通过国家评审，已有1089名患者享受改革红利。与中国初级卫生保健基金会签署"中国梦·农工情"京津冀协同发展健康武清建设战略合作协议，协同推进"国家级医学中心专项工程"、"乡镇卫生院提质增效工程"及"行走的医院数字化标准村卫生室建设"等项目，借助北京优质医疗资源为群众提供更高水平诊疗服务。"通武廊"区域卫生健康一体化高质量发展合作协议顺利签约，逐步统一医疗卫生标准，区内4家医疗机构50项医学检验结果与京津冀区域医疗机构实现互认；武清区人民医院成功加入北京大学人民医院医联体、首都医科大学附属潞河医院医联体、全国眼科联盟，率先实现与北京潞河医院跨区域双向转诊，共享北京优质医疗资源；区内已开通跨省异地就医住院费用直接结算医疗机构41家，开通跨省异地就医门诊费用直接结算医疗机构58家，开通高血压、糖尿病、恶性肿瘤门诊放化疗、尿毒症透析、器官移植术后抗排异治疗等5个群众需求大的门诊慢特病费用跨省直接结算12家。全面实现京津冀区域跨省异地就医直接结算免备案，就医、购药"一码通行"。

四是强化教育协作。为持续提升三地教育水平，逐步推进公共服务均等化，"通武廊"累计组建12个基础教育共同体、3个教育联盟（10所联盟校），通过管理经验交流研讨、名师讲座、学校特色活动展示、教育科研、学生艺体活动等方面的深度互动合作，累计开展活动300余次；通武廊三区市教育行政部门共享优质资源，联合开展"高级研修班"、三区市校长论坛、优秀园长办园实践研讨会、中小学校长、骨干教师联合培训等，累计培养100余名骨干校长（园长）和100位学科名师队伍，形成引带式交流培养模式，推进区域教育协同持续向纵深发展。为加强三地职业技能人才交流合作，联合举办4次"通武廊"职业技能大赛和2次"丹佛斯"杯通武廊职业学校技能大赛，定期举办"职业教育论坛""产教融合·校企合作"等活动，联盟校间实现跨区域学生与学校发展的多层次融合，加速推进"通武廊"三地职业教育融合发展。与廊坊师范学院共建实习基地，实现高校与中学资源共享共建、协同育人。

五是强化养老协作。聚焦养老服务协同发展，"通武廊"三地坚持"同质同标"原则，持续建立完善养老服务协同工作机制，加快推进京津冀地区养老项目协同、政策协同、人才协同、医养协同、区域协同、行业协同，鼓励老年人养老享老，即"一个机制、六个协同"。着眼整合区域养老资源，共同推动区域养老服务体系建设，推动北京养老项目向环京周边地区延伸布局，携手打造养老服务现代化建设区域协同先行区、示范区。武清区7家养老机构累计1450张床位纳入京津冀养老试点范围，吸引1500名京籍老人异地养老；持续实施京津冀跨区域养老机构运营补贴拨付政策，累计拨付补贴600余万元，三地老年人跨区域养老的便利性不断增强。

六是强化人才协作。以人才合作率先破题，先行先试，签订《"通武廊"人才合作框架协议》，确立了人才合作目标、合作领域和合作机制。建立"通武廊"人才工作联席会议制度、"通武廊"区域人才互认标准和高层次人才服务绿卡制度，全面加强区域人才信息共享、交流合作和联合培养。"通武廊"人才一体化发展示范区纳入《京津冀人才一体化发展规划（2017—2030 年）》，成为总体布局中的六个重点区域之一。以人才交流活动为载体，先后举办"通武廊"大型人才联合招聘会、专场招聘会 22 场，提供就业岗位近 1.6 万个，累计 3.4 万人参与求职，8300 余人达成就业意向。成功举办"通武廊"职业技能大赛、协同创新大赛、青年创新创业大赛、"海外赤子北京行"通武廊专场等活动，形成区域人才开发整体合力，推动人才引进互融互通、人才评价互认互准、人才培养共培共育、创新平台共建共享，不断提升"通武廊"区域整体竞争力和吸引力。

七是强化农业协作。落实《京津冀农业综合执法合作框架协议》，累计向京冀两地移送违法线索 300 余条，接收京冀两地线索移送及协查函 80 余件，跨区域联合执法案件入选农业农村部 2022 年度全国农业执法保障粮食安全十大典型案例，有效打击了京津冀农业领域违法行为，确保农业生产经营稳步有序开展，为乡村振兴提供有力保障。

八是强化政法协作。在前期"通武廊""小京津冀"警务合作、毗邻法院司法协作、社会矛盾纠纷联调化解合作等良好合作基础上，三地政法委于2023 年 7 月底再次签订《加强政法领域协作框架协议》，压实社会治安联合防控、矛盾纠纷化解协作、诉讼服务协作、检察工作协作和司法行政协作等 7 个方面的协作机制，先后组织举办三地法院系统座谈会、检察机关精品案例讲评会、司法行政系统培训班、矛盾纠纷化解联席会议等系列活动，常态化开展警务协作、情报共享、诉讼协作等工作，全力筑牢首都政治护城河，为推动京津冀协同发展再上新台阶提供了坚强法制保障。

八、下一步工作安排

武清区将坚决贯彻习近平总书记重要讲话精神，认真落实党中央和市委市政府决策部署，主动服务北京"新两翼"、唱好京津"双城记"，在使京津冀成为中国式现代化先行区、示范区的天津实践中，担当经济大区责任、展现经济大区作为。

一是打造承接非首都功能疏解新平台。聚焦"京津智谷、科创新城"定位，促进科技创新、产业焕新、城市和园区更新有机融合，完善"产业新城管委会+创新创业服务中心+N个园区平台公司"的管理运营体系，大力推进中央创新区建设，加快创新发展轴等标志性区域建设。加快智能科技、生物医药、云数据应用等6条重点产业链成龙配套、成链成群，设立京津产业新城母基金和子基金群，参与共建京津冀协同创新共同体，深化"产学研用金、才政介绿云"一体联动，着力提升市场化引聚资源能力，精准落地一批标志性项目，推动天大合成生物前沿研究院、特变电工"六中心一基地"等重点项目建成运营。

二是构建乡村振兴和消费联动新格局。融入区域"大旅游"发展全局，精心打造大运河文化生态发展带，实施南蔡村金穗小镇深化、河西务运河鲜食小镇优化、大孟庄宜居杨店建设等"十大工程"，加快运河不夜城、京津冀"尚农智谷"平台等项目建设，推动大运河保护传承利用与乡村振兴有机融合。加快建设国际消费中心城市支撑"新商圈"，以打造全国示范智慧商圈为带动，优化"圈、街、楼、店、网"空间布局，拓展"赛展演食住购乐训游"全消费场景，培育澳康达名车广场、乐目射击馆等"新爆点"，推动17个重点商业项目加快建设，做好"赛展+文旅""演艺+文旅"文章，打造消费升级新高地。

三是探索"通武廊"一体化高质量发展新机制。深化"小京津冀"改革试验示范，推进制度创新和政策举措系统集成，探索联合招商、园区共建、科技资源共享等产业协作新模式，拓展"同事同标"通办事项，率先在区域营商环境、要素市场、公共服务等一体化建设上取得新突破。统筹高质量发展和高水平安全，完善通武廊自然灾害预警监测网络和突发事件应急处置联动机制，全面提升防灾减灾救灾、社会治安防控、矛盾纠纷化解、跨区域诉讼服务等合作水平，坚决筑牢首都"护城河"。

（天津市武清区）

协同再发力　激活新动能
张家口市推动京津冀协同发展不断迈上新台阶

　　京津冀协同发展战略实施以来，张家口深入贯彻习近平总书记重要指示和党中央、国务院决策部署以及省委、省政府工作安排，围绕建成"河北一翼"，扎实推动发展后奥运经济、建成首都"两区"、加快建设京张体育文化旅游带等国家战略落地见效，加速融入京津冀协同发展，努力交出高质量发展优异答卷。

一、工作开展情况

（一）首都"两区"建设纵深推进，首都绿色生态屏障持续筑牢

　　坚持生态共建共治，统筹山水林田湖草沙一体化保护和系统治理，大力实施"蓝天、碧水、增绿、净土"四大行动。蓝天行动。聚力能源结构、产业结构、交通运输结构调整，累计完成城镇清洁取暖 3359.18 万平方米，实施农村煤改电、煤改气 37.28 万户，淘汰 35 蒸吨及以下燃煤锅炉 5166 台。2023 年全市 $PM_{2.5}$ 平均浓度 18 微克 / 立方米，空气质量在全国 168 个城市排名第 8 位。碧水行动。推动签订了密云水库上游潮白河流域水源涵养区横向生态保护补偿协议和官厅水库上游永定河流域水源保护横向生态补偿协议，协同北京市、承德市建立了密云水库上游潮白河流域生态环境联防联治工作机制。"兴水、引水、节水、蓄水"多措并举，累计治理水土流失 871 平方公里，退减水浇地 52.14 万亩、压减地下水超采量 5257 万立方米，在全省率先完成阶段性超采治理任务。增绿行动。大力实施项目化、公司化、林场化造林，累计完成人工造林 785.9 万亩、退化草原治理 158.57 万亩。净土行动。建立土壤污染风险管控和修复名录制度，

坝上地区旱作雨养项目

康巴诺尔湿地公园生态修复治理

官厅水库国家湿地公园

持续开展土壤污染防治，深化农业面源污染治理，累计退出修复矿山 444 处，治理土壤污染 1.703 平方公里，受污染耕地全部得到安全利用。

（二）京张体育文化旅游带加快建设，后奥运经济大力发展

在与北京携手为世界奉献一届简约、安全、精彩的奥运盛会基础上，坚持管理好、运用好北京冬奥遗产，积极建设京张体育文化旅游带，大力发展冰雪经济。冬奥盛会成功筹办举办。深入贯彻"四个办奥"理念，高标准高质量做好各项筹办举办工作，"雪如意""冰玉环"等标志性精品工程惊艳世界，赛会服务保障赢得了国内外参赛人员广泛赞誉，133 项赛事运行有序、精彩纷呈，为向世界奉献一届简约、安全、精彩的奥运盛会作出了应有贡献，成功加入国际奥林匹克城市联盟。冬奥遗产高效利用。对国家跳台滑雪中心、国家冬季两项中心、国家越野滑雪中心、云顶滑雪公园实施了 13 项适应性改造，利用冬奥竞赛场馆及周边设施，累计承办举办各级各类赛事活动 303 项，举办会议会展 69 项、开展研学活动 92 批次、开展文化旅游活动 99 项。冰雪经济落地生根。依托高新区冰雪运动装备产业园和宣化冰雪产业园，累计落地冰雪产业项目 107 个、投产运营 67 个，初步形成冰雪产业全链条发展体系。持续推进冰雪运动"三进"活动，累计开展 765 批次，22 万人参加，全市累计参与冰雪

崇礼雪场群众性滑雪

运动人次达到 650 万。文体旅游融合发展。与北京市文旅局、北京市体育局分别签署了《共建京张体育文化旅游带战略合作协议》，创新推出京张两地滑雪场"一卡通滑"产品，首次实现了国内跨区域雪场联滑通滑，成功举办三届京张全季体育旅游嘉年华。完成 23 个长城国家文化公园建设项目，推出冬奥冰雪游、草原生态游等 6 大主题、20 条文化旅游精品线路。

（三）可再生能源示范区建设扎实推进，绿色能源体系加快构建

一体化推进"源网荷储"建设，实现奥运史上首次 100% 绿色用能示范，在国际国内取得 13 项"第一"。规模化开发成效明显。可再生能源装机规模达到 3291 万千瓦，稳居全国非水可再生能源第一大市。绿电输送通道架构持续优化。世界首个 ±500 千伏多端柔性直流、张北－雄安 1000 千伏特高压输电工程建成投用，每年稳定向北京和雄安输送绿色电力。多元化应用不断拓展。入选全国首批碳达峰试点城市和北方地区清洁能源供暖试点城市，推广电供暖面积 1758 万平方米，年均用电量 23 亿千瓦·时；建成国内第一个风电制氢示范项目和全国加氢量最大的创坝加氢站，推广氢燃料电池公交车运行数量 444

风电光伏发电项目

氢能燃料电池公交车

百兆瓦先进压缩空气储能国家示范项目

辆，区域可再生能源终端消费占比达到 39%。大容量储能建设成果丰硕。建成国家风光储输示范工程（一期）、"奥运风光城"多能互补、铁铬液流电池储能集成、国际首套百兆瓦压缩空气储能等示范项目，尚义 140 万千瓦抽水蓄能等储能项目加速实施。

（四）承接北京非首都功能疏解有力有序，产业对接协作不断深化

深度融入京津冀产业布局，定政策、建平台、优环境，推动更多合作成果落地见效。科技创新合作不断深化。与国家电力投资集团、清华大学等科研院所、高校联合实施国家、省重大科技项目 200 余项，亿华通联合京津院校、社会团体、企业等 54 家单位共同成立了"河北省氢能产业创新联合体"，智慧互通建设的车态感知创新平台成为河北省首家、全国智慧交通行业系统唯一的国家新一代人工智能开放创新平台，北大青鸟、五维航电、长飞优创等一批北京高科技企业在张家口市落地。产业承接取得积极成效。累计承接 5000 万元以上京津疏解转移项目 296 个，总投资 2453 亿元，2023 年中电赤城新能源、大唐建投阳原新能源等 40 家央企子公司落户。被确定为国家"东数西算"工程京

坝上地区：绿色数据存储功能区

- 张北云计算基地（庙滩、小二台、中都草原）
  - 阿里庙滩数据中心
  - 阿里小二台数据中心
  - 阿里中都草原数据中心
  - 张云联数据中心
  - 数据港张北数据中心
  - 中国电信数据中心
- 康保县、沽源县、尚义县大数据产业基地

中心城区：研发和应用示范、装备制造功能区

- 桥东区北方硅谷科技新城
  - 智云信息产业科技有限公司
  - 智慧互通科技有限公司
  - 智慧能源大数据应用平台
- 宣化区大数据产业基地
  - 阿里巴巴宣化云计算数据中心
  - 京张奥项目
  - 宝之云华北基地项目
- 高新区西山产业园
  - 冰雪积分联盟"三亿人上冰雪"大数据平台
- 崇礼区高价值大数据产业基地

邻京地区：创新创业示范及总部经济功能区

- 怀来县大数据产业基地
  - 秦淮数据有限公司新媒体大数据中心
  - 腾讯华北云计算产业基地
  - 软通动力全球交付基地项目
  - 亿安天下数据中心
  - 中国联通张家口创新产业园
- 存瑞产业园
- 桑园产业开发区
- 涿鹿经济开发区

300KM
200KM
100KM

京张高铁
张石高速
★ 北京

市数字服务产业基地

重点发展数字基础服务、电子商务、数字文创、数字应用、人工智能、信创服务等产业，集中配置要素资源，打造京津冀区域共建共用共享的产业发展平台、产城教融合的数字服务新城。

大数据产业发展布局图

"东数西算"算力中心

津冀算力枢纽节点核心和 10 个国家数据中心集群之一，建成运营数据中心 27 个，投运服务器 153 万台，张北云计算基地、怀来数据中心基地被评为国家新型工业化产业示范基地。规模以上装备制造企业发展到 135 家，南山汽车产业基地落户企业 63 家，累计生产领克整车 45.7 万辆、沃尔沃发动机 158.2 万台、电动机 58 万台。

（五）一体化交通网络加快建设，区域互联互通水平不断提高

以高速公路为骨架、国省干线、地方道路为补充的路网结构基本形成，内畅外联、高效便捷、覆盖城乡的一体化交通网络加速构建。铁路建设飞速发展。京张、张大、张呼、崇礼 4 条高铁建成运营，同期沿线 7 座高铁站同步投入使用，张家口高速铁路从无到有，铁路通车里程突破 1000 公里，张家口进入北京 1 小时交通圈。公路建设全面展开。太行山、延崇、张尚等 7 条高速先后建成通车，京新至京藏联络线、张涿高速与北京市国道 G109 新线高速连通工程开工建设并有序推进，张家口市高速公路通车里程达 1346 公里，位居全省前列。机场改扩建完成。张家口宁远机场达到 4C 级规模，2023 年冬航季运营航线 8 条，通达城市 10 个，年旅客吞吐能力达到 100 万人次。

张家口高铁站

京礼高速连接北京、崇礼

张家口宁远机场 T2 航站楼

（六）基本公共服务合作持续深化，公共服务共建共享稳步推进

教育合作不断深化。累计与京津合作教育项目 265 项，43 所学校与北京优质学校建立了姊妹校关系，引进北京名师工作室 7 个、名校长工作室 6 个，市职教中心、职业技术学院与京津 6 所院校建立合作关系，怀来海淀外国语实验学校京北校区、怀来闻道中学等一批优势教育资源落户。医疗卫生合作层次

怀来海淀外国语实验学校京北校区

北京天坛医院（张家口）脑科中心

北医三院崇礼院
区创伤中心楼

不断提升。联合北京市卫健委、河北省卫健委共同签署了 3 轮《京冀张医疗卫
生协同发展框架协议》，全市 11 家市直医院与北京 13 家市直医院建立深入持
久的医疗合作关系，实现了市直医院合作全覆盖，北京累计派驻挂职专家 68 名，
常态化出诊手术专家 145 名，市属医院的合作学科累计接诊门诊 185.3 万人次，
收治住院患者 27.3 万人次，减少进京就诊患者 78 万余人次。北京大学第三医
院崇礼院区列入首批 10 个国家区域医疗中心建设试点。环京养老合作持续强
化。成立由 15 个单位组成的京张康养联盟，与北京市民政局签署了《推进两
地养老服务战略合作框架协议》，怀来县、涿鹿县、赤城县、崇礼区、下花园
区列入环京协同养老重点区域。

二、下一步工作安排

深入贯彻习近平总书记视察河北重要讲话精神，坚定信心，保持定力，抢
抓重大机遇，充分放大区位、生态、资源等比较优势，在对接京津、服务京津
中加快发展自己。

（一）主动承接北京非首都功能疏解，全面深化协同创新和产业协作

牢牢牵住疏解北京非首都功能这个"牛鼻子"，结合自身功能定位，运用好京津科技和产业溢出效应。深化产业精准对接。大力吸引央企二、三级子公司或创新业务板块落户。联合京津开展产业链对接活动，在京津冀地区谋划组织大数据、可再生能源、文体旅游等各类高规格重点招商活动 35 场。抓好国润能源异质节电池智能制造等项目建设，加快建设张家口数字服务产业基地，推进电信智慧云基地怀来园区、宝之云华北基地等在建项目尽快竣工投产。承接科技成果转化。用好京津创新资源，健全科技成果转化落地机制，协同开展新能源、大数据等领域核心技术攻关，打造一批技术创新中心、中试基地、产业创新联合体，开展"科技成果直通车""中科院先进成果进张垣"等活动，积极推进河北省科技成果展示交易中心张家口分中心建设，持续提升京津科技成果在张家口市转化效率和比重。加快资源要素流动。瞄准京津要素市场，强化激励保障政策配套，抓好张家口京津冀产业合作重点平台建设，加快新一轮京张对口帮扶工作，推进延怀赤毗邻地区协同发展，促进人流、物流、信息流等要素有序流动、优化配置。

（二）加快建设京张体育文化旅游带，打造联通京津的经济廊道

深入落实《共建京张体育文化旅游带战略合作协议》，高质高效推进各项建设任务。推动场馆综合利用。利用冬奥竞赛场馆及周边区域举办各类体育赛事活动不少于 200 项，重点筹办好 2023/2024 雪季国际雪联跳台滑雪女子世界杯、全国高山滑雪冠军赛等高水平赛事，加快推进 2029 年单板滑雪和自由式滑雪世锦赛申办工作，继续联合举办"京张全季体育旅游嘉年华活动"，推动赛事经济、会展经济、论坛经济、研学经济持续升温。推动文旅深度融合。推动《京张体育文化旅游带近期建设三年行动计划》系列规划计划编制，推动崇礼奥林匹克公园、万全右卫城等景区创建国家 4A 级旅游景区，新雪国旅游度假区、暖泉古镇文化旅游度假区等度假区创建省级旅游度假区。推动交通便捷畅达。加快推进太锡铁路项目建设，积极推进张家口至石家庄直达高铁，推进国道 G335 京冀界至 G112 段改建工程开工建设，争取 G109 新线高速、京新至京藏联络线等入京通道工程 2024 年建成通车，谋划打造用好 G109 新线高速文化旅游、产业发展等应用场景，持续提高京张通勤效率。

（三）深化生态环境联防联治，坚决筑牢首都生态安全屏障

健全完善京张两地生态环境联防联控机制，推动生态环境质量持续改善。抓好区域大气污染治理。与北京合作开展联动执法和重污染天气协同应对，大力开展重污染天气消除、臭氧污染防治、柴油货车污染治理和城市大气污染深度治理四个攻坚行动，确保空气质量持续保持京津冀区域最优水平。加强流域生态保护修复。进一步落实京冀签署的密云水库上游潮白河流域、官厅水库上游永定河流域水源涵养区横向生态保护补偿协议，推进潮白河、永定河重点流域排污口设置管理，持续推进永定河流域生态治理工程，确保永定河流域出境入京水质达到Ⅲ类，出境地表水监测断面水质优良率稳定保持在100%。

（四）加快推进公共服务共建共享，持续增进民生福祉

加强与京津教育、医疗等机构对接合作，争取更多优质资源共享。提升教育协同水平。持续开展京津张幼儿园及中小学教师、校（园）长跟岗研修、互访互学等活动，采取集团办学、学校联盟、结对帮扶等方式开展跨区域合作办学，推进优质数字教育、实践基地等资源共享。提升医疗合作层次。深入落实第三轮《巩固深化京冀张医疗卫生发展框架协议（2022—2026）》，加快推动北医三院崇礼院区国家区域医疗中心二期项目建设，争取更多医疗机构列入临床检验结果互认、医学影像资料共享、异地门诊费用跨省直接结算等试点范围，推动建立京张转诊会诊平台，不断提升医疗服务能力水平。促进养老服务深度融合。积极搭建张家口市养老服务信息综合平台，推动与北京市养老服务平台实现养老相关政策、服务、标准、资讯等多层次开放共享，加快推进蓝城北京桃李春风康养社区、京科·北平苑康养社区、天保京北健康城、鸿翔健康城康养中心等项目建设，争取京津养老项目向怀来、涿鹿、赤城、下花园、崇礼等县区延伸布局。

（河北省张家口市）

加快建设国家发展新的动力源
奋力推进大兴机场临空经济区高质量发展

一、发展成效

（一）制定统一的发展规划

2016 年 8 月，经国务院同意、国家发展改革委印发了《北京新机场临空经济区规划（2016—2020 年）》，要求临空经济区发展必须服从京津冀协同发展战略，遵循临空经济发展基本规律，坚持以疏解北京非首都功能为首要任务，与周边区域统一规划；明确了临空经济区发展的基本原则为总体管控、集约发展，优势互补、协同合作，扩大开放、培育优势，改革创新、先行先试，以体制机制创新为突破口，破除行政壁垒和制度障碍，打造区域经济增长新引擎。2019 年 9 月，北京市、河北省批复了《北京大兴国际机场临空经济区总体规划 (2019—2035 年)》，明确了"强协调、重统筹、定指标、留空间"的规划理念和原则，为后续临空经济区规划建设工作提供了基本依据。

（二）规划体系逐步完善

按照京冀两省市有关工作部署，大兴区和廊坊市分别组织开展临空经济区大兴片区、廊坊片区控制性详细规划和各类专项规划的编制工作，编制完成了《北京大兴国际机场临空经济区（北京部分）控制性详细规划（街区层面）》《北京大兴国际机场临空经济区廊坊片区控制性详细规划》《北京大兴国际机场综合保税区控制性详细规划》等 3 个控制性详细规划，以及产业发展、城市设计、综合交通、生态建设、综合能源、综合水战略、市政基础设施及综合管廊、海绵城市、智慧城市、地下空间开发利用等 20 余个专项规划。2023 年，京冀两省市立足临空经济区现阶段发展实际，组织编制并印发实施《北京大兴国际机场临空经济区建设发展三年行动计划（2023—2025年）》，系统谋划未来三年的发展目标和主要任务，统筹指导和整体推进区域高质量一体化发展。联合管委会研究起草《北京大兴国际机场临空经济区总体管控区高质量协同发展与精细管控专项规划》，系统梳理机场红线范围、临空经济区、总体管控区的协同重点，建立规划编制协同、联合体检评估、规划动态调整、联合管控督查的综合管控机制，强调整合区域开发建设管理基础信息，实现区域资源数据共享。

（三）建立区港协同机制

联合管委会牵头，两片区管委会、首都机场集团、南航、东航、新航城公司联合发起，会同北京海关及临空经济区重点企业共同组建北京大兴国际机场临空经济区协同发展委员会，探索港区城协同发展合作示范机制，助力大兴机场国际航空枢纽建设。协同发展委员会重点探讨港区协同发展中城市规划、发展计划、政策支持、产业发展等重大事项，统筹协调临空经济区政策、规划、产业、基础设施、服务保障、宣传等工作，协调解决发展中遇到的问题和困难。

北京大兴国际机场临空经济区第三届协同发展大会顺利召开

已顺利召开 3 届临空经济区协同发展大会。

（四）形成"1+1+2"统筹协调的管理体制

2019 年 10 月，经北京市委编委、河北省委编委研究决定，设立北京大兴国际机场临空经济区京冀联合工作领导小组，由两省市政府常务副职担任组长，分管交通和商务的副省（市）长任副组长，负责统筹推进临空经济区一体化发展，协调解决重大问题。2020 年 10 月，中央编办批复设立北京大兴国际机场临空经济区联合管理委员会，为北京市政府、河北省政府共同派出机构，并承担京冀联合工作领导小组办公室职责。联合管委会设党组，归北京市委管理，北京、河北各自任命 3 名班子成员。按照"三定"规定，主要负责统筹协调临空经济区规划计划、产业政策、督查推动等工作；内设综合部、规划计划部、政策研究部、督查推动部、综合保税区管理部 5 个部门；领导班子成员按照公务员管理，其余人员实行聘任制，实行市场导向的薪酬机制。联合管委会综合保税区管理部对外以北京大兴国际机场综合保税区管理委员会的名义开展工作，实现人员、要素、资源的优化配置。2018 年 3 月，按照京冀两省市政府有关工作要求，大兴、廊坊分别成立片区管委会。北京大兴国际机场临空经济区（大兴）管委会为北京市委市政府派出机构，正厅（局）级单位；北京大兴国际机场临空经济区（廊坊）管委会为廊坊市委市政府派出机构，正处级单位，分别负责两片区规划建设、行政审批、政策创新、招商引资等工作。两片区管委会分别实施"一套人马，两块牌子"，推动临空经济区与自贸试验区联动发展，廊坊片区管委会加挂河北自贸试验区大兴国际机场片区（廊坊）管委会牌子，大兴片区管委会加挂河北自贸试验区大兴国际机场片区（北京大兴）管委会牌子。

（五）建立市场化运作机制

为更好地服务大兴机场、高水平建设临空经济区，建立"管委会＋平台公司"的运作模式，大兴区、廊坊市分别成立了平台公司。2012 年 10 月，大兴区政府出资成立了大兴片区平台公司——北京新航城控股有限公司；2018 年 9 月，廊坊市政府出资成立了河北临空集团有限公司。两平台公司作为临空经济区大兴片区、廊坊片区开发建设的市场主体，承担了各自区域内土地开发、资金融通、基础设施建设、城市运营管理、招商引资、产业促进、资源整合等职能。北京新航城控股有限公司、河北临空集团均坚持以"服务北京大兴国际机场、开发建设临空经济区"为使命，以政府主导、市场运作、企业管理为原则，圆满完成了永兴河（原天堂河）改线等一系列机场"保通航"项目建设任务，承担了临空经济区各类重点工程项目建设任务，持续完善市场化运行机制，最大限度地发挥平台作用，助力临空经济区建设发展。为实现综合保税区高效、一体的市场化运作，经京冀两地政府批准，2021 年 11 月 5 日，由北京新航城控股有限公司、河北临空集团、首都机场临空发展集团三方共同出资成立平台公司——北京新航城综保区投资运营有限公司，作为综合保税区运营主体，负责运营管理、服务保障、平台服务、产业促进和资源整合等工作，为推进实施京津冀协同发展战略、实现综合保税区和临空经济区一体化发展及顺利封关运营提供必要支持。2022 年 9 月，公司更名为北京大兴国际机场综合保税区投资运营有限公司。

（六）打造跨省域综合保税区

2018 年 12 月，北京市、河北省政府联合向国务院申报设立北京大兴国际机场综合保税区，2020 年 11 月 5 日北京大兴国际机场综合保税区正式获国务院批复。由北京、河北、首都机场集团两地三方共同建设管理运营，为国内首个跨省级行政区域建设的海关特殊监管区域。

为确保综合保税区一期工程顺利封关验收，京冀两省市政府明确了"保功能、快建设、早封关""分建统管"的工作原则，建立了跨省域建设工作协调机制。在土地征收方面，探索创新"联动协商交界地区土地跨省市征收"模式，有效解决跨省市交界地区土地征收行政权属与实际权属界线不一致的问题，仅用 90 天高效完成跨省地块的全部征收工作，较常规方式用时缩减约 50%；在市政资源供给方面，探索创新"兼容互通市政公共资源跨区域供应"模式，有效解决综合保税区水、电、气等市政资源保障问题。在各方共同努力下，2021 年 12 月 20 日综合保税区一期工程顺利通过国家验收，2022 年 4 月 25 日正式通关运营。

在海关总署的指导下，京冀两省市有关部门、大兴区、廊坊市政府和联合管委会在监管机制、属地管理、企业服务等多方面开展创新探索。在协同监管方面，为有效解决跨省市综合保税区海关监管权限分散的问题，按照海关总署"由北京海关监管为主，石家庄海关支持配合"的工作要求，明确由北京大兴国际机场海关统一行使综合保税区红线范围内相关海关监管职能、履行监管职责，确保海关各项监管工作有效运行。北京海关、石家庄海关共同签署《北京大兴国际机场综合保税区协同工作机制》，建立起"工作领导小组+协调工作组"两级运作机制，实现两关"共享资源、优势互补"。在企业服务方面，海关总署打破地域限制，设置统一关区代码"0131"，授予综合保税区同时拥有河北、北京两地企业备案权限，实现北京海关对企业管理服务的统一，解决了区内企业注册管理不便的问题。在"智慧海关、智能边境、智享联通"理念指导下，京冀共同完成海关信息化管理平台建设和数据对接工作，实现通关单证信息的互联互通及外汇、税务等监管部门信息共享。在社会事务和经济事务管理方面，两省市有关部门积极对接、共同研究，围绕航空物流、生物医药、跨境电商等重点领域，加强政策创新突破，推动国际国内有影响力的链主项目加快落地。

为解决传统"分离型"综合保税区因保税功能区和口岸功能区完全分离、在货物通关和装卸方面物流成本较高且效率较低的问题，综合保税区创新采用"区港一体化"理念，明确提出通过封闭联络道将口岸功能区和保税功能区连接，在全国率先探索建立"一个系统、一次理货、一次查验、一次提离"高效通关模式，提高通关效率、降低企业成本。在硬件建设方面，推进建设区港联络通道与综合保税区一级货站。区港联络通道是发挥保税功能区"区港联动"核心优势的关键支撑，通过封闭式 1.64 公里通道直通机场口岸空侧，建成投用并直通空侧机坪后，保税功能区将实现"保税＋口岸"功能叠加，贸易便利化水平将得到显著提升。区港联络道由北京、河北、海关、首都机场集团两地四方共同策划共同建设，目前北京与河北部分已实现主体结构贯通。同时，将机场口岸功能区一级货站功能前置到保税功能区，可极大优化业务流程和货运流线，加快通关速度，提升运作效率。与设施建设同步，综合保税区以科技和改革双轮驱动，提升通关便利化水平。在科技赋能方面，打造"智慧卡口"，实现车辆"秒级放行"；在制度创新方面，落地实施"检验检疫证明零等待""仓储货物按状态分类监管""一票多车""跨境电商销售医药产品试点"等多种创新模式。联合北京海关、京冀两地税务和财政部门，完成综合保税区一般增值税纳税人资格试点申报，为区内企业更好地统筹利用国际国内两个市场、两种资源提供保障。自 2022 年 4 月首票货物入区以来，综合保税区平均进口通关时间为 13.79 小时，显著优于全国平均水平。

大兴机场海关依托"智能卡口"，在大兴综保区创新打造保税货物"一票多车"模式

　　截至 2023 年底，综合保税区累计完成进出口额 20.5 亿元。目前，口岸功能区内建有东航、南航、BCS 三大国际货站，保税功能区内保税公共服务平台、保税智能仓储及物流中心、多式联运转运库、生物医药孵化器等重点项目已建成投产，新加坡南洋跨境电商

综保区跨境电商企业

智能民生供应链运营中心、上海医药华北国际供应链中心、北京大兴国际机场临空经济区（廊坊）物流港保税孵化中心等项目已开工建设。综合保税区二期工程正在加快建设，预计 2025 年完成全域封关验收。

二、下一步工作安排

作为京津冀协同发展的重要平台，临空经济区将紧紧抓住一体化高质量发展这一中心任务，提升服务保障机场战略枢纽功能的能力，发挥优势、补齐短板、突出特色、创新发展，将临空经济区打造成为中国式现代化建设"先行区的先锋、示范区的典范"，在推进京津冀协同发展中彰显新担当。

（一）研究制定新阶段发展纲领性文件，为一体化高质量发展注入强劲动能

为深入贯彻落实习近平总书记关于"北京新机场是国家发展一个新的动力源"的重要指示精神，按照 2021 年 11 月时任中央政治局委员、北京市委书记蔡奇提出的"研究制定推动临空经济区高质量发展、加快建设国家发展新动力源的意见，争取国家层面的政策支持"要求，联合管委会研究起草了《推进北京大兴国际机场临空经济区高质量发展加快建设国家发展新动力源的意见》，提出坚持"区港一体、创新引领、京冀一体、协同联动、扩大开放、融入全球"原则，从完善基础设施体系、推动高水平开放、构建高新产业集群、探索一体化发展新路径、推动港产城融合发展等方面提出多项改革措施，积极争取政策突破和试点，努力打造向世界展现中国式现代化的重要窗口、全球创新体系重要节点、省际交界地区一体化发展典范。

（二）强化规划引领和区域管控，不断深化协同发展顶层设计

加快建立临空经济区总体管控区综合管控体系，出台实施综合管控和协同发展专项规划，形成统一管控标准，预留发展空间。强化国土空间规划的基础性作用，"一张图"统筹安排临空经济区发展空间、产业落位和区域建设。加强规划跨区域统筹融合，促进交通、水系、生态等专项规划协调衔接。优化整合区域临空产业资源，聚焦跨区域建设、产业空间布局和重点项目落地，深入实施临空经济区建设发展三年行动计划。

（三）构建重大产业平台和高端产业集群，加快塑造临空经济区高质量发展动力源

探索"会展＋消费"的商业综合集群开发模式，高标准建设大兴国际会展消费功能区，有效利用廊坊临空国际会展中心功能，统筹构建临空经济区会展消费产业新格局。打造生命健康产业高地，推进生命健康产业创新要素聚集发展，建成具有国际影响力的生命健康口岸。构建航空科技产业集群，积极搭建国家级适航审定科技平台和民航科技创新中心，打造服务全球的航空器材集散中心。

（四）加快基础设施和公共服务设施建设，全面提升区域综合承载能力

深化临空经济区规划建设协同联动工作机制，加快跨区域基础设施联通，打通跨省界主干道路断头路，推进区域交通路网骨架体系建设。推进跨区域项目落地实施，推动城际铁路联络线一期建设，加快推进大兴机场一期续建（卫星厅）工程建设。全力提升公共服务供给水平，推进北京优质教育、医疗等资源对接引入，加快推进北京第四实验学校、临空人民医院等基础教育医疗设施建设交付。加快推动大兴区与廊坊市建立联合公交系统，实现大兴、廊坊、大兴机场"两地三方"跨区域公交互联互通，满足区域内居民日常生活工作需求。

（五）加快综合保税区创新发展，积极发挥京津冀外向型经济的辐射带动聚核作用

创新综合保税区建设运营管理工作机制，以综合保税区为试点，研究制定跨省域行政事权管理方案和利益共享机制。进一步理顺"管委会＋平台公司"管理体制，探索综合保税区跨界共商共建共管新模式，率先实现综合保税区一体化发展。加快实现"区港一体化"通关模式。推动区港联络通道和综合保税区一级货站加快建成投运，提升通关效能，实现"保税＋口岸"功能叠加。加快完善各类功能平台和配套服务，建设特殊物品公共查验平台，为生物医药企业提供特殊物品全流程公共服务。

（六）加快完善临空经济区管理体制机制，不断夯实临空经济区一体化发展基础

按照"统一领导、统一规划、统一标准、统一管控、统一考核"工作原则，

积极推动建立健全统一高效管理体制机制，进一步完善京冀联合开发管理平台组建方案，统筹做好对大兴机场的服务，全面提升临空经济区一体化管理水平。加快区域立法研究。推动建立统一的市场准入标准，制定统一的产业政策，逐步实现企业在临空经济区内办理跨省事务"无感化"，探索跨区域项目和重大项目联合审查评估机制。

（七）构建机场与临空经济区融合发展体系，加快建设世界级高品质航空城

强化协同机制，按照"一张蓝图"管理的原则，重点加强机场总体规划与临空经济区总体规划的协同，共同保障临空指向型产业和航空服务配套设施的发展空间。优化和完善临空经济区协同发展委员会机制，及时通报临空经济区政策落地、产业项目等信息，以打造全国港产城融合发展新标杆为目标，共同推动大兴机场和临空经济区一体化高质量发展。加强深度融合，通过航线网络布局及产业链融通发展带动技术、资本、信息和劳动力等生产要素高效流通，实现以港聚产、以产兴城、以城促港。

（北京大兴国际机场临空经济区）

唐山市全面学习贯彻习近平总书记重要讲话精神 推进京津冀协同发展走深走实

京津冀协同发展是习近平总书记亲自谋划、亲自部署、亲自推动的重大国家战略。战略实施以来，唐山市深入学习贯彻习近平总书记重要讲话特别是对唐山的重要指示批示，全面落实党中央、国务院决策部署及省委、省政府工作安排，以重点承接平台为支撑，以承接京津产业转移为重点，全面落实京津冀协同发展国家战略，积极推进交通一体化、公共服务共建共享、生态环境共保共治，经济发展稳中有升。2023年，全市地区生产总值9133.3亿元、同比增长5.9%，一般公共预算收入达到581.4亿元、同比增长7.1%，规上工业增加值同比增长8.3%，高新技术产业增加值同比增长12.6%，全市经济社会实现平稳健康发展。

一、取得的成效显著

（一）《支持唐山高质量发展总体方案》扎实推进

2023年3月29日，国家发展改革委《支持唐山高质量发展总体方案》印发后，唐山市在基础设施体系建设、现代化产业体系建设、发展方式绿色低碳转型、打造高品质生活区、加快对外开放等方面取得积极成效。12月6日，唐山正式纳入国家首批碳达峰试点城市，推动加快实现高质量发展。

（二）主动承接非首都功能疏解取得积极进展

2014年以来，唐山市抢抓机遇，着力加强与京津交流合作，在产业承接方面，已形成强大的投资磁场，吸引着越来越多的京津项目落地。2014年至2023年

迁安首钢智新电磁材料有限公司新能源汽车电工钢项目

底，共实施亿元以上京津合作项目 886 个，总投资 5377.8 亿元，累计完成投资 4000 亿元以上，华润二期、中铁十六局高端装备制造、首钢智新、巴威高端装备制造等一批优质项目相继投产，承接京津疏解转移项目个数、总投资均居全省前列。

（三）重点承接平台承载能力不断增强

做大做强京冀曹妃甸和津冀（芦·汉）协同发展示范区，做优做精高新区京唐智慧港、玉田中华老字号产业园等特色承载平台，全力打造京津产业转移高地。京冀曹妃甸协同发展示范区与北京合作设立了曹妃甸产业发展基金和曹妃甸建设投资公司，华电重型装备制造、中国五矿矿石混配、北京鑫华源智能停车产业制造等一批项目建成投产，新天 LNG 接收站等重大项目加快建设。2014 年以来，京冀曹妃甸协同发展示范区累计实施亿元以上京津合作项目 270 个，总投资 2037.22 亿元，其中完工项目 200 个，总投资 1405.46 亿元。津冀（芦·汉）协同发展示范区进展顺利，河北省和天津市、唐山市和天津宁河区分别签署了合作框架协议，累计实施亿元以上京津合作项目 162 个，总投资 587.43 亿元，其中完工项目 118 个，总投资 428.85 亿元。各县（市、区）特色

曹妃甸新天 LNG 接收站项目

产业平台亮点纷呈，对承接项目优先配置土地、环境容量、能耗煤耗等要素指标，做到"应保尽保"。滦南大健康产业园获批国家市场监管总局"异地监管"政策；高新区京唐智慧港加快建设，国华科技高端离心振动设备研发生产基地项目、微探科技光电智能研发项目建成投产。

（四）交通一体化建设取得积极成效

唐曹铁路开通曹妃甸至北京动车，水曹铁路、京唐城际开通运营，唐廊高速、京秦高速二期通车，唐山正式融入北京一小时交通圈、生活圈、经济圈。全市铁路营运里程达到 1266 公里，铁路网密度 9.4 公里 / 百平方公里，公路网密度 141 公里 / 百平方公里，其中，高速公路网密度达到 5.51 公里 / 百平方公里，形成"三纵四横五支线"网络布局。港口合作提质增效，2016 年唐山港集团与天津港集团共同出资成立了津唐国际集装箱码头有限公司，整合了天津港、唐山港集装箱运输软硬件资源，实现两港之间的集装箱资源统筹和航线共享。2023 年，唐山港全港完成货物吞吐量 8.42 亿吨，同比增长 9.53%，位居世界沿海港口第二位；集装箱吞吐量 209.36 万标箱，总量居全省首位。唐山机场加快建设，已完成 T1 候机楼改造项目，机场保障能力从 50 万人次提升到

京唐城际铁路正式开通运营

100 万人次，成为京津冀区域重要支线机场。

（五）生态环境联防联治持续推进

作为京津冀大气污染东部传输通道城市，唐山主动化解过剩产能，"十三五"期间压减退出炼钢产能 3937.8 万吨、炼铁产能 2635 万吨，"十四五"以来，唐山采取措施巩固去产能成果，严控新增产能。严格落实钢铁行业能源消费总量和强度"双控"制度，"十四五"期间单位 GDP 能耗累计下降 17%，提前完成省下达的"十四五"目标任务。坚持 $PM_{2.5}$ 和臭氧协同治理、氮氧化物和VOCs 协同控制的原则，最大限度降低污染峰值，2022 年和 2023 年连续两年成功"退后十"，截至 2023 年底，位居全国环境空气质量排名倒数第 26 位。积极落实《引滦入津上下游横向生态补偿协议》（第三期），持续改善引滦入津流域水环境质量。实施全域治水清水润城工程，投资 130 亿元的 117 个水利项目加快推进，14 个国家和省考核断面、17 个近岸海域监测站位水质达标率均为 100%。重点强化山水林田湖草沙综合整治，科学开展国土绿化行动，继续推进矿山修复治理，先后获得联合国人居奖、国家园林城市、国家森林城市等荣誉。

（六）协同创新共同体建设步伐加快

与京津在科技、招商、人才等领域对接合作不断深化。2014年以来，组织相关企事业单位与京津合作建设科技创新平台16家，其中省级平台12家、市级4家。大力开展科技招商工作，2018年至今，对接引进京津地区科技成果（项目）259项。持续发力加快人才强市建设，目前已形成以"凤凰英才"计划为统揽，35个实施细则为保障，行业特色为补充的人才政策体系。2014年以来，全市共组织人才智力交流活动262场，柔性引进京津专家1516人次，促进579个技术合作项目签约。2020年与北京市通州区、天津市宝坻区联合起草《"通宝唐"人才一体化实施方案》《通宝唐高层次人才互认标准》等4个文件，建立起具有比较优势的"通宝唐"人才交流合作体系；每年定期编发《唐山市紧缺人才需求目录》，精准开展招聘对接，促进京津人才来唐发展，2015年以来，全职引进研究生以上学历人才10575人。

（七）公共服务共建共享水平不断提升

教育领域，积极吸引京津优质基础教育资源开展跨区域合作，全市已有686个京津教育协同发展项目，涵盖基础教育、高等教育和职业教育等领域，

北京交通大学唐山研究院

曹妃甸景山中学等标志性项目建成投用。全市 3324 所中小学（幼儿园）与京津 309 所学校建立合作关系，18 所本科高校和职业院校参与了产教融合型企业试点工作，北京交通大学唐山研究院三期工程竣工并交付使用。医疗卫生保障领域，目前全市已有 448 家医疗机构分别开通异地就医住院、普通门诊、门诊慢特病直接结算功能。2022 年 10 月 1 日起，京津两地 433 家三级和二级定点医疗机构已纳入互认范围，直接结算不再提高个人负担比例。2023 年 2 月 10 日起，唐山市参保人员到京津异地就医可直接结算免备案；4 月 1 日起，唐山市参保人员在京津冀区域内所有定点医药机构住院、普通门诊就医、购药等，无须办理异地就医备案手续即可享受医保报销待遇。同时，依托医联体建设，完善与京津医疗机构的远程会诊、转诊机制，让群众在家门口就能享受优质医疗服务。政务服务领域，建立京津冀企业迁移协同办理工作机制，对京津迁入的企业，简化迁入登记办理流程，实行"一口受理、同步审核"，企业迁移调档和住所（经营场所）变更登记合并办理。放宽企业名称登记限制，对京津迁入的企业，允许继续使用原企业名称。文化旅游领域，曹妃甸区与北京市文化和旅游局签订了《北京曹妃甸旅游发展战略合作协议》，成为河北首个与北京进行区域合作的县区。签订《北京市通州区、天津市宝坻区、河北省唐山市贯彻落实京津冀协同发展重大国家战略 推进通宝唐战略合作发展框架协议》，充分发挥三地的文化旅游资源和优势，全面促进三地文化旅游产业发展，形成资源共享、客源互动、共同发展的良好格局。

（八）全力推进产业转型升级、新型城镇化与城乡统筹、生态环境支撑区和现代商贸物流基地建设

加快产业转型升级步伐。持续推进"千企转型"，2023 年一年即新增省"千项技改"项目 120 余项，100 个新兴产业项目完成投资 100 亿元以上；首钢智新建成全球首条具备 100% 薄规格、高磁感取向电工钢专业化生产线，全市钢铁产业链向中高端延伸，钢材高附加值产品比重达 40%。推进新型城镇化与城乡统筹工作。扎实开展城市体检等工作，2023 年 6 月，唐山成功入选全国试点城市（河北省唯一），并连续第三年入选全国城市体检样本城市，成为 2023 年国家级城市体检工作"双试点"城市。大力实施乡村振兴战略，抓好

唐山港京唐港区无人驾驶集装箱卡车正在作业

城乡融合发展试点，全面提升农村生产生活条件，积极推进和美乡村建设。实施京津冀生态环境支撑区建设。统筹推进污染减排、降低碳排，加快建设碳捕集利用与封存示范项目，并逐步在化工、建材、电力等高排放行业推广应用。2023 年 12 月 25 日，"协同'绿'动'碳'索未来"首届京津冀绿色发展大会在唐山开幕。积极打造现代商贸物流基地。以推进唐山港口型（生产服务型）国家物流枢纽建设为着力点，依托铁路、公路、港口，大力发展"港口＋内陆港"为核心的多式联运，优化完善港口集疏运通道，持续推进矿石、焦炭等大宗货物"公转铁、公转水"，加快国家物流枢纽城市建设。

（九）积极宣传协同发展亮点成效

京津冀协同发展战略实施以来，唐山市在推进协同发展工作中取得积极成效，多次被省级以上媒体宣传报道。2022 年，唐山作为全省首家接受长城新媒体采访的地级市，集中展示了全市协同发展 8 年来取得的成果；《河北经济日报》刊发了题为《河北唐山打造京津项目承接高地》的专题报道。2023 年，《河北日报》刊发《推动链式布局　打造承接平台——看唐山如何承接京津产业转移》

首届京津冀绿色发展大会在唐开幕

和《京津唐医疗合作更加区域化专业化精准化》专题报道，取得了十分良好的宣传效果。

二、下一步工作安排

唐山市将坚持以习近平新时代中国特色社会主义思想为指导，立足新发展阶段，贯彻新发展理念，融入新发展格局，牢牢抓住非首都功能疏解这个"牛鼻子"，主动对接京津、服务京津，落实好《支持唐山高质量发展总体方案》各项举措，切实加快"三个努力建成""三个走在前列"步伐，以更加奋发有为的精神状态推动各项工作，推进京津冀协同发展工作不断迈上新台阶。一是以平台建设为支撑，全力承接京津产业转移。围绕打造产业协作高地，做大做强京冀曹妃甸和津冀（芦·汉）协同发展示范区，"十四五"期间，全市每年实施亿元以上京津合作项目 200 个以上。二是以基础设施互联互通为目标，提速交通一体化步伐。全面融入"两网两群"，持续推动京唐城际—唐曹铁路客运直通线、环渤海高铁等重大铁路项目前期工作，积极推进唐秦高速建设，加快形成京津唐半小时经济圈、生活圈、物流圈。三是以生态唐山建设为抓手，深化生态环境联建联防。围绕构造绿色生态屏障，推进区域协同治污，健全生态环境联建联防联治机制，加强联动执法，抓好跨地区、跨流域交界区域环境隐患排查整治，共同筑牢生态环境安全屏障。四是不断深化与京津科技合作，促进协同创新共同体建设。加快融入京津冀协同创新共同体建设，与京津高校、科研院所精准对接，继续开展京津地区科技招商工作。继续推进京东黄金走廊"通宝唐"三地科技合作，推进技术与人才广泛深度交流。五是推进公共服务领域共建共享，提升群众获得感、幸福感和安全感。教育领域，进一步加大与京津高校沟通对接力度，积极争取京津教育行政部门支持，吸引北京优质中小学与唐山市学校开展合作。推动唐山师范学院、唐山学院及部分职业院校，在师资队伍培养、学科建设、成果转化等方面与北京交通大学唐山研究院、北京理工大学唐山研究院开展全面合作。医疗卫生领域，推进京津冀医联体建设，积极搭建承接首都医疗服务功能疏解转移载体和平台，推进市直三级公立医院与京津优质医疗资源对接合作。推动符合条件的二级及以上定点医疗机构全部开通普通门诊跨省异地就医直接结算。文化旅游领域，与京津共同推进旅游发展共同体建设，挖掘唐山文旅资源，打造精品线路，逐步形成资源共享、客源互动、共同发展的良好局面。

（河北省唐山市）

后记
POSTSCRIPT

本报告由国家发展改革委区域协调发展司具体负责编写。人民日报社、新华社提供了京津冀协同发展相关文稿，中央组织部人才工作局、中央宣传部新闻局、中央网信办信息化发展局、教育部发展规划司、科技部创新体系与政策法规司、工业和信息化部规划司、民政部规划财务司、人力资源社会保障部规划财务司、自然资源部国土空间规划局、生态环境部综合司、住房和城乡建设部建筑节能与科技司、交通运输部综合规划司、水利部规划计划司、农业农村部区域协作促进司、商务部外资司、文化和旅游部政策法规司、国家卫生健康委规划司、应急管理部危化监管一司、人民银行金融市场司、市场监管总局综合规划司、国家金融监督管理总局政策研究司、证监会办公厅、国家医保局规划财务和法规司、国家能源局发展规划司、国家林草局规划财务司、民航局、国铁集团发展和改革部等有关方面给予了大力支持，在此一并致谢。

区域协调发展司王博、李春根、张楚晢、王诚志、郝凯、谭微、王稳凯、窦金鑫、杨松黎等同志，北京市协同办邓跃、天津市协同办王薛飞、河北省协同办王玉林等同志，中国城市规划设计研究院范渊、胡晶、马嵩、于凯、苏冲等同志，参与了相关内容的编写和核校工作。

图书在版编目（CIP）数据

京津冀协同发展报告 / 中央区域协调发展领导小组
办公室 , 国家发展和改革委员会编 . –– 北京 : 中国市场
出版社有限公司 , 2024. 7. –– ISBN 978-7-5092-2587-5

Ⅰ . F127.2

中国国家版本馆 CIP 数据核字第 20248UC492 号

京津冀协同发展报告

JING-JIN-JI XIETONG FAZHAN BAOGAO

编　　者：中央区域协调发展领导小组办公室　　国家发展和改革委员会

责任编辑：许　寒

出版发行：中国市场出版社

社　　址：北京市西城区月坛北小街 2 号院 3 号楼　（100837）

电　　话：（010）68034118/68021338/68022950/68020336

经　　销：新华书店

印　　刷：北京捷迅佳彩印刷有限公司

规　　格：185mm×260mm　　　　　16 开本

印　　张：22.5　　　　　　　　字　　数：335 千字

版　　次：2024 年 7 月第 1 版　　　印　　次：2024 年 7 月第 1 次印刷

书　　号：ISBN 978-7-5092-2587-5

定　　价：128.00 元